北方民族大学文库

本书为北方民族大学重大专项项目"乡村振兴与数字
究"的阶段性成果（项目编号：ZDZX201903）

经管文库·经济类

前沿·学术·经典

新时代金融开放

FINANCIAL OPENESS FOR NEW ERA

王　瑛　夏菲菲　王宇恒　勉　颐　著

经济管理出版社

ECONOMY & MANAGEMENT PUBLISHING HOUSE

图书在版编目（CIP）数据

新时代金融开放/王瑛等著 . —北京：经济管理出版社，2023.9
ISBN 978-7-5096-9229-5

Ⅰ.①新…　Ⅱ.①王…　Ⅲ.①金融开放—研究—中国　Ⅳ.①F832.0

中国国家版本馆 CIP 数据核字（2023）第 173396 号

组稿编辑：杨国强
责任编辑：杨国强
责任印制：张莉琼
责任校对：张晓燕

出版发行：经济管理出版社
　　　　　（北京市海淀区北蜂窝 8 号中雅大厦 A 座 11 层　100038）
网　　址：www. E-mp. com. cn
电　　话：（010）51915602
印　　刷：唐山玺诚印务有限公司
经　　销：新华书店
开　　本：720mm×1000mm/16
印　　张：13.75
字　　数：278 千字
版　　次：2023 年 9 月第 1 版　　2023 年 9 月第 1 次印刷
书　　号：ISBN 978-7-5096-9229-5
定　　价：98.00 元

前　言

金融是现代经济的核心，是资源配置和宏观调控的重要工具，是推动经济社会发展的重要力量，是实体经济的血脉。金融活，经济活；金融稳，经济稳。经济兴，金融兴；经济强，金融强。

金融开放是我国对外开放格局的重要组成部分。所谓金融开放，通常包括两个方面的内容：一是资本项目的开放；二是银行、证券、保险等金融服务业以及金融市场的对外开放。

我国的金融开放始终伴随着改革开放伟大实践的步伐，并取得了举世瞩目的成就。党的十八大以来，在习近平新时代中国特色社会主义思想的指导下，我国金融开放更是取得了长足进展，迈向了新的台阶：人民币加入国际货币基金组织SDR货币篮子，权重从10.92%提升至12.28%；沪港通、深港通、债券通相继起航；银行、证券、基金管理、期货、人身险领域的外资持股比例限制彻底取消；50余项银行保险开放政策渐次落地，首家外资独资保险控股公司、首家外资独资人身险公司、首家外资控股理财公司、首家外资独资保险资产管理公司等相继成立；A股纳入明晟（MSCI）等国际知名指数且比例不断提高；中国国债被全球三大债券指数全部纳入；等等。我国持续深化的金融开放逐步建立起外资"愿意来"和"留得住"的市场环境，为构建"双循环"新发展格局和经济高质量发展提供了有力的支持。

如今，我国迈上全面建设社会主义现代化国家新征程，向第二个百年奋斗目标进军。习近平在中国共产党第二十次全国代表大会上指出，高质量发展是全面建设社会主义现代化国家的首要任务。高质量发展，意味着要坚持高水平对外开放，新阶段的金融开放需要继续向深度和广度进军，进一步提升金融开放的质和量，使金融开放的领域、水平、层次和方式达到国际金融开放的平均最高水平，成为构建国际国内双循环新格局的重要一环。

需要看到的是，新阶段的金融开放机遇与挑战并存。一方面，外资金融机构的进入将加快国外成熟金融产品的引入，提升市场的交易量、流动性及活力，改进对企业和个人的金融服务质量；外资金融机构带来的竞争压力，也会有利于中资金融机构建立更加市场化的公司治理结构，加快经营转型，提高效率；通过引入外资股东的风控体系，深化与外资机构的合作，也有利于提升中资金融机构的经营水平和质量。另一方面，全球经济复苏脆弱乏力，面临通胀高企、供应链"梗阻"、能源和粮食危机带来的严峻的外部挑战；更加纵深发展的金融开放对中资金融机构的挑战能力将显著上升；监管机构的风险意识和风控机制还存在较大欠缺；大型金融机构的金融科技之路，以及数字货币还处于探索的阶段；如果金融市场开放走得过快，特别是资本金融账户开放过快，可能给国内金融稳定带来较大挑战。面对新的征程，需要新的思索、新的作为。

国内外关于中国金融开放已有不少标志性的研究，给本书的写作提供了很多有益借鉴。本书从金融开放的内涵和核心出发，系统梳理了相关的理论和文献，回顾了我国金融开放的历程，总结过程中的成就和经验，结合新时期的发展战略，提出了新阶段金融开放向高水平、纵深发展推进的政策建议。在可预见的未来，中国的金融开放将不断向前推进，相关领域的研究始终在路上。希望本书能为中国金融开放的研究铺路，帮助读者对我国金融开放有相对全面、系统的认知，并为后续的理论研究者和政策制定者提供一些启发及借鉴。

怀着对金融开放话题的兴趣，来自北方民族大学经济学院、宁夏社会科学院和黄河农村商业银行的团队成员共同努力完成了本书的写作工作。作为本书研究工作的负责人，北方民族大学经济学院王瑛教授主持了研究框架设计、主要观点确定、统稿和审稿工作。研究过程中，北方民族大学经济学院刘自强院长给予了指导，北方民族大学经济学院夏菲菲老师和宁夏社会科学院王宇恒老师、北方民族大学金融专硕校外导师勉颋付出了大量心血，经济学院的部分研究生也参与了这项研究。本书编写分工如下：第一章、第二章由王宇恒、勉颋带领李博、何雪完成；第三章由夏菲菲带领范翠媛、苏子芪完成；第四章、第五章由夏菲菲、勉颋带领苏梦莹、时佳、冉琳完成；第六章、第七章由王宇恒带领田娟、尤琪、李梓、马文昕完成。

本书的写作推进过程一波三折，所幸经过大家的共同努力，终于完成书稿的写作工作。最终付梓成书之际，内心有太多的感慨。

由于著者水平有限，如有任何错误或不足之处，敬请各方贤达不吝赐教。

目　录

第一章　金融开放概述

第一节　金融开放的内涵与原则

当一个经济体以对外开放的形式迎接经济全球化发展的冲击和挑战时，对外开放的发生主要体现在实际经济和货币经济两个领域。实际经济即经济的实体方面，货币经济指金融经济部门。作为经济对外开放的重要组成，金融部门的开放与实体经济开放相辅相成，即以实体经济为依托，利用实体经济发展与货币方面的不可分割性，实现金融部门的对外开放和发展。从金融部门对外开放的本质看，金融开放也可被归纳为实体经济开放中金融要素实现的跨国界自由流动。

一、金融开放的内涵

有关金融开放的内涵，学术界尚无统一界定，主要观点集中在以下三个方面：

观点一，金融开放体现为跨境资本流动管制的放松，反映在外汇管理上是资本账户下货币的可自由兑换。国际货币基金组织（International Monetary Fund，IMF）将资本流动管制定义为基于资本流动的限制性政策，而资本自由化指资本流动管制政策的解除[1]。

观点二，以金融市场（金融服务业）的开放为出发点，将金融服务业市场准入和国民待遇作为衡量一国金融开放的指标。世界贸易组织（World Trade Organization，WTO）对于成员国之间的金融开放规制主要体现在《服务贸易总协

---

[1]　该观点于 2012 年在 IMF 发布的《关于资本流动的机构观点》中提出。

定》（The General Agreement on Trade in Services, GATS）① 中，该协定界定了服务业的 12 个部门（金融业是其中之一），并对服务业的市场准入、最惠国待遇、国民待遇原则、透明度的具体承诺和逐步自由化政策等进行了详细规定。

观点三，金融开放同时包含了资本账户和金融服务贸易的开放。具体而言，资本账户的开放指逐步消除一国居民与非居民间开展金融资产交易的障碍，强调资本的自由流动。金融服务贸易指金融服务通过跨境贸易、境外消费、商业存在和自然人移动四种方式在两国间进行贸易活动，其开放意味着逐步降低在市场准入和国民待遇等方面对外国金融机构的限制，例如对持股比例和外资参与的限制。金融服务贸易与资本账户开放的步调可以不同，即金融服务贸易开放不要求资本账户的完全开放。

20 世纪 70 年代，美国经济学家麦金农（McKinnon）② 和肖（Shaw）③ 在深入研究发展中国家经济体的过程中发现，这些国家广泛存在着"金融抑制"现象，表现为严格的资本流动管制和汇率限制等，并指出，金融抑制现象的存在严重阻碍了发展中国家的社会经济发展。因此，1973 年，麦金农和肖分别出版了《经济发展中的货币与资本》（*Money and Capital in Economic Development*）和《经济发展中的金融深化》（*Financial Deepening in Economic Development*）两本著作，相继提出金融自由化理论，他们试图通过破解金融抑制促成金融深化，促进经济进一步发展。麦金农和肖被学界认为是研究金融自由化促进经济增长问题的开山鼻祖，金融自由化理论也为后来金融开放问题的研究奠定了坚实基础。Bekaert 将金融开放概括为七个方面，即股票市场开放、资本市场开放、ADR 和国家基金发行、金融部门私有化改革、银行业改革、资本流动和外商直接投资（FDI）④。Quinn 利用 1960~1989 年的国别数据对金融开放的影响进行实证分析，认为在此期间金融开放对一国经济增长的平均贡献率为 1.6%⑤。Bekaert 等提出，

---

① 《服务贸易总协定》是乌拉圭回合谈判达成的第一套有关国际服务贸易的具有法律效力的多边协定，于 1995 年 1 月正式生效。

② McKinnon R I. Money and Capital in Economic Development ［M］. Washington D. C. : Brookings Institution Press，1973.

③ Shaw E. Financial Deepening in Economic Development ［M］. New York：Oxford University Press，1974.

④ Bekaert G. Market Integration and Investment Barriers in Emerging Equity Markets ［J］. World Bank Economic Review，1995（1）：75-107.

⑤ Quinn D. The Correlates of Change in International Financial Regulation ［J］. American Political Science Review，1997（1）：7-9.

金融开放能够使一国获得宏观经济政策纪律、平滑经济波动等开放收益[①]。Clark等认为，金融开放分为广义和狭义两个维度，其中，广义金融开放指一国参与国际资本流动并且受其影响，金融开放程度与该国受国际资本流动影响程度有关；狭义金融开放与一国的政策相关，指该国政府对资本跨境流动施加的限制减少[②]。

对于金融开放的认识，我国学者也作出了积极的探索与研究，形成不少独具特色的见解。陆人提出，金融开放指放开对国内国外金融机构经营管制、放开汇率、取消外汇管制和利率等金融自由化方面的内容[③]。张煜和张屹山指出，广义的金融开放是指资本账户、金融服务业以及金融市场的开放，而狭义的金融开放具体包括金融机构准入、资本自由流动以及货币价格形成机制和金融运营模式的开放[④]。贾俐贞认为，金融开放一词是对应金融管制而言的，是国家对外开放政策的一个组成部分，其实质是放松金融市场管制[⑤]。赵智认为，金融开放是一个动态的促进金融要素在各国间自由流通的过程[⑥]。张金清、刘庆富认为，金融开放即放松金融管制，并从政策、法规层面阐述了金融开放的内涵[⑦]。张金清等从主体、客体和工具三个角度，对金融开放的内涵进行了深入分析，并指出金融开放是逐步放松和取消国与国之间的金融、经济活动往来以及支持货币自由兑换方案的总和[⑧]。北京国际金融论坛课题组则认为，中国金融开放应包含中国对外金融开放和中国金融业对外开放两个层面，前者主要指货币国际化、资本跨境自由流动等，后者主要指金融机构和金融市场开放。从更宽泛的角度看，金融开放指一切有利于金融要素跨境自由流动的政策安排。从狭义角度分析，金融开放主要包括两个方面：一是中国金融业对外开放，主要是金融机构开放和金融市场开放；二是指资本账户开放及与之相关的机制市场化变革，如汇率形成机制市场化

① Bekaert G，Harvey C R，Lundblad C. Emerging Equity Markets and Economic Development [J] . Journal of Development Economics，2001（4）：14-16.

② Clark W R，Hallerberg M，Keil M，et al. Measures of Financial Openness and Interdependence [J] . Journal of Financial Economic Policy，2012，4（1）：58-75.

③ 陆人. 可供借鉴的经验——澳大利亚、新西兰金融开放政策一瞥 [J] . 中国金融，1987（2）：54-55.

④ 张煜，张屹山. 新经济与传统经济理论 [J] . 当代经济研究，2003（2）：37-39+48.

⑤ 贾俐贞. 从国际经验看我国资本帐户的开放 [J] . 两岸关系，2005（4）：44-46.

⑥ 赵智. 金融开放的内涵探讨 [J] . 社会科学家，2006（1）：152-153+156.

⑦ 张金清，刘庆富. 中国金融对外开放的测度与国际比较研究 [J] . 国际金融研究，2007（12）：61-69.

⑧ 张金清，赵伟，刘庆富. "资本账户开放"与"金融开放"内在关系的剖析 [J] . 复旦学报（社会科学版），2008（5）：10-17.

改革、货币国际化和资本跨境自由流动等①。有些学者从资本账户开放角度阐述金融开放的内涵，如华秀萍等认为，金融开放和资本账户开放无本质差异②。

在国内外文献和相关研究的基础上，本书将金融开放定义为一国对外开放过程中涉及资本和金融服务跨境流动的具体金融活动和经济实践，包括允许国际资本和国内资本以直接投资、证券投资或其他投资方式自由进出；允许银行业、证券业和保险业及金融信息业等金融服务行业的跨境服务和直接投资。从根本上说，金融开放的实质是通过金融市场和金融制度的开放，让资源由更有效率的市场力量支配使用，即促进市场机制作用的发挥。各国经验表明，金融封闭反而会导致金融业的效率降低，竞争力减弱，最终损害行业长远发展。通过金融开放，适应竞争乃至在竞争中增强实力，这是充分发挥市场机制在配置资源方面决定性作用的结果③。

二、金融开放的原则

金融开放促进市场机制充分发挥作用，降低跨境资本流动成本，提高金融市场效率，有利于推动经济高质量发展。但不符合客观规律的金融开放会对金融体系造成负面影响，威胁国家经济安全。因此，金融开放既不可盲目复制别国经验，也不可违反客观规律急于求成，在具体推进过程中应遵循安全性、效率性、创新性、规范性原则。

（一）安全性

安全性原则是相对于金融开放过程中产生的风险提出的。一些发展中国家金融自由化的失败经验（如拉美发展中国家进行金融自由化改革，导致国家背负"债务负担"；东南亚一些国家过快推动金融自由化改革，导致部分国家陷入金融危机等）为我们敲响了警钟——直接按照金融自由化理论设计中国金融开放的路径是有待考量的。在经济全球化和金融自由化的进程中，为有效维护国家金融安全，保证经济发展战略顺利实施，必须牢牢把握"金融开放"与"金融安全"之间的辩证关系，置之于"国家安全"的层面统筹谋划。

一方面，金融开放须与防范金融风险并重。随着金融自由化和全球化的加速发展，我国对外开放力度逐渐加大，与各国金融联系进一步增强，我国的经济发展和金融运行越来越多地受到外部经济金融环境的影响。当今世界正处于百年未

① 北京国际金融论坛课题组. 中国金融对外开放：历程、挑战与应对 ［J］. 经济研究参考，2009（4）：2-44.

② 华秀萍，熊爱宗，张斌. 金融开放的测度 ［J］. 金融评论，2012（5）：114-125+130.

③ 吴光豪. 金融开放的内涵、国际经验及启示 ［J］. 黑龙江金融，2018（12）：31-33.

有之大变局，全球政治经济形势复杂多变，金融危机爆发的概率大大增加。因此，为避免金融危机造成的各类损失，保障我国社会安定，金融开放必须遵循安全性原则，提升金融安全在国家安全战略中的地位。

另一方面，金融开放程度要与经济发展程度及现行经济体制、金融体系等相匹配。国家的宏观控制能力、经济体制机制的适应能力、对外贸易开放程度及国际金融市场的基本状况等都在一定程度上影响着一国的金融开放程度，反之，金融开放也要与经济发展程度、金融市场体系、金融调控监管能力等相适应。建立健全现代金融制度不仅关系到我国金融能否安全、高效、稳健运行，而且关系到我国经济能否持续、快速、健康、高质量地发展。

（二）效率性

金融开放应体现金融体系效率的提高，即带动全社会资源有效配置，提高资源产出率，促进经济增长。金融体系效率即金融服务实体经济发展的效率，包括操作效率与配置效率、微观经济效率与宏观经济效率、金融结构效率与资源配置效率等方面。金融开放对金融体系效率的提高需要把握好市场机制和政府调节两种作用，在两种作用的协同下实现高效的金融开放。

在利率和汇率的管控方面，金融开放须与汇率形成机制改革和资本项目可兑换进程相互配合，共同推进。衡量一国金融体系是否具有效率，通常以利率和汇率能否真实、客观、迅速反映市场情况作为考量。对于利率和汇率等价格的管控往往是金融抑制采取的手段之一。当一国对利率和汇率等价格进行管制时，价格信号便被扭曲，市场中要素供求信息不能被准确反映，导致部分资源误置，资源配置效率降低，最终会影响金融和经济体系的运行效率，甚至阻碍其发展。金融自由化聚焦释放利率和汇率真实反映市场变化的价格信号，充分发挥市场机制，促进资源高效配置、要素合理流动，提高金融和经济的效率。同时，资本项目可兑换应同步进行，只有实现资本项目基本可兑换，金融业实行双向开放，我国汇率形成机制和整个金融业才能协调发展。因此，金融开放应遵循效率性原则，处理好政府和市场的关系，完善市场约束机制，提高金融资源配置效率，最大限度地发挥金融服务实体经济的作用，让金融开放成为促进经济发展的利剑良方。

（三）创新性

金融开放的过程伴随着一轮又一轮的金融创新热潮，大量金融创新工具和金融创新体制的问世，不仅改变了金融机构传统的经营方式、经营理念，也极大地推动了金融深化、金融全球化的进程，对整个世界的经济发展造成巨大而深远的影响。我国在金融开放的过程中应着力推动金融创新，通过创新助力经济发展。金融创新主要包括金融工具创新、市场创新、制度创新、机构创新、产品创新、监管创新和技术创新等。

一是工具创新。金融工具创新指金融工具应市场环境、技术发展、信用形式的演变和扩展而在支付方式、期限性、安全性、流动性、利率、收益等方面进行改造、优化、升级等创新行为，为市场主体参与金融行为提供更为丰富、适用、安全、便捷的选择。金融工具的创新是金融创新最主要的内容，是其他金融创新的基础。例如，金融工具创新导致在传统金融产品和一般商品期货的基础上产生了金融期货，主要有利率期货、货币期货和股票指数期货。

二是市场创新。金融市场创新指金融业通过金融工具创新而积极扩展金融业务范围，创造新的金融市场。例如，起源于 20 世纪 60 年代初期的欧洲债券市场，随着市场需求的增长与技术创新，债券市场上可交易的产品种类和交易方式不断增加，为市场参与者提供了多元化选择。又如，欧洲证券交易所，随着交易市场的国际化、欧洲经济的一体化进程、技术进步等，欧洲证券市场逐渐发展，不仅可以从事跨越国境的股票交易和债券交易，而且可以在其他国家发行本国的债券与股票，逐步形成了一个全球性的证券市场。再如，在欧洲银团贷款市场和欧洲债券市场的基础上形成的欧洲票据市场，通过创新将信贷和债券流动结合起来，使票据具有短期银行信贷和流动性有价证券的双重属性，进一步丰富了金融交易手段和扩大了金融交易场所。

三是制度创新。金融制度创新指国家金融管理法律法规的改变，以及这种变革所引起的金融业与金融机构在经营环境及经营内容上的创新，如金融组织制度的创新与金融监督制度的创新。经济发展是动态过程，市场和环境处于不停歇的变动中，因此要保持制度活力，以适应金融和经济发展的客观需要。改革开放以来，我国实行中国特色社会主义市场经济体制，市场在国家宏观调控下对资源配置起基础性作用。进入新发展阶段，我国经济金融形势发生新的变化，随之产生新的客观问题。面对新挑战，金融制度需要与时俱进。

四是机构创新。随着金融深化和市场经济体制的进一步完善，传统金融机构模式难以满足新的要求，机构的改革与创新对金融行业的长远发展起着至关重要的作用。通过创新组织形式、允许新的股权关系构成的金融机构、外资可以新的形式参与国内金融等在"机构"方面的创新，在全球金融环境日趋复杂的形势下创造新活力，促进金融和经济发展。

五是产品创新。金融创新离不开产品创新，也正是由于金融产品和金融工具的不断创新，金融市场才充满活力，金融服务实体经济的效率才得以提高，作用才得以发挥。金融产品的核心是具有满足各类需求的功能，包括金融工具和金融服务。金融产品的形式应满足客户所要求的产品种类、特色、方式、质量和信誉，目的是使客户方便、安全、盈利。在国际金融市场上，金融产品创新占金融创新的主要部分。自"金融"概念在人们脑海中诞生之日起，金融产品和工具便不断推陈出新。产品和工具等金融衍生品的种类多样化以及自身的完整性，不仅丰富了融资市场各方的选择，而且分散了金融风险，减弱了金融危害的传导性和集中性，有利于促进金融市场发展和金融效率的提升。

六是监管创新。金融体系在一国经济和社会发展中有着深远影响，金融安全十分重要。金融监管在金融和经济运行的过程中发挥着重要的监督监测作用，是促进金融机构规范从业、金融体系有序运转必不可少的一环。随着金融和经济的发展，金融监管需要与时俱进，运用创新手段提高监管水平，实行科学监督监测，降低对机构和市场的无效干扰，促进金融经济健康运行。

七是技术创新。随着科学技术发展，尤其是互联网的快速发展，金融技术的创新势不可当。金融与科技的结合与发展，不仅有助于提升金融机构的服务质量，拓展服务场景，改善用户体验，也有助于提高运营效率、降低成本。随着人们的需求向着多样化、高品质的转变，市场及用户对金融服务的要求逐渐提高，金融技术创新责无旁贷。

（四）规范性

金融自由化的过程在一定程度上是与国际规范接轨的过程。一方面，这是加入世界贸易组织和经济金融全球化的客观要求，成员国必须遵守世界贸易组织基本和普遍的原则；另一方面，金融开放意味着对参与经济的市场主体放松管制，如降低外资准入门槛，给予一定主动权。因此，金融开放必须遵循规范性，经济主体及其中个体必须接受并遵守市场规则，规范从业。

各经济体在金融开放的过程中遵循规范性。首先，遵守国际规则，在公平、客观、合理的国际贸易规则、货币规则等框架下进行角逐；其次，在经济体内部制定科学合理且适宜本国金融经济发展客观现实的内部规则，也即适合本国国情的经济体制；最后，能够对参与本经济体的市场各方有约束力，使得市场各方愿意且能够规范开展经济活动。

既有的国际游戏规则更多地体现了西方发达国家的利益诉求，对中国这样的后发国家的利益存在严重制约，而且这些西方发达国家不会让中国自动享有现有的机制权益，甚至可能会千方百计地把中国排斥在利益安排之外，以遏制中国的迅速崛起。世界贸易组织作为一种制度和原则，其总体框架反映的是发达国家的经济体制和运行机制的需要，作为发展中国家的中国对此必须有清醒的认识，要认真、严肃、科学地思考金融国际化潮流中金融是否存在国界的问题。鼓吹金融无国界是少数发达国家的利益要求，是其扩张市场、输出金融资本的利益要求，对于其他国家和地区而言，金融自由化并不"自由"，只有对内自由的意义而没有对外自由的含义。在这种不对称的"双刃剑"作用下，作为发展中国家，出路只有一条，即把握国际化、全球化主流，立足本国，在世界贸易组织框架下努力提高金融效率与金融安全。从制度经济学角度看，正式规则方面我国衔接得很快，已经把很多规则制定得与国际惯例基本一致，但许多非正式规则的衔接并非如此简单。当国际规则已先入为主地摆在面前时，必须遵循游戏规则，在熟知的基础上驾驭规则，为我所用。

三、金融开放与相关概念辨析

（一）金融开放与金融自由化

金融开放是一国对外开放政策中的重要方面，其实质是放松金融管制。金融管制的放松包括：放宽或取消对银行支付存款利率的限制；减少或取消对银行贷款总规模的直接控制；放宽对各类金融机构经营范围的限制；允许更多的新金融工具使用和新金融市场设立；放宽外国金融机构经营活动的限制及对本国金融机构进入国际市场的限制；减少外汇管制，实现本币在经常项目和资本项目下的可兑换性；在汇率制度安排中增加汇率的灵活性等。因此，金融开放也可以动态地理解为金融自由化的过程。

金融自由化概念起源于麦金农和肖，他们在对发展中国家进行深入研究后发现，在发展中国家的金融市场上存在着一系列严重的不合理现象①，并导致发展中国家的经济、金融发展出现严重扭曲。麦金农和肖将这种现象称为"金融抑制"，提出发展中国家应当通过金融自由化改革，解除金融抑制，推动经济增长。经过研究的深入，金融自由化的概念使用越发广泛，其外延和内涵日益明确，具体指一国应通过放开利率、汇率最高限制，解除信贷管制，消除金融业进入壁垒限制，允许金融业民营化发展，银行业实现自律管理，以及放开资本账户管制等放松管制措施，实现成功的金融增长，即金融深化②。

金融开放和金融自由化之间的关系非常密切，金融开放是实现金融自由化的必经途径，金融自由化是金融开放的目标之一。若一个国家解除了金融管制，即国内利率完全市场化、银行业进出完全自由、资本项目完全自由流动等，则基本实现了金融自由化。但是，目前世界上还没有一个国家真正做到完全意义上的金

---

① 这些不合理现象主要包括实行信贷管制、规定最高利率限制、实行低汇率政策、限制资本自由流动、对金融业设置进入壁垒等。

② 金融深化指通过进行金融自由化改革所要达到的目标，具体指一个国家通过金融自由化改革实现的金融素质的提高、金融作用的增强。如果一个国家能够通过金融自由化实现上述两个目标，则实现了金融深化。从金融自由化和金融深化的关系看，金融自由化是金融深化的必要条件，金融深化是金融自由化的可能结果。如果一个国家能够通过推进金融自由化实现金融资源优化配置、经济持续发展，就可以说金融自由化对经济的作用是正向的，即实现了金融深化；反之，金融自由化对经济的作用就是负向的，即没有实现金融深化。

融自由化——美国等一些发达国家，在经过漫长的金融自由化改革后，反而加大了对资本账户管制的力度；发展中国家由于金融抑制的时间过长、程度太深，需要经过一个较长的时间解除金融抑制才能最终实现金融自由化。

（二）金融开放与金融服务贸易开放、资本账户开放

1. 金融开放与金融服务贸易开放

金融服务贸易开放是金融开放的重要部分，许多文献甚至将金融服务贸易开放简称为金融开放[1][2][3][4]。金融服务具有无形和不可储存的特点，通过货物、自然人、信息或货币流动等载体实现贸易交互。GATS 将金融服务贸易定义为"由参与方（参与服务贸易谈判的国家和地区）的服务提供者提供的任何金融性质的服务，其内容包括信贷、结算（外汇、证券）、交易、保险、资产管理、金融咨询六大类，计16项"，囊括了金融领域内所有的营利性业务。金融服务贸易开放强调金融服务的跨国性质，即一国的金融机构为他国的企业、政府或居民提供金融服务。按照提供服务方式的不同，GATS 将金融服务贸易分为四种模式：一是跨境贸易模式，即一国消费者跨境购买境外金融机构的金融服务；二是境外消费模式，即一国消费者在境外旅行时购买外国金融机构的金融服务；三是商业存在模式，即外国金融机构在当地建立附属机构、分行等机构，并通过这些机构提供金融服务；四是自然人流动模式，即外国自然人到当地提供金融服务。

在上述四种模式中，跨境贸易模式和商业存在模式在金融实践中较为频繁和重要。根据《GATS 第五协定书》，WTO 缔约国承诺："对外开放银行、保险、证券和金融信息市场；允许外国在国内建立金融服务公司并按照竞争原则运行；外国公司享受同国内公司同等的进入市场的权利；取消跨境服务的限制；允许外国资本在投资项目中的比例超过50%等。"

2. 金融开放和资本账户开放

从消除跨境资本流动的限制出发，更多的学者认为，资本账户开放是金融开

① Levine R, Zervos S. Stock Markets, Banks, and Economic Growth [J]. American Economic Review, 1998, 88 (3): 537-558.

② Henry P B. Stock Market Liberalization, Economic Reform, and Emerging Market Equity Prices [J]. The Journal of Finance, 2000, 55 (2): 529-564.

③ Henry P B. Do Stock Market Liberalizations Cause Investment Booms [J]. Journal of Financial Economics, 2000 (1): 7-14.

④ Edison H J, Warnock F E. A Simple Measure of the Intensity of Capital Controls [J]. Journal of Empirical Finance, 2003 (10): 7-9.

放的核心①②③。通常资本账户（或称为资本项目）是对 IMF《国际收支手册》中对国际收支平衡表中资本和金融账户的总称，其中，资本账户包括资本转移和非生产、非金融资产的收买/放弃，金融账户反映居民与非居民间对外资产和负债所有权变更的所有交易，包括直接投资、证券投资、其他投资和储备资产。

按照 IMF 的观点④，资本账户开放主要指"为消除国际收支平衡中资本和金融账户下各种交易的汇兑限制，例如数量限制、税收和补贴，主要内容包括消除对 FDI 的汇兑限制；消除对股票市场中外国投资的限制；消除对国内企业通过国内的外资银行进行融资的限制；以及消除对国内企业进行海外投资的限制，其主要目的是实现资本和金融账户下资本跨境自由流动"⑤。简而言之，广义的资本账户开放指取消对跨境资本交易（包括转移支付）和汇兑活动的限制，而狭义的资本账户开放强调取消跨境资本交易的汇兑环节限制。

资本账户开放的特点：一是居民可以通过资本项目自由交易；二是外汇既可出售给银行，也可以在国内或国外自由持有；三是经常项目和资本项目交易所需外汇可无限制地在市场上购得；四是国内外的居民可自由地在国内外持有本币，以满足资产配置需求⑥。

本书认为，资本账户开放是金融开放的组成部分。首先，从主体角度看，资本账户开放与金融开放的主体都是一国当局。政府根据本国经济发展的需要或其他目的决定开放的具体内容及具体开放程度。虽然对于加入 WTO 的国家的金融服务贸易开放有强制性承诺要求，但这种承诺是在本国"审慎性原则"基础之上进行的。其次，从客体角度看，资本账户开放的客体包括"反映在国际收支平衡表中资本账户项目下的具体跨境资本交易行为及行为人"和"涉及货币自由兑换的具体经济行为及行为人"两部分；金融开放的客体包括"一国金融开放过程中发生的或可能发生的具体金融、经济往来活动及其行为人"和"本外币

① Klein M W, Olivei G P. Capital Account Liberalization, Financial Depth and Economic Growth ［J］. Journal of International Money and Finance, 1999（6）：7-9.

② Eichengreen B. Capital Account Liberalization：What Do Cross-Country Studies Tell Us ［J］. The World Bank Economic Review, 2001, 15（3）：16-18.

③ Milesi-Ferretti G M, Lane P R. The External Wealth of Nations：Measures of Foreign Assets and Liabilities for Industrial and Developing Countries ［D］. IMF Working Papers, 2001.

④ 虽然 IMF 在其《国际收支手册》第五版中将资本账户改为资本与金融账户，鉴于国内外学者的习惯，本书仍沿用资本账户。

⑤ 李剑峰. 发展中国家的资本账户开放：货币危机视角下的次序选择 ［D］. 华东师范大学博士学位论文, 2008.

⑥ 任晓佳. 发展中国家金融服务贸易开放与资本账户自由化 ［D］. 对外经济贸易大学博士学位论文, 2004.

自由兑换在具体实现时涉及的经济行为及行为人"。资本账户开放的客体"反映在国际收支平衡表中资本账户项目下的具体跨境资本交易行为"由于是通过国际金融体系实现，因此属于"一国金融开放过程中发生的或可能发生的具体金融、经济往来活动"的一部分，其行为人也是被包含的关系。最后，从工具角度看，无论是资本账户开放的工具，还是金融开放的工具，都是一国当局颁布的对上述客体进行有效管理的法律法规及其他规范性法律文件。虽然按照不同分类方法得出的分类标准不同，但实质上资本账户开放的工具只是金融开放工具的一部分。除此之外，金融开放的工具还包括对金融机构及金融服务具体业务经营等方面进行有效管理的法律法规及其他规范性法律文件①。除了资本账户开放，金融开放还应该包括取消对外国（本国）居民参与境内（境外）交易的限制，为此需要对金融服务贸易开放与资本账户开放的关系做进一步分析。

3. 金融服务贸易开放与资本账户开放

金融服务贸易开放和资本账户开放存在明显差异。一是两者作用的对象不同。金融服务贸易开放主要是取消外国金融机构对居民提供金融服务的限制，即放开外国金融机构与居民的金融交易环节的管制；资本账户开放则强调消除资本跨境流动的障碍，取消对跨境资本交易在汇兑环节方面的限制。二是两者作用的目的不同。金融服务贸易开放倡导对外国竞争者提供开放的金融市场，目的是去除歧视，增加市场准入；而资本账户开放的目的是增加国内投资，促进资本的自由、有效配置。三是不同形式的金融服务贸易自由化对资本账户的开放有不同的要求。例如，跨境贸易方式的金融服务贸易要求完全的资本账户开放；商业存在形式的金融服务贸易仅要求部分的资本账户开放。与此相比，由于自然人存在形式的金融服务贸易大多数是为银行、保险提供有关的补助性金融服务，如风险评估、顾问咨询等，因此对资本账户的开放并没有具体要求②。

但多位学者通过研究发现，金融服务贸易开放和资本账户开放两者间也存在非常紧密的联系③。从事实或结果看，金融服务业开放一定程度上是资本账户开放的一项具体内容。金融跨境贸易服务中的信贷、资产组合投资等都需要资本跨

① 张金清，赵伟，刘庆富."资本账户开放"与"金融开放"内在关系的剖析［J］.复旦学报（社会科学版），2008（5）：10-17.

② 林文婷.我国金融服务贸易自由化改革与资本账户的适度开放［D］.厦门大学博士学位论文，2006.

③ 冯琦，徐雅玲，徐卫刚.金融服务贸易开放和资本账户开放的关系［J］.中国外汇，2007（Z1）：30-31.

境自由流动的配合①。金融服务贸易开放与资本账户开放之间存在相互依存、相互促进的关系，如果没有金融服务贸易市场的开放，资本项目开放带来的资金流动将非常有限；反之，如果资本账户不开放，金融服务贸易开放带来的服务贸易增长也将十分有限。GATS 的规则中要求一国应该开放与金融服务贸易开放相关的资本流动，如果一国承诺开放跨境金融服务，则必须开放相应的资本流入和流出。另外，从资本账户四大类十三大项的内容看，有超过一半与金融服务有关的项目。

综上所述，一国金融开放的实现，最终要满足以下四个条件：第一，跨境金融机构设立的开放。允许境外金融机构到本国设立分支机构，同时提供跨境金融服务，允许本国金融机构到国外设立分支机构提供跨境金融服务。第二，跨境证券投资开放。允许相当数量对境内证券市场有合理投资需求的境外机构或个人，以合理成本进入国内证券市场，并形成显著的投资规模或份额，允许相当数量有合理需要的境内机构或个人通过适当渠道投资于境外证券市场。第三，跨境信贷投资的开放。放开境内机构对跨境信贷类借款，放开境内机构的对外放款。第四，境内外资金、资本市场或外汇市场不存在市场分割。居民与非居民进行资本账户交易时，不需要付出额外的经济或管理成本，境内外资金价格水平和变动趋势基本趋于一致。如果跨境资本交易环节的限制取消，而汇兑环节的限制还存在，则说明金融开放没有完全实现，只有取消交易环节限制且放开汇兑环节，才是完全的金融开放。

（三）金融开放与金融全球化

经济全球化的理论和实践是随着 20 世纪 80 年代以来世界经济发展到必须超越国界：在全球范围内确保资源自由流动和优化配置以提高效率的阶段而产生和发展的。相对于贸易全球化而言，金融全球化指跨国资金流动带来的全球性联系的不断提升②。金融全球化是经济全球化的核心，它推动了生产的国际化和全球贸易商品技术的交流，促使各种生产要素的流动配置更趋合理。大多数经济学家认为，金融的全球化是一个相当复杂而且不断发展变化的经济现象，因此，迄今为止还没有形成一个有关金融全球化标准的定义，对此，学界有三种观点。第一种，将金融全球化定义为世界各国和地区放松金融管制、开放金融服务和资本项目，使金融资源在各国和地区的金融市场之间自由流动，最终形成全球统一的金

---

① 姜学军，刘丽巍，范南．金融对外开放与监管问题研究［M］．北京：中国时代经济出版社，2005.

② Eswar S. Prasad, Kenneth Rogoff, Shang-Jin Wei, M. Ayan Kose, Effects of Financial Globalization on Developing Countries：Some Empirical Evidence［EB/OL］．https：//www.imf.org/external/pubs/nft/op/220/index. htm.

融市场和货币体系。在这个观点下，金融全球化主要体现为金融服务和国际资本流动两个方面。第二种，将金融全球化定义为金融活动跨出国界，与各国金融融合在一起，即金融机构、金融市场、金融工具、金融资产和收益的国际化，以及金融立法和交易习惯与国际惯例趋于一致的过程及状态，是金融活动从内向外延伸的过程。第三种，金融全球化被解释为金融资产收益率在全球均等化的内在机制和实现过程。在这个定义下，贸易自由化和生产国际化有其相对应的金融基础，预示了全球性的金融发展过程和国际金融自由化过程是一种必然的趋势。

费尔南多·布罗内尔与贾米·文图拉撰文[1]指出，金融全球化是把双刃剑，一方面，金融全球化增加了交易机会，可以提高社会福利水平；另一方面，也增加了国内金融危机的发生率，并诠释了金融全球化的四方面效应，即门槛效应（Threshold Effects）[2]、配置之谜（Allocation Puzzle）[3]、附带效应（Collateral Effects）[4] 和突然停止（Sudden Stops）[5]。

（四）金融开放、金融危机与金融脆弱性

金融危机是一个被人们熟知的概念。根据经济学家戈德史密斯[6]的定义，金融危机是全部或大部分金融指标，如短期利率、资产（证券、房地产及土地等）价格、商业破产数和金融机构倒闭数等急剧、短暂、超周期的恶化。美国经济学家、著名金融危机研究专家金德尔伯格认为，金融危机可以用金融崩溃和金融恐慌解释，其中，金融崩溃（Financial Crash）指资产价格的狂跌或重要企业和银

---

① Fernando Broner, Jaume Ventura. Rethinking the Effects of Financial Globalization［J］. Quarterly Journal of Economics, 2016, 131（3）: 1497–1542.

② 金融全球化效应是异质的，实施金融全球化国家的特质决定了效应的具体表现，即对于具有制度质量较高、拥有高度发达的国内金融市场的高收入的发展中国家，实施金融全球化会导致资本净流入以及高投资和高增长，存在"金融深化效应"（Financial-depth Effect）；反之，对于制度质量较差、金融市场不发达的中低收入的发展中国家，实施金融全球化会导致资本外流，存在"资本外逃效应"（Capital Flight Effect）。

③ 通常情况下资本从高生产率增长国家流向低生产率增长国家，即生产率增长与资本净流入之间存在负相关关系，既有的解释认为，这一关系反映了高增长国家具有高储蓄的现象，也可能是由于政治因素推动而非经济因素推动。然而，在金融全球化条件下，高生产率增长通常意味着高的资本回报率，因此倾向于会增加投资和资本的净流入，因此存在资本配置之谜。

④ 金融全球化除给新兴市场国家提供新的廉价的金融资源外，也会对国内金融市场带来间接效应（Indirect Effects）或附带效应，即金融全球化提高了国内金融危机的发生率。如果国内金融市场能够完全隔离国外债务违约风险，即国内债务和国外债务互不相关，国内债务和国外债务可以完全区分，金融全球化带来的国外债务违约风险将不会传递到国内金融市场，附带效应将不会存在。然而，由于国内债务和国外债务存在相互影响，经济体并不能完全区分国外债务持有者和国内债务持有者，因此，国外债务风险会引致国内债务风险，从而增加国内金融危机的发生率，导致资本外逃，对投资与增长带来不利影响。

⑤ 实施解除跨境金融交易限制的发展中国家，可能会发生资本流入的突然逆转，导致投资和增长的急剧下降，即发生突然停止事件。

⑥ 雷蒙德·戈德史密斯（Raymond W. Goldsmith），耶鲁大学教授，美籍比利时经济学家。

行的破产；金融恐慌（Financial Panic）指人们突然间莫名其妙地惊慌失措，迫不及待地把流动性低下的资产抛出，并抢购流动性高的资产。金融危机有时指金融崩溃，有时指金融恐慌，有时同时包括上述两种状态。当金融危机发生时，金融市场的正常交易秩序被打乱，金融体系无法正常发挥其促进经济发展的各项职能。

金融危机与金融开放有密切联系。20世纪80年代初期，在金融自由化理论的影响下，南锥体国家（如南美洲的巴西、智利和乌拉圭）初步尝试金融自由化改革，却因发生债务危机、银行危机等不同程度的金融危机最终宣告失败。在此之后，各国在金融自由化的探索中相继发生了一系列金融危机（见表1-1）。频繁发生的金融危机迫使人们思考：为什么金融业相对封闭的发展中国家一旦实行金融开放一般都要伴随一个副产品——金融危机。传统理论很难对此做出满意的解释，人们不得不从发生金融危机国家的内部寻找原因。

表1-1　发展中国家的金融自由化与金融危机

国家	法定的金融自由化时间	事实的金融自由化时间	金融危机的发生时间
墨西哥	1989年	1989年	1982年，1994~1995年
巴西	1991年	1992年	1998年
阿根廷	1989年	1991年	1982年，1990~1991年，2001~2002年
泰国	1987年	1988年	1984年，1997~1998年，2000年
印度尼西亚	1989年	1989年	1997~1998年
菲律宾	1991年	NA	1983年，1997~1998年
马来西亚	1988年	1990年	1997~1998年
韩国	1992年	1993年	1997~1998年

资料来源：Romain Ranciere, Aaron T omell, Frank Westermann. Decomposing the Effects of Financial Liberalization：Crises vs. Growth ［EB/OL］. http：//www. econ. ucla. edu/people/papers/T Ornell/T ornell408. pdf.

由此，金融体系脆弱性的概念逐渐被引申出来。最初，关于金融脆弱性的研究是分析银行体系的脆弱性，因为无论是在发达国家还是在发展中国家的金融体系中，银行处于最关键的地位，金融脆弱性也更易通过银行体系进行考察。随着讨论的深入，学者们发现，金融脆弱性不只是表现为银行体系的问题，而是一国金融体系整体的问题。因此，金融脆弱性的内涵逐渐扩大，形成了关于金融脆弱性的狭义和广义概念。狭义的金融脆弱性仅是指银行体系的不稳定性，而广义的金融脆弱性则指一个国家整个金融体系的不稳定性。

综上所述，金融开放的推进导致了金融脆弱性加大，当金融脆弱性达到一定程度后，便有可能爆发金融危机。一个经济体实行金融开放政策，可以提高吸引外资的能力，但必须承受由此带来的风险，这似乎就是一把"双刃剑"。因此，发展中国家在自身经济基础不够稳健时，盲目实施脱离自身国情和发展阶段的、无必要约束的金融开放是不明智的。①

第二节　金融开放的测度指标与方法

一、金融开放的测度指标

目前，对金融开放概念的不同理解产生了不同的金融开放类别及测度方法。沈凤武等认为，从国际收支平衡表的角度，金融开放的内容包含资本账户中的"金融账户"和经常项目中的"金融服务"和"保险服务"，因此将金融开放的测度方法分为资本账户开放测度法和金融服务贸易测度法②。华秀萍等、陈雨露等认为，金融开放中包含许多要素，其中最重要的是资本账户开放和金融市场开放，因此将金融开放测度方法分为资本账户开放测度法和金融市场开放测度法③④。多数学者认为，一国金融开放的水平很大程度取决于该国金融开放的政策，同时要考虑一国金融开放水平的具体情况，因此将金融开放的测度方法分为法定开放测度和实际开放测度⑤。因此参考多数学者的观点，目前国际上关于构建金融开放水平指标体系的方法总体归纳起来有两种：法定（DeJure）开放度（或称名义开放度）测量指标、事实（DeFact）开放度测量指标。

（一）法定开放度指标

对法定金融开放的测度包括测量一国或地区对于跨境资本流动、价格、数量及外国资产持股的法律法规限制程度。最早使用此方法的是 IMF 发布的《年度汇兑安排和汇兑限制年报》（Annual Report on Exchange Arrangements and Exchange Restrictions，AREAER），该报告主要采用二元变量法反映一国的资本账户

---

①　严海波．金融开放与发展中国家的金融安全［J］．现代国际关系，2019（9）：18-26.

②　沈凤武，娄伶俐，顾秋霞．金融开放及其测度方法述评［J］．金融理论与实践，2012（7）：100-107.

③　华秀萍，熊爱宗，张斌．金融开放的测度［J］．金融评论，2012（5）：110-121+126.

④　陈雨露，罗煜．金融开放与经济增长：一个述评［J］．管理世界，2007（4）：138-147.

⑤　马小涵，郭文伟．金融开放测度研究述评［J］．科技创业月刊，2022（4）：158-162.

管制或开放的情况。基于这一方法，很多学者对金融开放的测度问题进行了更为深入的研究，不断修正和完善，这些研究包括：Quinn 等构建的资本账户开放指数①；Miniane 提出的金融开放指数（FOI）②；Mody 和 Murshid 构建的金融一体化指数③；Chinn 和 Ito 利用主成分分析方法构建出的资本账户开放指数（KAOPEN）④；Kaminsky 和 Schmukler 的对改革及政策变化的时间的研究⑤；Schindler 构建的涵盖了 1995~2005 年的 91 个国家的 KA 指标。⑥ 此外，较有影响力的法定开放度指标还有两个：一是 Bekaert、Harvey 和 Lundblad（BHL）利用从 1980~2006 年 95 个国家股权自由化的数据构建的 EQUITY 指标⑦；二是世界遗产基金会的投资自由化分类指数⑧。

这些法定开放度指标具有局限性。第一，这些指标的构建都以不存在外汇交易限制为前提，因此不能准确反映一国资本或金融账户的开放程度；第二，这些指标仅反映了资本与金融账户的开放状况，未反映一国融入全球市场的一体化程度；第三，对变量的赋值无法克服主观性；第四，一国的法定金融开放程度和实际开放程度很可能产生很大差异，利用法定指标很难反映实际资本与金融账户开放和金融市场开放状况。

（二）事实开放度指标

鉴于法定开放度量方法的局限性，事实测度指标便成为衡量一国与国际金融市场一体化程度的替代方法。具体来说，事实测度法又分为数量法、价格法和混合法。

数量法中应用最广的为 Lane 和 Milesi-Ferretti 的 TOTAAL 指数，他们侧重于

① Quinn D, Schindler M, Toyoda A M. Assessing Measures of Financial Openness and Integration［J］. IMF Economic Review, 2011, 59（3）: 488-522.

② Miniane J. A New Set of Measures on Capital Account Restrictions［J］. IMF Staff Papers, 2004, 51（2）: 276-308.

③ Mody, Murshid. Measuring International Financial Openness［Z］. Paper presented at the 1992 Annual Meetings of the American Political Science Association Meetings, 1992.

④ Chinn M D, Ito H. What Matters for Financial Development? Capital Controls, Institutions, and Interactions［J］. Journal of Development Economics, 2006（1）: 7-9.

⑤ Kaminsky G, Schmukler S L. Short-Run Pain, Long-Run Gain: The Effects of Financial Liberalization［J］. Social Science Electronic Publishing, 2002（1）: 7-9.

⑥ Schindler M. Measuring Financial Integration: A New Data Set［J］. IMF Staff Papers, 2009, 56（1）: 222-238.

⑦ Bekaert G, Harvey R, Lundblad C. Does Financial Liberalization Spur Growth?［J］. Social Science Electronic Publishing, 2005, 77（1）: 3-55.

⑧ 虽然世界遗产基金会公布了指数构造的资源来源，但对其是如何利用这些资源进行自由化指数构建的并未详述。

用股票市场的开放程度测量一国与国际金融市场联系程度[①]。Quinn 等认为，这种方法比 IMF 基于资本流动的测量方法更具合理性，因为后者容易产生波动和受到干扰[②]。另外一个是，联合国贸易与发展委员会针对大多数联合国成员的关于国际直接投资和股票资产流动状况的测量指标。

　　基于价格法的主要有 Yeyati 等[③]和 Dooley、Mathieson 和 Rojas-Suarez[④] 等的研究。这些方法的共同点是都考虑了国内外的价格差异，其前提假设为金融经济一体化以及由于套利行为的存在，相似资产在不同市场不存在价格差异。但实际情况可能是无效的套利行为对国内市场的影响比对国际金融摩擦产生的影响更大。所以大多数指标都只适用于个别国家，缺乏广泛适用性。也有将价格法和数量法进行综合运用的测量方法，如 Edison 等的 FORU 指标，是以分析可供外国投资者购买的股票份额为基础的资本账户开放月度指标。[⑤]

　　事实测度的主要局限性包括：第一，对 FDI 的测度可能面临由于国别差异或时间推进带来的不一致性；第二，由于存在双向因果关系，事实测度与一国的政策立场不完全相关；第三，尤其是对于一些免税天堂国家，金融资产和负债往往是 GDP 的很多倍，他们的中央银行只充当了局外人。对以上测度方法进行修正完善的指标主要有 S. K. A. Rizvietal 针对亚洲经济体的 TVEMB 指数、Zeynep Oz-kok 利用主成分分析提取的金融开放指数，以及张小波[⑥]、陈浪南等[⑦]、谢寿琼等[⑧]对中国金融开放水平的测度指标等。

二、金融开放水平的测度方法

　　金融开放的测度，指通过构建一套有效体系，对某一国家或地区在特定时期内金融市场开放程度的综合估计。金融开放程度的准确测度，是对金融市场管理

　　①　Lane P R, Milesi-Ferretti, et al. The External Wealth of Nations Mark Ⅱ: Revised and Extended Estimates of Foreign Assets and Liabilities, 1970-2004 [J]. Journal of International Economics, 2007, 73 (2): 223-250.

　　②　Quinn D, Schindler M, Toyoda A M. Assessing Measures of Financial Openness and Integration [J]. Imf Economic Review, 2011, 59 (3): 488-522.

　　③　Yeyati E L, Schmukler S L, Horen N V. International Financial Integration through the Law of One Price [J]. Social Science Electronic Publishing, 2006, 18 (3): 432-463.

　　④　Dooley M P, Mathieson D J, Rojas-Suarez L. Capital Mobility and Exchange Market Intervention in Developing Countries [D]. IMF Working Paper, 1997.

　　⑤　Edison H J, Klein M W, Ricci L A, et al. Capital Account Liberalization and Economic Performance: Survey and Synthesis [J]. IMF Staff Papers, 2004, 51 (2): 220-256.

　　⑥　张小波. 金融开放的水平测度及协调性分析 [J]. 经济科学, 2012 (2): 72-88.

　　⑦　陈浪南, 逄淑梅. 我国金融开放的测度研究 [J]. 经济学家, 2012 (6): 35-44.

　　⑧　谢寿琼, 潘长风. 金融开放的测度及其经济增长效应研究述评 [J]. 福建金融管理干部学院学报, 2018, 152 (3): 18-24.

政策效果准确预测和评价的前提。目前，学者们主要通过资本账户和金融市场两个方面的开放进行测度。

（一）资本账户开放的测度方法

从资本账户开放角度可以将金融开放的测度方法大体上分为两类：一类是根据法规标准进行的定性度量（Rule-based Measure），即法规指标；另一类是根据实际资本流动进行的定量测度（Quantitative Measure），即事实指标。具体看，前者包括 IMF 法、OECD 法、IFC 法，后者包括 F—H 条件法、价格水平法、总量法。

1. 衡量资本账户开放的法规指标

资本账户开放的法规指标主要指对资本流动的法规限制程度的赋值度量。这些管制包括对证券投资、直接投资、衍生品交易的管制，对项目交易的期限结构、货币种类、利率水平的限制等。管制越严格，资本账户开放度越低。

（1）IMF 法。IMF 每年出版的《汇兑安排和汇兑限制年报》（AREAER）是目前为止唯一一个对所有成员国资本账户限制状况进行系统记录和归类的出版物，不仅包含对每个国家每类资本项目"封闭"或"开放"状态的哑元（Dummy）[1] 说明，而且包括对资本账户限制情况的详细报告，以及对每个国家每个年度的资本账户限制的变动情况（包括每类子项的变动日期和细节）的详细说明。AREAER 已成为众多学者测量金融开放的基础信息来源。

（2）OECD 法。与 IMF 法类似，OECD[2] 在每两年一期的《资本流动自由化法规》（Code of Liberalization of Capital Movements）中对 OECD 成员国 11 种跨国交易行为的限制程度进行了"存在限制"至"从不限制"的状态说明。Johnston 和 Tamirisa 分析了 OECD 的法规条目，运用与 IMF 相同的细化分解法对 OECD 国家的资本账户开放情况进行了细化度量，并将该指标回推到 1990 年[3]。Klein 和 Olivei 构造了年均自由化项目所占比例的开放指标——"OECD-Share"，该指标以 1/11 为间隔、长度从 0 到 1，其值越大表示开放程度越高。但这些拓展只局限于 OECD 成员国[4]。

（3）IFC 法。国际金融公司（International Finance Corporation，IFC）对每个

---

① 哑元指虚设变量、名义变量或哑变量，用以反映质的属性，是量化了的自变量。

② 经济合作与发展组织（Organization for Economic Co-operation and Development，OECD），是由 38 个市场经济国家组成的政府间国际经济组织，旨在共同应对全球化带来的经济、社会和政府治理等方面的挑战，并把握全球化带来的机遇。成立于 1961 年，目前成员国总数 38 个，总部设在巴黎。

③ Johnston R B, Tamirisa N T. Why Do Countries Use Capital Controls? ［R］. IMF Working Paper, 1998.

④ Klein M, Olivei G. Capital Account Liberalisation, Financial Depth and Economic Growth ［R］. NBER Working Paper, 1999.

新兴市场国家制定了两个股票价格指数——全球指数 IFCG（A Global Index）和可投资指数 IFCI（An Investable Index）以描述股票市场对外国投资者所有权的限制程度。IFCG 代表整个市场股票交易规模，IFCI 代表市场向外国投资者开放的部分，为 IFCG 减去由于法规限制或低流动性而无法对外国投资者开放的部分。

以上三种法规指标虽然能够直接测量资本项目的管制情况，但存在人为设计的主观性和赋值的复杂性，以及法规的笼统性、对实施力度监控的不足等缺点，用这些指标进行测量常常会出现与实际情况不吻合的结果。相比法规指标，事实指标通过对事后资本流动的测量能够较好地反映出一国真实的金融开放水平。

2. 衡量资本账户开放的事实指标

（1）F—H 条件法。该方法由 Feldstein 和 Horioka 首次提出，是通过验证一国储蓄和投资的相关性（F—H 条件）而测度该国真实资本流动情况[①]。该方法根据国民收入恒等式，得出经常账户余额（进出口净额）等于国民储蓄减去投资。在金融开放的情况下，经常账户余额可被资本流动平衡，国民储蓄与投资相关性下降；而在一国金融管制较为严格的情况下，投资只能来源于国民储蓄，二者存在较高的相关性。所以，金融开放水平由 β 系数决定。

$$(I/Y)\ i=\alpha+\beta\ (NS/Y)\ i+\mu_i$$

式中，I/Y 是投资—产出比率，NS/Y 是国民储蓄—产出比率，μ_i 为残差项。β 为储蓄保持系数（Savings Retention Coefficient），$0 \leqslant \beta \leqslant 1$，$\beta$ 值越大表示开放程度越低。这一模型成立的条件较为苛刻，如假定随机误差项与储蓄率无关，国内预期利率与投资率之间存在线性关系，RIP 的偏离与储蓄率无关等。假设条件成立的情况下，该公式的回归结果将使 $\beta = 0$ 成立。

（2）价格水平法。从实际资本流动角度衡量资本账户的开放程度，从国际和国内金融市场资产价格的变化规律上判断。常见的方法有利率平价法和资产收益率关联法。

1）利率平价法。利率平价法主要是从一国货币市场利率与国际利率的关联性出发，用一国利率对平价的平均或绝对偏离程度衡量金融开放度。理论上，利率平价法可分为套补利率平价（Covered Interest Rate Parity，CIP）、非套补利率平价（Uncovered Interest Rate Parity，UIP）和实际利率平价（Real Interest Rate Parity，RIP）三种。CIP 是对资本完全流动（即国家风险溢价为零）的纯粹检验，对 CIP 的偏离能够较好地反映资本流动的不完全，但该法只适合于远期市场较为发达的少数国家。UIP 是对国家管制和汇率风险溢价的双重检验，比 CIP 更

① Feldstein M, Horioka C. Domestic Saving and International Capital Flows [J]. Economic Journal, 1980, 90 (358)：314-329.

为广义，能够对资本流动的具体程度进行度量，但成立条件较为严格。RIP 是对实体贸易与金融之间联系的刻画，除国家风险溢价为零和汇率风险溢价为零的假设外，它还要求预期实际汇率变化为零，所以它更可能描述的是一种长期均衡状态。三种平价方法中，假设条件的严格程度是逐次加深的，但以 UIP 最为常用。

2）资产收益率关联法。资产收益率关联法是仅限于测量资本市场开放度的方法，通过检验一国或地区与世界市场资产收益率间的比例关系测算该国或地区的金融开放水平。这方面研究主要体现在学者们通过国际资本资产定价模型（International Capital Assets Pricing Model，ICAPM 或 IAPM）解释资产收益的变化规律，衡量金融一体化程度。

（3）总量（volume）法。F—H 条件法和价格水平法都是从实际资本流动角度对资本账户开放程度进行测度，但由于概念方法上的抽象和实际数据获取的困难，这些方法的应用受到一定限制。针对这些缺陷，一些替代性测量方法如总量法相继出现在文献中。比如，Kraay 通过实际资本流入和流出总量占 GDP 的比重测度资本流动程度[1]，Lane 和 Milesi-Ferretti 用外国直接投资和证券投资的资产与负债总量占 GDP 的比重（以下简称 LMF 法）衡量金融开放程度[2]。这些指标由于数据的可得性优势，尽管存在短期数据波动的问题，但在一个长时期内连续运用，可以较好把握一国金融开放程度的变化情况。

（二）金融服务贸易开放的测度方法

金融服务贸易开放可以用承诺水平指标和实际开放指标两类指标进行测量。与资本账户开放的测度相似，前者是基于法规的事前指标，后者是基于事实的事后指标。

1. 衡量金融服务贸易开放的法规指标——承诺水平指标

金融服务贸易开放的法规指标，主要指 WTO 在《服务贸易总协定》及《金融服务附件》中对成员国、对外国金融服务的市场准入管制承诺减让的具体实践步骤的协议规定。金融服务开放度主要取决于成员国对特定部门（银行、保险）所设定的承诺的性质和程度。在此基础上，学者们通过对不同金融部门的承诺性质和程度进行赋值，具体考察不同国家的金融服务贸易开放水平。其中，影响较大的测度方法是 Mattoo 提出的金融服务业对外开放承诺程度的指标[3]：$L_j =$

① Kraay A. In Search of the Macroeconomic Effect of Capital Account Liberalization［R］. Washington：The World Bank，1998（10）：4-9.

② Lane P R，Milesi-Ferretti G M. The External Wealth of Nations Mark II：Revised and Extended Estimates of Foreign Assets and Liabilities，1970-2004［R］. IMF Working Papers，2006.

③ Mattoo A. Financial Services and the WTO：Liberalisation Commitments of the Developing and Transition Economies［J］. Economic Journal，2000，23（3）：351-386.

$\sum W_i R_{ji}$。式中，L_j 表示 j 国单个金融部门的承诺水平（开放指数），是一个国家金融部门服务贸易开放模式承诺水平的加权平均值；W_i 是 i 种服务模式（跨境提供、境外消费和商业存在）的权重，$i=1$，2，3；R_{ji} 表示 j 国第 i 种模式承诺水平（管制程度）的给定值，如 0.10、0.25、0.50、0.75，数值越大表示开放程度越高。类似地，一个区域（欧、亚、非及拉丁美洲）的开放度可以用该区域内国家数目的倒数或 GDP 比重作为权重与各国承诺水平指标的平均值或加权平均表示。可见，这一模型实际上是基于官方法规的测度指标，测度简洁。

2. 衡量金融服务贸易开放的事实指标——实际开放指标

根据实际资本流动所引发的经济变量的变化，可以从金融服务贸易开放范围的广度上进行实际的量化测度。与一般贸易的开放度衡量相似，金融服务贸易开放度是从主要服务模式（如跨境提供和商业存在）的规模占比进行衡量的。

（1）跨境提供服务模式。常用一国金融服务贸易总额占 GDP 的百分比衡量，具体公式如下：$OFS = (FSX + FSM) / GDP \times 100\%$。式中，$OFS$ 为一国金融服务贸易开放度，FSX、FSM 分别为该国金融服务贸易的出口额和进口额。

（2）商业存在服务模式。在金融服务贸易中，相当部分的服务贸易是以商业存在方式提供的。大部分国家并没有直接针对金融服务部门 FDI 的分类数据，所以可以用较为常见的外资银行数量占比（外资银行数量在一国银行数量中所占比重）和资产占比（外资银行资产在一国银行资产中所占比重）间接表示一国商业存在模式的开放度①。

第三节 金融开放的效应分析

在金融开放的不同阶段和不同国家中，其产生的效应不同。从正面效应看，金融开放使得资本、资源和服务等要素在世界范围内自由流动，进行有效配置，带动经济的发展，例如，东南亚国家早期的金融开放为其带来了经济腾飞；从负面效应看，金融开放带来的跨境资本可能会引致经济、金融动荡，甚至政治动荡。很多新兴经济体在转轨过程中，较为依赖国际资本，但其国内金融基础较薄弱，风险管控意识和能力欠缺，如果不顾本国开放条件，贸然实施金融开放和取消资本流动管制，往往会成为金融危机的受害者。20 世纪 70 年代墨西哥金融危

---

① 沈凤武，娄伶俐，顾秋霞 . 金融开放及其测度方法述评［J］. 金融理论与实践，2012（7）：100-107.

机、80 年代拉美金融危机、90 年代后期亚洲金融危机以及 2008 年国际金融危机都使新兴经济体蒙受了巨大损失。因此，衡量金融开放效应需从正面、负面两个方面进行。

一、金融开放的正面效应分析

（一）金融开放对资本账户自由化的正面效应

国际资本流动是金融开放带来的最直接的表现，随着经济全球化的不断推进，各国经济间相互合作不断加深，各国的金融开放水平不断提升，国际资本流动规模也在不断扩大。

20 世纪 90 年代前期，无论是理论争论还是实践决策，赞同资本账户自由化、反对资本管制的观点占绝对上风。资本账户自由化的福利效应分析是在新古典主义理论框架内，对国际资本流动的福利含义的进一步延伸。新古典主义学派认为，资本账户自由化通过资本国际自由流动，资源在世界范围内有效配置，提高世界福利整体水平。一般来说，相对于发达国家，发展中国家是资本稀缺国家，其资本收益率较高，因此，在资本自由流动情况下，资本流入发展中国家。资本流入对经济发展的作用是不言而喻的，即通过资本流入吸引外国储蓄，提高本国投资率，实现经济的快速增长。许多学者从理论上进行了分析。根据"罗斯托起飞模型"[①]，发展中国家实现经济起飞的必要条件是使净投资率达到 10% 以上，而在国内储蓄不足的情况下利用外国资本是必要手段。更为重要的是，发展中国家不仅存在储蓄缺口，而且存在外汇缺口，利用外国资本是实现经济增长目标的有效手段。金融开放为资本账户自由化带来以下正面效应。

1. 促进资本流动，增加资本积累

通过金融开放，可以从资本充足的国家引入经济发展所需要的资本，有效增加可用资本的数量，弥补国内实际拥有的资本数量与实现经济快速增长所需资本数量之间的缺口，保障经济增长的资金需求。此外，大量国际资金的流入有效降低了金融市场的利率，资本要素的价格开始与国际接轨，降低了企业资金的使用成本，扩大了企业产品价格调整的空间，提升了企业的竞争能力。同时，利率的降低使得一些项目变得有利可图，如鼓励企业进行投资、提高生产水平，进一步优化了资本的配置，促进了经济稳定增长。

---

① "罗斯托起飞模型"（Rostovian Take-off Model）又称作"罗斯托模型""罗斯托经济成长阶段论"，是经济发展的历史模型，由美国经济学家罗斯托提出。该理论认为，所有发达国家都通过了"起飞阶段"，发展中国家或者仍然处于"进入可持续增长的起飞前准备阶段"，他们只有遵循发展的特定规律，先通过"起飞阶段"，而后才能进入自身的持续经济增长阶段。

2. 分散投资风险，增加投资选择

根据投资理论，投资者应将资产分散于不同形式以降低整体投资风险。当然，资产多样化也包括不同国家间的投资。资本账户自由化可以向国内投资者提供国际范围内进行投资与套期保值的机会，投资者可以进行全球性的风险—收益权衡，将资产分散于不同币种、不同国家、不同期限，将投资组合风险降至最低水平。同时，通过金融开放，加强国内金融体系、金融市场以及金融制度规则与国际的对接，允许外资深度参与国内资管市场，为增加居民财产性收入提供更为多样的渠道。此外，可引入更多金融机构和专业投资者参与养老保险第三支柱建设，提高养老金投资管理水平，扩大居民养老资产选择范围，分散投资风险，解决人口老龄化进程中的养老金不足问题。

（二）金融开放对金融服务的正面效应

金融服务是现代实体经济的血脉，是现代服务业的核心组成部分，金融开放将使金融服务拓展到更广的领域和更深的层次，不仅有利于金融业增强自身实力和竞争力，也有利于提升服务实体经济的效率和能力。

1. 自由贸易静态福利效应

金融开放下的金融服务，如同贸易中的货物和其他服务一样，因此自由贸易福利效应理论的一般分析也适用于金融服务。金融开放下，外国金融机构的进入和外国金融服务的进口，可用比较优势理论解释为：基于外国金融机构能够提供廉价的、高质量的服务或者其能够提供东道国金融机构不能提供的服务。外国金融机构之所以能够提供更好的服务，是因为具有更好地满足当前的或潜在的消费者需求的能力。当外国金融机构进入本地市场后，为了能够与当地对手竞争，外国金融机构必须具备独家或特许拥有特殊的技术、管理、融资或营销渠道，以便以最低的成本生产和销售特有的产品及服务，或者拥有能够成功地把这些因素组织起来的能力，利用范围经济和专业化的规模经济优势，以较低的价格提供金融服务，因此，两国整体福利都能够得到提升。

2. 增强金融业竞争，提升金融服务效率

金融开放促进资本账户自由化可以增强金融业竞争，增加国内金融机构的创新动力和活力，促使金融服务提质增效。其一，资本账户自由化使企业能同时从国内与国外融资，金融机构之间竞争加剧，金融市场的垄断程度降低。其二，通过金融开放引进具有成熟市场经验的国外金融机构，可以完善国内金融市场的结构，为企业提供多元融资渠道，降低企业的融资成本。金融市场结构的完善有利于资本更有效地配置，因资本逐利，将流入具有更高收益率的投资项目中，提高资金使用效率，最终综合提高金融服务实体经济的效率。

（三）金融开放对境内投资者的正面效应

发展中国家的资本市场与发达经济体的资本市场间在投资价值观、投资理念、投资策略等方面存在一定差距。外国金融机构和投资者进入国内资本市场，与国内投资者共同参与竞争，将产生溢出效应。一方面，先进的技术和管理经验在境内传播与扩散，有助于境内券商和基金管理公司学习并掌握国际资本证券市场的运作模式，提高资产管理和运作水平，增强竞争力，壮大境内机构投资者的队伍，改善我国资本市场格局，使资本市场朝着健康的道路发展。另一方面，境外投资者的价值型投资理念有助于改变我国境内投资者的投机观念，影响境内投资者投资观念趋于理性，有利于改变当前"庄股横行、散户追涨杀跌，追求短期利差目标"的现状，加强境内投资者的风险管理意识，使他们注重资产的流动性，运用资产组合管理手段合理分散风险，为国内的高额储蓄转化为投资而增加渠道，改变资本市场高度投机的市场概念。

（四）金融开放对金融创新的正面效应

在金融开放的进程中，投资者和筹资者需求日益多样化，以金融衍生工具为代表的金融创新使资本市场更有吸引力。金融创新为投资者提供更多增加收益、抵御风险的工具和手段，满足各类投资需求。一方面，境外机构投资者在金融衍生产品的研究与开发方面具有比较优势，可以为投资者提供更多投资渠道与产品。可以直接投资，如运用股权证券、债务证券和货币市场工具进行投资；可以间接投资，如投资中外合作基金、中外合资基金管理公司或国内的各种证券投资基金；可在两者之间进行品种结构的调整，建立投资组合，如回购协议、大额存单、商业票据和货币市场基金等。另一方面，境内券商、基金管理公司、保险公司在真实的竞争环境中同对手展开竞争，在金融创新方面可以先进行模仿学习，再进行创新，通过学习与迭代，不断地创新产品与投资工具，增强自身素质，积累经验，提高服务质量，逐步做大做强。

二、金融开放的负面效应分析

（一）金融开放对资本账户自由化的负面效应

资本账户自由化效应具有不对称性，即不同发展层次的国家，特别是发达国家和发展中国家之间，开放资本账户的利益与风险是不对称的。资本账户自由化的负面效应表现在政策约束方面。20世纪70年代开始，发达国家先后实行了浮动汇率，而发展中国家采取各种较大弹性的汇率制度则开始于80年代，整整晚了10年。这主要是由于经济规模、贸易开放度、进出口地区结构和商品多样化程度、国内经济结构等因素的制约，发展中国家更倾向于使用固定汇率，强化了其资本账户自由化的货币政策约束，加剧了内外均衡的矛盾和调整难度。从理论上看，在资本自由流动时财政政策更有效，但发展中国家财政赤字往往导致不可持续的贸易逆差累积，限制了操作空间和实施力度。资本流动的不稳定性是另一种负面效应的表现。在开放经济中，一国遭受的资本流动冲击越来越多地来自外部。资本流动的不稳定性主要表现为资本流动的易逆转性。在冲击的国际传导中，往往是大国影响小国、强国左右弱国。需要指出的是，资本账户自由化并不意味着资本账户完全自由化，资本账户自由化的程度取决于各国是否具备资本账户完全自由化的前提条件和承受能力。各国应根据自身具体情况选择资本账户自由化进程，保持适度的资本账户自由化。

（二）金融开放对金融服务的负面效应

金融服务贸易自由化不仅给东道国和进口国的发展中国家带来利益，还会带来风险。国内金融体系不稳定的风险主要来自竞争压力和金融服务贸易自由化后稳定宏观经济的困难。竞争的一种表现是业务争夺激烈。业务争夺使现有金融机构的业务规模萎缩，经营收入下降。如果业务争夺主要集中在批发业务、公司大客户和优质客户等业务领域，即国外金融机构的"摘樱桃"[1] 行为，那么国内金融机构的资产质量将受到影响。除激烈的竞争外，自由化也会造成宏观经济管理困难。在自由化过渡期间，新的投资机会对未来的乐观预期将吸引国际资本流入，造成货币供给扩张和金融机构资金来源增加，从而导致不谨慎的信贷，播下了未来危机的种子。如果中央银行不能准确判断经济单位的行为对货币需求的影响，那么宏观经济波动加剧，可能引发宏观经济性金融危机[2]。

（三）金融开放对引入境外投资者的负面效应

金融开放可能会造成"逆向选择"效应。以我国为例，当前我国资本市场与成熟的资本市场相比差距还很大：证券交易市场 15000 亿元总市值相对于 8 万多亿元国内民众的储蓄存款，总体规模偏小；股市市盈率普遍偏高，平均市盈率高达 30~40 倍；上市公司的运作很不规范，资金利用效率不高导致盈利能力低下，具有长期投资价值的高质量上市公司不多，资本回报率较低；缺乏其他避险工具，国债、企业债券和基金市场规模有限、品种很少，不利于规避风险。这必然增加境外投资者进入境内资本市场的投资成本，习惯成熟市场游戏规则的稳健型境外投资者不敢贸然进入，降低资金入市意愿。而从事货币与证券市场投机的国际游资却会利用国内资本市场上存在的种种制度缺陷，如市场不成熟、运作不

---

　①　"摘樱桃"是竞争策略之一。在成熟市场中，精心挑选一个高端细分市场，用一种与其他企业有差异的并被顾客视为优于其他企业的产品和服务组合，向该细分市场发起进攻。因高端细分市场常被比作红樱桃，故称之为"摘樱桃"。

　②　朱学芳，丁跟元．我国金融开放政策效应分析［J］．辽宁医学院学报（社会科学版），2008（3）：123-125．

规范、金融监管制度不健全、进退市场的成本较低等进行投机。这势必造成外资短线炒作多于长线投资的状况，使国内资本市场遭受严重的投机危害。我们希望开放资本市场引进的是具有中长期投资需求的境外投资者，在给境内企业带来巨额资金的同时，带来成熟资本市场投资者的理性投资理念。可以让境内机构投资者在与境外投资者共同参与竞争的过程中，学习到境外机构投资者先进的投资管理思路、企业经营模式和操作方法，提高自身资产管理和运作水平，增强竞争力。

（四）金融开放产生的风险"放大"效应

金融开放引入境外投资者参与境内资本市场的竞争，扩大市场参与主体，也带来了相应的风险，将给金融监管不够完善的国家带来严峻挑战。一方面，境外投资者可以利用自身开发金融衍生产品的优势，进行业务多元性和各分支机构之间的互动，规避东道国的监管。另一方面，跨国金融公司的某个业务部门出现问题，可能会感染到其他业务部门。著名的巴林银行因受到新加坡分支机构一名员工的操作失误波及，最终破产。更为严峻的是，国际短期金融投机资本利用一国某些制度缺陷，进入国内的资本市场进行炒作，杠杆投资原理的运用可以给金融业造成巨大的风险，扰乱该国金融秩序。因此可以这样认为，引入境外投资者，使金融监管的基础发生重大变化，从只需对国内金融投资者进行监管，扩大到对以全球资本市场为运作空间的跨国投资者的操作进行监管。当诱导金融风险的不确定性因素增多、复杂性加大、技术性上升时，在较为脆弱的监管能力下，一旦发生金融风险则较难控制，势必造成"滚雪球"似的放大效应。

（五）金融开放产生的资源分流的负面效应

金融开放引进的境外投资者特别是机构投资者在对境内机构投资者产生溢出效应的同时也可能带来分流效应。一国的资本市场"蛋糕"规模有限，对机构投资者具有重要意义的优质客户有限，而国外机构投资者进入后，必然要与境内机构对具有投资价值的公司资源、优质的客户资源、优秀的人才资源展开激烈争夺。后发国家的机构投资者与先进境外机构投资者之间一般存在较大的差距，如资金实力、融资能力的差距，客户服务的差距，技术与产品的差距等。相比较而言，后发国家的投资机构在服务理念、开发能力、人力资本等方面难以与先进境外机构抗衡。并且，这些差距在短期内难以改变，这势必造成优质客户和优秀人才等资源配置分流到境外的机构投资者，因此对境内机构投资者提出较大考验①。

---

① 吴方卫，张锦华，王琴．资本市场境外投资的正负效应［J］．商业时代，2003（24）：49-50.

第二章 理论基础与文献述评

第一节 金融开放的理论基础

一、金融结构理论

（一）诞生背景

第二次世界大战后，发展中国家普遍实行进口替代战略[①]。但 20 世纪 60 年代以后，实行该战略的发展中国家遇到了储蓄不足、资金短缺等发展瓶颈，前期执行的政策难以为继。一些学者认为，问题的根源在于金融工具发展的相对滞后和金融体系运行的低效，因此金融结构对于经济发展的作用开始受到关注[②]。创新理论的奠基者熊彼特最早揭示了金融结构与经济增长的关系。他从企业创新的角度分析了银行等金融机构和金融工具在经济发展中的重要作用，认为与企业家相配的金融结构能够促进企业的创新，推动经济增长[③]。罗宾逊认为，企业的融资需求是企业发展壮大的重要前提，并且企业在发展过程中的融资需求将促进金融的进一步发展[④]。帕特里克提出了"需求追随型"和"供应领先型"两种金融发展与经济增长的类型划分，其中："需求追随型"指实体经济的发展将引致金

[①] 进口替代战略指一国采取各种措施以限制某些外国工业品进口，促进本国有关工业品的生产，逐渐在本国市场上以本国产品替代进口品，为本国工业发展创造有利条件，实现工业化。

[②] 李圣羽，许晨. 金融发展理论：回顾与启示 [J]. 中国商论，2022（12）：92-94.

[③] Schumpeter J A. The Theory of Economic Development [M]. Cambridge：Harvard University Press，1934.

[④] 霍华德·戴维斯，大卫·格林. 全球金融监管 [M]. 中国银行业监督管理委员会国际部译. 北京：中国金融出版社，2009.

融发展,而金融发展则是被动适应实体经济发展的结果;"供应领先型"指先有金融创新和金融供给,后有经济发展,实体经济是金融创新的接受者。"供应领先型"一般出现在经济金融发展初期,而随着经济社会的逐步发展,"需求跟随型"将逐渐成为金融发展的主导模式①。

最早研究金融结构的是约翰·格利和爱德华·肖,他们在《经济发展中的金融深化》与《金融中介机构与储蓄投资过程》等著作中阐述了金融机构在储蓄投资过程中的作用、直接融资和间接融资等问题,可被视为金融结构研究的雏形②。1969 年,戈德史密斯出版了《金融结构与金融发展》,提出"金融发展就是金融结构的变化"这一有关金融结构理论的重要观点,指出金融理论的职责在于找出决定一国金融结构、金融工具和金融交易流量的主要因素,并阐明这些因素如何通过相互作用促进金融发展。此外,他还首次围绕金融结构与经济增长进行了跨国比较分析研究,确立了衡量一国金融结构与金融发展水平的基本指标,正式开创了金融结构理论。

(二) 主要内容

自金融结构理论开创以来,经过多位经济学家、学者的研究与丰富,主要内容可概括为两个方面。一是金融结构的概念。以戈德史密斯为代表的经济学家将金融结构定义为一国现有金融工具③和金融机构④的形式、性质及其相对规模。金融结构的本质是资金传导至实体经济的方式。金融结构理论最初要解决的现实经济问题是在一国资金和金融制度构建力量有限的情形下,用何种组织方式使资金高效地传导至实体经济,使全社会的金融体系和实体经济实现良性循环⑤。不同类型的金融工具和金融机构组合在一起会形成具有不同特征的金融结构。二是解释金融结构、金融发展和经济增长的关系。以戈德史密斯为代表的经济学家基于 35 个国家 1860~1963 年间的金融史料及数据,分析出决定金融发展的因素、金融结构与金融发展对经济增长的引致效应,以及各国金融发展中的普遍规律性趋势,即一般而言,金融结构越复杂,金融工具和金融结构及其组合的数量和种类越多、分布越广、规模越大,金融发展的程度就越高,经济也就越

---

① Patrick H T. Financial Development and Economic Growth in Underdeveloped Countries [J]. Economic Development and Cultural Change, 1966, 14 (2): 174-189.

② 尹雷. 最优金融结构:理论与实证研究 [D]. 辽宁大学博士学位论文, 2014.

③ 金融工具指经济生活中的各种权益凭证与票据,是金融流通介质的代表。

④ 金融机构指以金融中介为代表的专业从事金融活动的企业等经济单位,其资产和负债的流通形式都以金融工具为主,可看作金融流通的节点。

⑤ 周莉萍. 金融结构理论:演变与述评 [J]. 经济学家, 2017 (3): 79-89.

发达①。

目前，学界将金融结构与经济增长的关系分为三类。一是金融无关论，认为金融与经济增长没有关系，金融的作用仅仅是润滑了经济运行，货币仅是以其价值尺度的功能，度量经济活动的价值交换，使交易变得顺畅和容易。二是金融促进论，认为金融对经济增长有促进作用，即通过对金融供给的人为调整实现对经济增长的积极作用。三是金融从属论，认为金融对实体经济发展所起的作用十分有限，金融发展只是经济增长的一个结果，是经济增长带动了金融发展而不是金融发展带动了经济增长②。

（三）理论发展

随着对各国金融发展、经济增长及经济学研究的不断深化，新古典经济学和内生增长理论为金融结构理论研究注入了新的活力，并逐渐产生了"银行主导型"金融结构和"市场主导型"金融结构之间的争论（亦称为"两分法"金融结构理论），争论的核心是哪种金融结构更有利于经济增长和金融效率的提升。

"银行主导型"金融结构以 Allen 和 Gale 为主要支持者，他们认为银行依靠规模优势和信息优势，通过与客户的沟通，可以充分了解客户信息，有效减少金融交易过程中的信息不对称问题，降低金融交易成本，提高金融服务效率③。Diamond 和 Dybvig 认为，银行信贷业务中的跨期风险分担机制可有效分散金融风险，金融风险由不同的金融投资者在不同时期承担有利于金融风险的化解，以促进金融稳定④。Tufano 和 Lamoreaux 认为，银行储蓄是经济增长的源泉，银行的最大优势是吸收储蓄存款，社会中闲置的资金可以通过银行迅速转化成资本，成为经济增长的来源⑤⑥。Boyd 和 Prescott 认为，银行在减少信息摩擦上发挥了重要作用，使资源有效配置⑦。此外，也有研究者指出了"市场主导型"金融结构的缺点。Stiglitz 和 Bhide 强调，股票市场没能像银行一样在改善资源分配和公司

① 何惠珍．对金融自由化理论的评价［J］．山西财经大学学报，2011（S3）：64+67.

② 成学真，黄华一．金融结构理论体系划分研究［J］．经济问题，2016（6）：1-7.

③ Allen F，Gale D. Diversity of Opinion and Financing of New Technologies［J］. Journal of Financial Intermediation，1999（8）：68-89.

④ Diamond D W，Dybvig P H. Bank Runs，Deposit Insurance，and Liquidity［J］. Journal of Political Economy，1983（91）：401-419.

⑤ Sirri E R，Tufano P. The Economics of Pooling in the Global Financial System：A Functional Approach［M］. Boston MA：Harvard Business School Press，1995.

⑥ Lamoreaux N. Insider Lending：Banks，Personal Connections，and Economic Development in Industrial New England［M］. New York：Cambridge University Press，1995.

⑦ Boyd J H，Prescott E C. Financial Intermediary-Coalitions［J］. Journal of Economics Theory，1986（2）：211-232.

治理方面发挥相同的作用①②。Allen 和 Gale 认为，随着金融市场流动性的提高，金融市场中个体投资者越来越多，但个体投资者不稳定因素较多，对金融市场产生冲击，不利于金融市场的稳定③。Shleifer 和 Vishny 认为，"市场主导型"金融结构容易导致董事会和经理层间串通，产生"道德风险"，如管理层为自身利益反对外部收购，会阻碍公司治理能力和效率水平的提升④。

"市场主导型"金融结构的支持者 Gokhan 和 Capoglu 认为，资本市场有利于信息流通，消除信息不对称，提高信息透明度。资本市场上常见的收购、兼并行为可从根本上提升公司治理能力，降低交易成本。与银行跨期风险分担机制相比，股票市场上的跨部门风险分担机制更有利于金融风险分担。资本市场对金融外部环境要求更高，有利于社会信用水平的提升和法律法规的完善；"银行主导型"金融结构的缺点则在于，银行利息会减少企业利润，不利于企业发展和创新；在固定利率条件下，银行普遍存在的信贷配给现象不利于经济社会的发展⑤。Weinsten 和 Yafen 认为，较为死板的银行风险管理机制无法满足企业创新的资金需求，不利于企业创新和经济发展⑥。Black 和 Moersch 认为，银行与企业联系过于紧密，且由于银行在企业发展过程中干预过多，限制了企业的独立和创新⑦。Allen 基于不同的信息收集状态将投资人群进行了划分，用不同的理论模型进行实证分析得出，在以成熟技术应用为主的市场中，"银行主导型"金融结构具有明显的优势，而"市场主导型"金融结构有利于企业创新和新技术的传播⑧。

与上述"两分法"金融结构理论形成鲜明对比的观点是"金融结构无关论"，认为影响经济发展的因素是金融深度而非金融结构。在资本市场完善、市

① Stiglitz J E. Credit Markets and the Control of Capital [J] . Journal of Money, Credit and Banking, 1985 (2): 133-152.

② Bhide A. The Hidden Costs of Stock Market Liquidity [J] . Journal of Financial Economics, 1993, 34 (1): 31-51.

③ Allen F, Gale D. Diversity of Opinion and Financing of New Technologies [J] . Journal of Financial Intermediation, 1999 (8): 68-89.

④ Shleifer A, Vishny R W. Large Shareholders and Corporate Control [J] . Journal of Political Economy, 1986 (94): 461-488.

⑤ Gokhan, Capoglu. Prices, Profits and Financial Structures: A Post-Keynesian Approach to Competition [M] . London: Edward Elgar Publishing Ltd, 1991.

⑥ Weinsten D E, Yafen Y. On the Cost of a Bank Centered Financial System: Evidence from the Changing Main Bank Relations in Japan [J] . Journal of Finance, 1998 (53): 635-672.

⑦ Black S W, Moersch M. Competition and Covergence in Financial Markets: The German and Anglo-American Models [M] . New York: North-Holland Press, 1998.

⑧ [美] 富兰克林·艾伦. 比较金融系统 [M] . 王晋斌译. 北京: 中国人民出版社, 2002.

场主体风险中性的前提下，利率决定了哪些投资机会是值得利用的，任何能够产生正的净收益（扣除资本成本以后）的投资项目都会被采用；反之，如果资本的流动性不完全，影响就业机会创造、企业成长和资源有效配置的决定性因素在于金融能否提供高效的服务以及充分的金融服务渠道，而不是银行与金融市场如何组合①。作为"金融无关论"的一种特例，"法律与金融论"则否定了关于"银行主导型"和"市场主导型"重要性的争论，认为金融系统健全性的首要决定因素是法律体系，金融的整体发展依赖于法律制度和法律渊源②。殷剑峰从信息不对称、不完备合约等问题入手，探讨了信息在不同金融结构中的传递形式，并从技术进步视角进一步扩展了金融结构与经济增长关系的研究③。

（四）贡献与不足之处

金融结构理论的提出使金融活动作为一种结构被研究，将金融理论研究推向了一个新的阶段。该理论肯定了金融对经济发展的重要性，认为及时把握本国金融结构是保持金融稳定、促进经济增长的关键，为后续的金融发展、金融开放等领域的研究奠定了基础。

当然，金融结构理论也存在不足：现代金融体系不再是简单的银行主导型或者市场主导型特征，二者交易交叉融合的趋势比较明显；金融中介内部结构复杂，除了保险公司，其他非银行金融机构都频繁参与了间接融资活动且规模巨大，与商业银行和金融市场之间的交互作用增强。在此过程中，风险并没有降低而是被隐匿。某一类金融机构因持有另一家金融机构的风险资产，后者将成为其隐性期权，这种关联性能很好地显示金融体系的内部结构特征，与系统性风险紧密相关。这是金融结构演进的结果，标志着金融结构的进化。这种金融结构模糊了以往的理论认知，不属于以往戈德史密斯等界定的金融结构，但金融结构理论并未体现上述内容④，且该理论的研究视角较为有限：对金融结构的定义过于狭窄，仅限于金融机构与金融工具的相互关系及量的比例；仅从量性发展的角度考察金融结构的变迁，忽略了金融结构的质性发展和企业发展对金融结构的影响；缺乏有关金融发展对生产效率和资本积累影响的考察，因此无法明确论证金融发展与经济增长之间的逻辑关系⑤。

① Stulz René. Does Financial Structure Matter for Economic Growth? A Corporate Finance Perspective ［M］. Cambridge. MA：MIT. 2001.

② La Porta R, Lopez-de-silanes F, Shleifer A, Vishny R W. Legal Determinants of External Finance ［J］. Journal of Finance, 1997 (52)：1131-1150.

③ 殷剑峰. 金融结构与经济增长 ［M］. 北京：人民出版社, 2006.

④ 周莉萍. 金融结构理论：演变与述评 ［J］. 经济学家, 2017 (3)：79-89.

⑤ 何惠珍. 对金融自由化理论的评价 ［J］. 山西财经大学学报, 2011 (S3)：64+67.

二、金融发展理论

随着金融在经济发展中地位的提升及金融体系的不断演进，金融结构理论的研究内容不断扩展和深入，逐渐发展为金融发展理论。20世纪50年代，美国斯坦福大学教授约翰·格利和爱德华·肖两位经济学家分别发表论文《金融和储蓄机构与储蓄—投资》和《经济发展中的金融方面》，标志着金融发展理论的开始。

（一）金融发展理论的形成

金融发展理论（Financial Development Theory）是第二次世界大战后随着发展经济学的兴起而诞生的[①]。发展经济学的出现和发展为金融发展理论奠定了理论基础，很多发展经济学中的理论都可以借鉴到金融发展理论中。第二次世界大战的爆发使发展经济学发生重大转变，经济学家开始重视对金融经济发展理论的研究。"二战"结束后，全球出现一些独立国家，这些国家想要在世界上站稳脚跟，首先是发展本国经济，这为全球经济的发展提供了强大动力。但战后的现实情况在很多方面阻碍着经济的发展，其中最主要的是资金短缺问题。这些国家刚刚独立，在战争中饱受创伤，在百废待兴之际缺乏资金支持，无法有效发展经济。面对上述情况，经济如何复苏成为经济学家主要的研究对象[②]。

早期的金融发展理论主要围绕发达国家展开。约翰·格利和爱德华·肖通过建立模拟金融发展过程的模型，证明了经济发展的阶段越高，金融对经济发展的促进作用越强。他们阐述了各种非货币体系的金融中介在促进储蓄转为投资方面的积极影响，对金融在经济发展中的重要作用做出了开创性研究。约翰·格利和爱德华·肖于1960年出版的《金融理论中的货币》一书中进一步肯定了金融对经济发展的重要作用，并对金融发展的思想做出了总结和拓展。通过模型分析提出，除中央银行和商业银行，非货币体系的金融中介同样能将储蓄转化为投资，具有货币金融中介的作用，促进全社会投资水平，带动经济发展的观点[③]。他们在1967年发表的《金融结构与经济发展》一文中对金融发展与经济发展的关系作出了更深层次的研究，指出金融发展是推动经济发展的动力和手段，并试图通过发展一种包含银行理论和货币理论的金融机构理论验证上述说法。美国经济学家休·T.帕特里克在1966年发表的《经济发展和文化变迁》一文中指出，金融

---

① 李圣羽，许晨. 金融发展理论：回顾与启示 [J]. 中国商论，2022（12）：92-94.

② 李佳敏. 金融功能演进与金融发展理论的价值挖掘 [J]. 企业改革与管理，2020（18）：133-134.

③ 王文倩. 关于金融发展理论的研究综述 [J]. 现代管理科学，2018（8）：61-63.

的发展是需求和供给共同作用的结果，供给引导的金融问题不同于需求推动的金融发展政策，应在需求产生以前便发展金融体系，而不是在有了经济发展对金融服务的要求以后再考虑金融发展，即金融发展可以滞后或者被动于经济发展，也可以是先于经济发展，并且具有主动性；又因为供给引导的金融体系可以刺激储蓄和投资，改变资本构成的现状，合理有效地配置金融资源，因此，欠发达的国家尤其是发展中国家要优先发展货币供给带动政策[①]。

美国经济学家麦金农和肖提出的金融抑制及金融深化理论标志着以发展中国家和地区为研究对象的金融发展理论诞生。随着国际市场竞争的加剧，传统出口部门逐渐丧失优势，发展中国家政府主导型的发展战略投资效率不高、经济结构不合理等问题进一步暴露，通货膨胀、财政赤字和国际收支失衡、增长乏力等一系列问题给发展中国家带来巨大压力，而长期的压制政策导致了发展中国家普遍存在金融体系落后、金融配置效率不高以及货币价格扭曲等情况，因此，如何帮助发展中国家实现经济增长迫在眉睫。结合其自身参与发展中国家金融改革的经验，麦金农和肖强调，发展中国家（贫穷国家）在追赶发达国家、发展本国经济的过程中，要重视金融对经济增长的影响，通过减少国家对金融过多的干预，充分发挥市场机制，强化金融的中介作用，扩大金融的深度和广度，以此促进经济的增长。他们给出的建议包括取消利率管制、放宽商业银行限制、推动金融市场发展以及放宽外汇管制、允许外国金融机构开展金融业务[②]，前三项内容主要着眼于减少国内金融市场的扭曲，提高市场配置资本的效率，后两项措施则是站在开放经济的角度，强调允许资本跨境自由流动、获得外资溢出效应的作用[③]。

（二）金融发展理论的发展

1. 金融约束理论

发展中国家金融自由化的结果一度令人失望，许多经济学家开始对以往经济发展理论的结论和缺失进行反思及检讨。20 世纪八九十年代，一些经济学家发现，在发展中国家推行金融自由化的实践中，部分国家并未受到金融危机影响。究其原因，这些国家并不是盲目地进行金融自由化，而是依据本国发展的实际情况，由政府出手对金融市场采取间接的控制。由此，金融约束理论诞生，即政府不应完全放开对经济的管制，而应保持适当的干预，这样能更有效地促进金融深化和经济发展。其中，金融约束主要指政府通过一系列金融政策在民间部门创造

① 豆雯雯. 金融发展理论与我国金融体系改革实践 [D]. 西南财经大学博士学位论文，2012.

② Mckinnon R I, Donald J. Mathieson. How to Manage a Repressed Economy [J]. Essays in International Finance，1981 (145)：7-9.

③ Mckinnon R I, Pill H. Credible liberalizations and international capital flows [A] // Taketoshi, 2006 Ito, Anne O Krueger. Financial deregulation and integration in east Asian [C]. Chicago：University of Chicago, 1996.

租金机会，以达到既防止金融压抑的危害又能促使银行主动规避风险的目的；与之对应的金融政策主要包括对存贷款利率的控制、市场准入的限制，甚至对直接竞争加以管制，以影响租金在生产部门和金融部门间的分配，并通过租金机会的创造，调动金融企业、生产企业和居民等各个部门的生产、投资和储蓄的积极性①。美国经济学家约瑟夫·斯蒂格利茨在新凯恩斯主义学派分析的基础上概括了金融市场中市场失败的原因，他认为政府对金融市场监管应采取间接控制机制，并依据一定的原则确立了监管的范围和标准。在此基础上，Hellma、Murdock 和 Stiglitz 在《金融约束：一个新的分析框架》一文中提出了金融约束的理论分析框架，即政府通过实施一系列金融约束政策（如控制存贷款利率、限制市场准入、管制直接竞争等）可以促进金融业更快地发展，推动经济快速增长，其隐含的前提是政府可以有效地管理金融业，或者说政府可以解决市场失灵问题。

2. 内生金融增长理论

内生金融增长理论（Endogenous Financial Growth Models）被认为是"麦金农—肖框架的第二代拓展"。以 King 和 Levine 为代表的学者针对发展中国家在金融深化改革中暴露的问题，尝试将研究方向转向金融中介和金融市场如何内生于经济体系，并利用内生经济增长模型充分证明了金融要素和体系在经济发展过程中的内生形成过程和促进经济增长的过程②。

在金融发展对经济增长的影响传导机制方面，对内生金融经济增长理论作出了全面规范的解释。金融体系鼓励私人储蓄，并将储蓄转化为生产性投资以带动经济的增长；通过信息甄别选择"好"的投资项目和创新活动以提高资源配置效率，金融体系的风险分散功能使私人投资具有多样化特征，能提高资本平均收益，带动经济增长。在 King 和 Levine 的模型中，金融中介包括银行、投资银行和风险投资机构，这些金融中介机构与私人投资相比能更有效地对投资项目进行信息甄别和经营监督，形成风险分散投资，同时拥有较低的交易成本，更好地为企业投资进行高效率服务。此外，他们还将企业家创新和企业家精神纳入分析模型中，指出只有创新活动才可提高生产率，而金融体系的发展是促进创新活动的动力③。

（三）贡献与不足之处

金融发展理论中的金融约束论为发展中国家在金融发展中如何实行政府干预提供了理论依据和政策框架，为金融深化理论奠定了基础。但金融发展理论与实

① 赵俐威，许清林. 金融发展理论的演进［J］. 商，2016（25）：168.

② King R，Levine R. Finance and Growth：Schumpeter Might be Right［J］. Quarter Journal of Economic，1993（1）：21-25.

③ 王文倩. 关于金融发展理论的研究综述［J］. 现代管理科学，2018（8）：61-63.

践对接需要具备的前提条件较为苛刻，如稳定的宏观经济环境、较低的通货膨胀率及实际利率为正等。此外，金融发展理论可能会导致寻租行为、市场失灵等后果，影响政策实施的效果。

三、金融深化理论

（一）金融深化理论的形成

20 世纪 70 年代以来，西方金融深化理论经历了两次划时代的革命：第一次革命是第二次世界大战后至 80 年代初期的一批西方经济学家，如罗纳德·麦金农、爱德华·肖、约翰·格利和雷蒙德·戈德史密斯等，从发展中国家经济的"欠发达性"出发，认为经典凯恩斯主义主张的政府财政赤字政策实际上是在抑制发展中国家的金融活动，并不适用于发展中国家的金融发展，因此他们主张发展中国家应该实行金融深化。第二次革命是以麦金农和马克威尔·弗莱为代表的经济学家在总结发展中国家金融改革实践的基础上，在 20 世纪 90 年代初期提出的金融自由化次序理论。这一理论认为，发展中国家金融深化的方法即金融自由化是有先后顺序的，如果按照一定的次序进行，就一定能够保证发展中国家经济发展的稳定性[①]。

1973 年，麦金农和肖分别出版了《经济发展中的货币与资本》（*Money and Capital in Economic Development*）[②] 和《经济发展中的金融深化》（*Financial Deepening in Economic Development*）[③]。上述两部专著在金融发展理论的基础上，提出了金融深化理论——金融抑制会对经济增长产生消极影响，而金融自由化才是促进经济增长的政策手段，在发展中国家更甚。麦金农和肖的金融深化理论为金融自由化理论奠定了基础，也由此揭示了金融自由化对发展中国家的重要意义，进一步奠定了金融开放的理论基础。

（二）金融深化理论的核心内容

麦金农金融深化理论的核心观点体现在互补性假说上。该假说揭示了发展中国家金融市场自由化的内在原因，以及如何在不造成较大的社会与经济代价的前提下实现金融自由化。麦金农的模型采用了两个经济学假说：一是所有经济单位都局限于自我融资，储蓄者和投资者没有实质性区别；二是投资支出具有不可分性，因此在进行一项投资前必须进行较大规模的储蓄和积累。在此前提下，储蓄倾向会强烈地影响实际货币余额的需求；在任何确定的收入水平下，实际货币余

---

① 刘永昌. 金融深化理论与我国金融体系改革［J］. 合作经济与科技，2009（13）：84-86.

② McKinnon R I. Money and Capital in Economic Development［M］. Washington D. C.：Brookings Institution Press，1973.

③ Shaw E. Financial Deepening in Economic Development［M］. New York：Oxford University Press，1974.

额与投资之间存在互补性。麦金农认为，投资与实际利率水平呈正相关①。在发展中国家，实行利率管制时，实际利率受到压制，因此会出现因实际货币积累减少而阻碍投资的情况，经济发展受到严重影响。

肖对金融深化理论的阐述主要体现在债务中介观上。他认为，实际货币余额与投资之间不存在"互补关系"，所谓的"互补关系"是经济单位局限于"自我融资"的结果，只要金融中介发挥作用，经济单位就不会仅限于自我融资。他强调了银行体系自由准入和竞争的重要性，并将此作为金融自由化成功的前提。肖同时认为，发展中国家合乎逻辑的发展道路是解除对利率的人为抑制，深入推进金融自由化改革②。

基于麦金农和肖的研究，金融深化的基本含义为：政府减少对金融活动的过多干预，取消金融管制，逐步实现金融自由化，使资金能够按市场机制配置到最有效率的地方，形成金融深化与经济发展的良性循环。他们通过建立经济模型，论证了金融发展与经济增长之间相互制约、相互促进的辩证关系，认为金融自由化可以加速经济增长。

（三）贡献与不足之处

金融深化理论指出，主流货币金融理论所提出的货币与实物资本是替代品的假定并不适用于发展中国家；相反，在这些国家中，货币与实物资本在相当范围内是互补的。同时，该理论反对凯恩斯主义与现代货币主义③，主张通过提高利率来刺激储蓄和投资。此外，金融深化理论还提出，为促成金融体系与实际经济的良性循环与增长，除金融领域，还应在其他政策领域采取相应的配套措施，并充分发挥市场机制的调节功能。

金融深化理论也存在一些不足：只注意到货币在集聚金融资源中的作用，而忽视了金融体系通过信息生产有效配置资源及管理风险等功能。在该理论中，经济依然被割裂为实质部门和金融部门，而金融部门并不创造财富；金融发展只能影响资本形成，并不影响全要素生产力，这大大削弱了该理论的自身价值④。

四、金融监管理论

（一）诞生背景

早期的金融监管没有固定的制度安排。1719 年，英国通过《泡沫法案》

---

① ［美］罗纳德·I. 麦金农. 经济发展中的货币与资本［M］. 卢骢，译. 上海：上海三联书店，1988.
② ［美］爱德华·S. 肖. 经济发展中的金融深化［M］. 邵伏军等译. 上海：上海三联书店，1988.
③ 现代货币主义亦称"现代货币数量论"，强调货币供应量的变动是物价水平和经济活动变动的最根本原因，主张国家除控制货币供应量外，不应干预经济生活。
④ 王凤京. 金融自由化及其相关理论综述［J］. 当代财经，2007（6）：121-128.

(The Bubble Act)，标志着金融监管的正式实施①。20 世纪以来，金融危机不断爆发，人们逐渐意识到金融监管的重要性。美国在 20 世纪 20 年代大危机爆发后通过国会立法，赋予央行（及后来设立的证券监管机构）真正的监管职能。大危机后，立足市场不完全、主张国家干预政策和重视财政政策的凯恩斯主义取得了经济学的主流地位，金融监管理论由此得到了快速发展。

　　金融监管理论经历了四个发展阶段。第一阶段（20 世纪 30 年代前），古典经济学和新古典经济学是此阶段的理论支撑，均信奉市场的无缺陷性，尤其坚信"看不见的手"，认为亚当·斯密的"看不见的手"也属于市场行为的范畴，让个人利益得到满足，是引导人们共同努力发展经济的一种手段。第二阶段（20 世纪 30 ~ 70 年代），20 世纪 30 年代的经济大危机确立了凯恩斯主义国家干预经济思想的主导地位，人们认识到金融监管的必要性，不再相信市场可以完全自我调节。第三阶段（20 世纪 70 ~ 90 年代），麦金农和肖主张取消政府对金融的管制，过渡到由市场力量起主导作用的"金融自由化"阶段，金融自由化理论正式形成。明斯基对金融的长期起伏和盛衰的现象进行了总结，首次提出"金融不稳定假说"观点。他认为，银行受利益最大化驱使，推出很多带有风险性的业务，对银行内部的稳定性带来冲击，所以金融监管银行的经营变得很有必要。弗里德曼与施瓦兹编著的《美国货币史（1867—1960）》一书指出，包括银行在内的金融机构具有很大的不稳定性。考夫曼从银行体系的传染性和系统风险的角度分析，认为个别银行比其他企业更容易受到外界影响而失败，银行业也比其他产业更加脆弱、更容易被传染。麦金农在 1991 年出版了《经济自由化的顺序——向市场经济过渡中的金融控制》，对政府干预妥协，提出对实行经济市场化而言客观上存在一个最优次序问题，财政政策、货币政策和外汇政策等如何排序是极端重要的。第四阶段（20 世纪 90 年代至今），信息经济学背景下的金融监管理论指出，信用与信息不对称的问题，在实践中表现得非常突出，信息的不对称与金融市场中存在的道德风险及逆向选择问题成正比，而银行和其他金融中介机构有效地解决了信用与信息不对称的问题。功能性监管理论中的"功能观点"则开辟了新的金融监管理论时代。1999 年，美国国会推出了《金融服务现代化法案》。此法案允许企业的联营，为保险、银行和证券提供了联营的机会，保险、银行和证券的混合经营由此诞生。拉丰、梯若尔于 1993 年出版的《政府采购与监管中的激励理论》中提出的监管激励理论使监管理论得到了系统的分析和发展②。

---

　　①　翟丽芳. 金融监管理论与实践的综述及展望［J］. 新疆社会科学，2020（6）：46-53.

　　②　文贝贝. 金融监管制度演进与金融监管理论发展的研究综述［J］. 中国管理信息化，2014（14）：82-83.

（二）主要内容

金融监管包括金融监管部门对金融交易行为主体的监督和管制。因此，金融监管研究的主要方向围绕这两层含义展开，重点讨论金融监管的必要性、有效性以及金融监管制度和模式。

1. 公共利益论和金融脆弱论——金融监管的必要性研究

从新古典微观经济学出发，金融监管是为了保护社会的公共利益，监督和管理违反法律法规、破坏市场秩序等行为。金融监管的必要性研究了为什么要进行金融监管的问题，主要的代表是公共利益论和金融脆弱论。

公共利益论把金融监管看作是一种公共产品，金融监管的主要目的是防止金融市场失灵，促进帕累托改进[1][2][3]。罗杰·弗朗茨指出，金融市场是脆弱的，自由放任的市场没有法律而不能避免市场效率低下和不公平，从维护公共利益的角度，政府必须进行金融监管[4]。Meltzer 和 Clark 认为，由于金融垄断会产生价格歧视，无法达到帕累托最优，并降低金融效率，故需要金融监管消除金融行业的垄断[5][6]。Kareken 和 Neil 认为，金融行业的外部性比较明显，风险传导速度快，一家银行的倒闭会引起整个金融业的恐慌，引发金融危机，为了解决金融系统的外部性问题需要进行金融监管[7]。Spierings 和 Stiglitz 认为，金融监管可以消除或减弱金融市场中信息不对称和信息的公共产品特性，有利于金融投资者掌握金融信息并降低金融风险[8][9]。

金融脆弱论最早由明斯基提出。Minsky、Cypher 和 Kregel 认为，银行为追求

①　Stiglitz J E, Weiss A. Credit Rationing in Markets with Imperfect Information ［J］. The American Economic Review, 1981（3）：393-410.

②　Stiglitz J, Greenwald B. Monetary Policy and the Theory of the Risk-averse Bank ［J］. Working Papers in Applied Economic Theory, Federal Reserve Bank of San Francisco, 1993（4）：93-99.

③　Varian H R. Intermediate Microeconomics：A Modern Approach ［M］. Norton & Company, Incorporated, 1996.

④　［美］罗杰·弗朗茨. X 效率：理论、论据和应用 ［M］. 费方域等译. 上海：上海译文出版社, 1993.

⑤　Meltzer M, Bread and Roses：The Struggle of American Labor 1865-1915 ［M］. ALFRED A KNOPF, 1967.

⑥　Clark J J, Chakrabarti A K, Chiang T C. Stock prices and Merger Movements：Interactive Relations ［J］. Welwirtsch Achieve, 1988（124）：287-300.

⑦　Kareken J, Neil W. Deposit Insurance and Bank Regulation：A Partial Equilibrium Exposition ［J］. Journal of Business, 1988（51）：413-438.

⑧　Spierings R. Reflections on the Regulation of Financial Intemediaries ［J］. Kyklos, 1990（43）：91-109.

⑨　Stiglitz J E. The Role of the State in Financial Markets ［J］. Proceedings of the Word Bank Annual Conference On Development Economics, 1990（1）：19-52.

利润最大化具有盲目性。银行在利润最大化利益的驱使下不断发行贷款，引起不良贷款激增，金融监管的目的是控制银行的这种放贷冲动，使银行经营回归理性，以减少金融系统风险和脆弱性①②③。Diamond 和 Dybvig 提出了 Diamond-Dybvig 模型，指出信息不对称是造成银行挤兑的根本原因，主张加强信息管理，使信息更加透明④。Friedman 和 Schwartz 以及 Diamond 和 Rajun 认为，金融机构的脆弱性主要来自流动性风险，而借款期限短、贷款时间比较长是由金融资产的虚拟性以及存款合同的特征所决定的⑤⑥。

部分学者从政治经济学视角研究了金融监管的必要性，将政治因素纳入研究范畴，认为金融监管是既得利益集团实现利益目标的手段，主要包括掠夺论、利益集团论和多元利益论。罗提出了政府掠夺论，认为作为"经济人"的政府有自己的利益需求，政府的利益需求与社会大众的整体利益是不完全一致的，有其自身效用函数，政府进行金融监管的目的是实现自身利益最大化，而不是为了社会效用最大化⑦。利益集团论和多元利益论以 Peltzman 和 Stockman 为代表，他们在政府掠夺论的基础上进一步研究后认为，金融监管部门代表不同的利益集团，进行金融监管是为了维护自身利益，而金融监管制度是不同利益集团妥协的产物⑧⑨。

2. 监管理论——金融监管的有效性研究

部分学者实证研究发现，金融监管部门实施的金融监管政策不仅没有有效控制金融风险，还对金融系统的稳定性产生了不良影响。金融监管的有效性研究主要研究金融监管效果如何。学术界从多维视角研究了金融监管的有效性，但尚未达成共识。

① Minsky H. The Financial Instability Hypothesis：Capitalist Process and the Behavior of the Economy ［M］//Financial Crisis：Theory，History and Policy. Cambridge：Cambridge University Press，1982 (1)：13-18.

② Cypher J M. Mexico：Financial Fragility or Structural Crisis？ ［J］. Journal of Economic Issues，1996 (4)：9-10.

③ Kregel J A. Margins of Safety and Weight of the Argument in Generating Financial Fragility ［J］. Journal of Economic Issues，1997 (4)：7-14.

④ Diamond D W，Dybvig P H. Banksruns，deposit insurance and Liquidity ［J］. Journal of Political Economy，1983，91 (3)：401-419.

⑤ Friedman M，Schwartz A J. Has The Government Any Role in Money？［J］. NBER Chapters，1987，17 (1)：289-314.

⑥ Diamond D W，Rajun R G. Liquidity Risk，Liquidity Creation，and Financial Fragility：A Theory of Banking ［R］. NBER Working Paper，1999.

⑦ 卞志村. 金融监管学 ［M］. 北京：人民出版社，2011.

⑧ Peltzman S. Toward a More General Theory of Regulation ［J］. Journal of Law and Economics，1976 (19)：211-240.

⑨ Gavin W T，Stockman A C. Why a Rule for Stable Prices may Dominate a Rule for Zero Inflation ［J］. Economic Review，1991 (1)：2-8.

（1）监管供求理论。Stigler 和 Peltzman 是监管供求理论的代表，从供给—需求理论出发探讨了金融监管的有效性，认为金融监管部门作为金融监管的供给方，需要花费大量的费用来维持金融监管；而各种利益集团和政党作为金融监管的需求方，要求金融监管为其提供服务，满足其利益需求。金融监管制度的作用只是为各利益集团和政党重新分配利润，无法创造利润和价值；金融监管会限制被监管金融机构的创新和发展，阻碍经济社会的进步，造成整个社会的福利损失①②。

（2）监管寻租理论。监管寻租理论最早由 Krueger 提出，认为经济活动中普遍存在的寻租行为在金融监管中同样存在，金融机构为获取利益会向政府等金融监管部门寻租。金融市场效率受到寻租行为的影响而降低，进而影响金融公平和稳定③。具体而言，监管寻租理论认为，政府管制加剧了市场中的寻租机会，产生了政府及其代理人的租金创造和抽租，使市场竞争更加不完全和不公平。可见，通过政府管制来纠正市场失灵是理想化的、不现实的，越是金融管制广泛的国家，寻租问题越普遍。寻租造成了不公平，在管制者获得利益的同时，降低金融效率。因此，提高金融效率直接、普遍、有效的途径是放松金融管制，削弱金融管制中的金融寻租④。

（3）监管俘获理论。监管俘获理论认为，金融市场行为主体会为实现自身利益而对金融监管部门进行俘获。该理论在政府掠夺理论基础上深化研究了政府供给金融监管的后续结果：管制机构会逐渐被其所管制的行业控制和主导；被管制对象则因此获取更高收益。Posner 研究了上述理论，并指出通过谈判或建立监督机构等方式可以避免监管机构和被监管机构间监管俘获的发生⑤。

（4）监管成本理论。监管成本理论认为，与社会中其他经济活动一样，金融监管行为也存在监管成本和监管收益。Stigler 指出，金融监管作为一项经济行为，涉及到投入与产出，需要花费一定的成本，其成本一般体现在政府预算中。当产出大于投入时，金融监管是有效的；当投入大于产出时，金融监管是无效的。在此基础上，Stigler 提出成本效益分析方法，研究金融监管的有效性并确定

① Stigler G J. The Theory of Economic Regulation ［J］. Bell Journal of Economics and Management Science, 1971, 2（1）: 3-21.

② Peltzman S. Toward a More General Theory of Regulation ［J］. Journal of Law and Economics, 1976（19）: 211-240.

③ Krueger. The Political Economy of Rent-seeking ［J］. American Economic Review, 1974（3）: 291-303.

④ 余建强. 金融监管理论发展的文献评述 ［J］. 商业时代, 2012, 562（15）: 100-103.

⑤ Posner R A. Theories of Economic Regulation ［J］. Bell Journal of Economics and Management Science, 1974, 5（2）: 335-358.

金融监管的有效边界①。克拉克森和米勒通过实证检验发现，美国金融监管成本与企业破产数量统计走势趋同②。秦宛顺等建立了金融监管成本—收益模型，指出金融监管存在有效边界或有效区域，如果超出该边界或区域，或者离边界较远，会产生金融监管负效应③。

（5）金融监管协调理论。随着金融市场多元化、多样化的发展，金融机构类型越来越丰富，金融监管部门越来越多，多种类型的金融监管部门如何协同发挥作用，成为金融监管理论研究者的关注点，金融监管协调理论应运而生。该理论指出，建立世界金融监督局（WFA）可有效防范世界金融风险。Soros 提出金融控股公司的监管思路，即由金融控股公司主营业务对口的金融监管部门负责监管，同时加强监管协调和配合，避免分业监管对金融控股公司造成监管重复或监管真空等问题④。考虑到金融监管的公共物品属性，金融监管供给方可能面临激励不足的问题。Thakor 等指出，由于信息的不对称，金融监管部门追求声誉最大化，而不是社会整体福利最大化⑤。Kaufman、Kane 和 Hellmann 指出，金融体系中金融制度安排的初衷大多是维护金融市场稳定、促进公平竞争，如最后贷款制度和存款保险制度等都是为抵御市场中可能出现的金融风险制定的，但这些制度都可能引发道德风险。最后贷款制度和存款保险制度的存在，使商业银行并不承担最终损失。因此，商业银行为追求利润最大化，盲目放贷引发金融风险⑥⑦⑧。金融创新的目的是规避金融监管，因此学者们在金融监管有效性理论的基础上引入金融创新思想。Kane 指出，金融创新的主要目的是实现超额利润，二者是一个动态博弈的过程：被监管机构为追求超额利润或规避金融监管而进行金融创新；金融监管部门为防控金融风险而加强监管；金融监管的加强，使金融创新的超额利润消失。上一轮金融创新形成的超额利润的消失，再次激发被监管机构金

① Stigler G J. The Theory of Economic Regulation [J] . Bell Journal of Economics and Management Science, 1971, 2（1）: 3-21.

② ［美］肯尼斯・W. 克拉克森，罗杰・勒鲁瓦・米勒. 产业组织：理论、证据和公共政策［M］. 华东化工学院经济发展研究所译. 上海：上海三联书店，1989.

③ 秦宛顺，靳云汇，刘明志. 金融监管的收益成本分析［J］. 金融研究，1999（10）: 9-10.

④ Soros G. Capitalism Last Chance [J] . Foreign Policy, 1998（1）: 7-14.

⑤ Thakor A, Review A E, et al. Self‑Interested Bank Regulation [J] . American Economic Review, 1993, 83（2）: 206-212.

⑥ Kaufman G G. Bank Failures, Systemic Risk, and Bank Regulation [J] . Cato Journal, 1996, 16（1）: 17-46.

⑦ Kane E J. Making Bank Risk Shifting More Transparent [J] . Pacific‑Basin Finance Journal, 1997（5）: 143-156.

⑧ Hellmann T F, Murdock K, Stiglitz J. Liberalization, Moral Hazard in Banking, and Prudential Regulation: Are Capital Requirement Enough? [J] . American Economic Review, 2000（90）: 147-165.

融创新的动力，以此循环往复，促进经济金融的不断发展①②③。

3. 制度选择——金融监管模式理论研究

金融监管模式，也称为金融监管制度，是一个国家开展金融监管活动的主要方式、监管机构和部门设置。金融监管模式可以体现一国金融监管的原则和主要目的。由于历史、文化、法律法规以及经济金融发展水平不同，金融监管可被概述为机构监管、功能监管和目标监管三种模式。

（1）机构监管。机构监管将被监管机构按照经营业务分类并以此设定金融监管目标和金融监管体系。由不同的金融监管部门负责不同类型金融机构的机构监管被称为分业监管，适用于分业经营的金融体系。机构监管模式负责监管被监管机构所有业务，掌握被监管机构整体经营情况，并提出行之有效的金融监管措施，有利于提升金融监管效率。Goodhart 和 Charels 指出，机构型监管明确了金融监管机构的权利和责任，金融监管效果显著、效率较高。但该体系仅适用于分业经营模式，一旦金融市场中存在混业经营，如我国金融控股公司的出现，机构型金融监管模式将会产生监管真空、监管重复等问题，影响金融监管的有效性④。

（2）功能监管。按照经营业务的性质划分监管对象的金融监管模式被称为功能型监管。Merton 和 Bodie 提出金融功能的概念，认为金融功能的表现形态比金融机构类型更加稳定，对金融功能实施监管有利于提升金融监管效率；指出应以金融机构在金融活动中的功能为依据进行金融监管机构的划分⑤。Jackson 认可金融功能监管理念的先进性，但也认为该理念存在缺陷。金融监管部门存在扩大监管范围的冲动，金融机构从自身利益出发会想方设法逃避金融监管。实施功能监管的部门无法掌握金融机构的所有信息，不利于防控系统性金融风险，无法保证整个金融体系的稳定⑥。

（3）目标监管。目标监管是一种更先进的金融监管模式，金融监管部门根

① Kane, Edward J. Accelerating Inflation, Technological Innovation, and the Decreasing Effectiveness of Banking Regulation ［J］. Journal of Finance, 1981, 36 (2): 355-368.

② Kane, Edward J. Technological and Regulatory Forces in theDeveloping Fusion Services Competition ［J］. Journal of Finance, 1984, 39 (3): 758-774.

③ Kane, Edward J. A Market Perspective on Financial Regulation ［J］. CATO Journal, 1994, 13 (3): 333-338.

④ Goodhart, Charels A E. Two Concepts of Money: Implications for the Analysis of Optimal Currency Areas ［J］. European Journal of Political Economy, 1998 (14): 407-432.

⑤ Merton R C, Bodie Z. Deposit Insurance Reform: A Functional Approach ［J］. Carnegie-Rochester Conference Series on Public Policy, 1993 (38): 41-50.

⑥ Jackson H E. Regulation in a Multi-Sectored Financial Services Industry: An Exploratory Essay ［J］. Social Science Electronic Publishing, 1999 (1): 7-14.

据其监管目标确定工作职责，可以有效解决机构型监管与功能型监管普遍存在的监管真空和监管重复等问题。目标型监管主要有两种形式：双峰监管和矩阵监管。Taylor 提出了双峰监管理论，他指出金融监管有许多目标，但有两个主要目标：以防范风险、维护金融稳定为目标，成立金融稳定委员会，实施审慎监管；以促进市场行为规范、防止投机行为、保护消费者权益为目标，成立金融产品消费者保护委员会，实施行为监管。上述两个金融监管目标被称为"双峰"①。目前澳大利亚和英国执行的就是"双峰监管"模式。Goodhart 等提出了矩阵型金融监管体系。该体系由六个金融监管部门组成，分别对应不同的金融监管目标，形成一种矩阵形式，故称为"矩阵监管"②。Goodhart 等通过实证研究分析指出，中央银行领导下的"矩阵监管"模式在维护金融市场稳定、保护金融投资者合法权利等方面表现突出③。

纵观国际金融业监管模式的演进，可以清楚地归纳出合规性监管→资本为本监管→风险为本监管→承诺式监管的监管理念的发展轨迹。其中，合规性监管重在监督金融机构是否执行有关金融规定；资本为本监管强调金融机构须持有资本抵御风险；风险为本的监管重视金融数据收集和风险分析预测，标志着金融监管达到更高的层次；承诺式监管是监管的最新发展动向，强调监管与激励相容，参照金融机构的经营目标，将金融机构内部管理和市场约束纳入监管范畴，引导两种力量支持监管目标的实现。一个国家金融监管模式的选择，实际上受诸多因素共同影响，如金融经济信息结构、政治经济体制历史传统、政府及其能力、政治约束、法律环境等。研究金融监管模式的选择，需要将以上因素纳入一个共同的分析框架。表面上，金融监管模式的选择是决策当局相机抉择的结果，但实际上，金融监管模式选择是对一国社会政治经济的综合权衡，具有内生性特征④。

（三）贡献与不足之处

金融监管理论的提出为规避金融风险提供了较为有效的方法。金融监管有效性研究关系到金融监管实施与否的重要问题，20 世纪 70～90 年代的监管理论逐渐突破常规范式，对于监管的研究不再局限于阶段性分析，而更具动态性与发展性。20 世纪 90 年代后的监管理论与经济变迁的关联度更加密切，逐渐由"纯理论"向"操作性理论"发展，研究思路呈现"市场调节"与"政府监管"融合

① Taylor M. Twin Peaks：A Regulatory Structure for the New Century ［J］. Center for the Study of Financial Innovation，London，1995（12）：4-6.

② Goodhart，Charles，H. Philipp，T. Llewellyn David etc. Financial Regulation：Why，How and Where Now?［M］. London：Routledge，1998.

③ Goodhart C A E. Whither Central Banking?［J］. Financial Market Group，LSE，2001（4）：11-14.

④ 刘晓星. 金融监管研究及其评价［J］. 上海管理科学，2008（3）：36-41.

的趋势。

金融监管理论也存在局限性：在提出监管失灵的同时并未就如何解决该问题提出具体可行的方案措施；随着各国金融开放的深入，金融风险越发复杂，现存金融监管理论存在滞后于实际的问题。

第二节　金融开放的文献述评

一、国外文献述评

（一）金融开放的次序

国外学者对金融开放最优次序的看法基本一致，认为一国（尤其是发展中国家）实行金融开放的基础是具备稳定的宏观经济环境和均衡的财政环境，政府应具备对经济与金融的控制和监管能力，能够稳步、有序地开放金融市场。

麦金农通过对发展中国家的金融开放情况进行总结指出，发展中国家金融开放的最优次序应当是：政府的财政调整早于金融部门的自由化，早于对资本账户的开放。宏观经济的稳定和财政的平衡既是进行金融改革的前提，也是实行金融开放的前提。他指出，金融业的改革开放应按以下顺序进行：首先，政府要控制财政赤字，扩大税收来源，增加税收收入；其次，在宏观经济稳定后，开放国内的金融市场，实现利率市场化和银行体系私有化；再次，放开对经常账户的管制；最后，开放资本账户，实现货币的自由兑换①。Fry 概括了发展中国家金融自由化的先决条件②。1988 年，他通过研究证明，要想获得金融自由化的成功，应具备稳定的宏观经济和适当的金融监管两个前提条件。1995 年，他对上述的两个条件进行了扩充，认为发展中国家应在实行自由化前达到五个先决条件，即审慎的金融监管、稳定的物价水平、严肃的财政纪律、利润最大化的竞争性商业银行体系和对金融中介的非歧视税收制度。

（二）金融开放与经济增长

金融开放影响着经济的方方面面，学术界对金融开放与经济增长关系的研究层出不穷，国外学者从不同角度、采用多种数据和方法研究了金融开放对经济增

---

① McKinnon R I. The Order of Economic Liberalization：Financial Control in the Transition to a Market Economy ［M］. Johns Hopkins University Press，1991.

② Fry M J. In Favour of Financial Liberalization ［J］. Economic Journal，1996，107（96-24）：754-770.

长的作用。并通过实证分析表明：随着金融开放的不断深入，其对投资风险、消费能力、市场有效性、融资渠道、技术进步等方面均存在促进作用。

Obstfeld 从国际经济一体化角度研究了资本市场开放的效应。他建立了连续时间随机模型，通过福利分析和实证检验指出：金融全球化和资本市场开放分散了投资风险，提高了人们的消费水平，得出资本市场开放具备稳定增长效应的结论[①]。Kim 和 Singal 研究了资本市场开放对股票价格、汇率和通货膨胀的影响。通过实证分析发现，资本市场的开放增强了新兴市场的有效性，对股票市场价格波动、汇率水平以及通货膨胀具有正面影响，起到稳定宏观经济的作用[②]。

Henry 研究了资本市场开放对宏观经济的影响，通过比较金融开放前后新兴资本市场的资产定价和风险分散情况，指出实行金融开放以后的新兴市场的投资收益有所提高，私人投资有所增加[③]。Levine 通过研究发现，随着金融开放不断深入，外资流入将促进国内的投资，认为缺乏资本的国家可以通过金融开放促进资本流动，拉动经济的增长[④]。Gine 和 Townsend 评估了 1976~1996 年金融开放对泰国经济的影响，研究结果表明，由金融开放引起的融资渠道的增加，加速了泰国的经济增长，但对不同群体的影响不同，对缺乏资金的创业者而言，金融开放拓宽了获得资金的渠道，使他们顺利进入市场获得利润；对另一些企业家而言，金融开放使他们对劳动力的需求上升，工资的上升导致了利润的下降[⑤]。Rancierea、Tornell 和 Westermann 通过研究发现：金融开放对经济增长的直接促进作用远大于对金融危机的间接引发作用[⑥]。Bekaret 通过跨国实证发现：金融开放能够促进经济增长[⑦]。Galindo、Schiantarelli 和 Weiss 分析了 12 个发达国家的数据，指出金融开放能够提高投资基金的资产配置效率[⑧]。Gamra 分析了 1980~2002 年 6 个东亚发展中国家的数据，指出对所有金融部门的开放会降低经济增

① Obstfeld M. The Logic of Currency Crises [R]. NBER Working Papers, 1994.

② Kim E H, Singal V. Stock Market Openings: Experience of Emerging Economies [J]. The Journal of Business, 2000, 73 (4): 1-3.

③ Henry P B. Stock Market Liberalization, Economic Reform, and Emerging Market Equity Prices [J]. The Journal of Finance, 2000, 55 (2): 529-564.

④ Levine R. Finance and Growth: Theory and Evidence [R]. NBER Working Papers, 2004.

⑤ Gine X, Townsend R M. Evaluation of Financial Liberalization: A General Equilibrium Model with Constrained Occupation Choice [J]. Journal of Development Economics, 2003, 74 (2): 269-307.

⑥ Rancierea R, Tornell A, Westermann F. Decomposing the Effects of Financial Liberalization: Crises vs. Growth [J]. Journal of Banking & Finance, 2006 (1): 7-14.

⑦ Bekaret G. Harvey C R. Lundblad Financial Openness and the Chinese Growth Experience [M]. New York: Columbia University Press, 2007.

⑧ Galindo A, Schiantarelli F, Weiss A. Does Financial Liberalization Improve the Allocation of Investment?: Micro-evidence from Developing Countries [J]. Journal of Development Economics, 2007 (1): 8-9.

长，而渐进式的开放能有效地促进经济增长①。Kose 强调，金融开放中的资本账户开放能够带来资本流入，同时发达国家的先进技术和管理会产生技术溢出效应，进而促进经济增长②。

Ang 通过研究印度的金融改革、金融深化和专利保护对知识累积的长期影响，发现当一国金融体系达到一定自由化程度时，金融开放将对技术进步产生有利影响③。Blackburn、Forgues-Puccio 和 Rachdi 通过研究金融开放和政府腐败、经济发展之间的关系，指出当一国政府比较清廉时，金融开放能够促进经济增长；当政府腐败严重时，金融开放不利于经济增长④。Hsu 等指出，金融在优化资源配置、推动实体企业创新等方面具有不可忽视的作用⑤。Özdemir 研究了欧盟金融开放与经济增长的关系，发现金融开放促进了大量资本的流动，扩大了金融市场交易规模，降低了信贷成本⑥。Tanna、Luo 和 Vita 研究发现，金融开放提高了银行的全要素生产率（TFP），这一正面效应大于导致系统性风险增加的负面效应，所以金融开放总体有助于推动经济增长⑦。Bremus 和 Buch 通过对 79 个国家 1996~2009 年的金融数据进行分析，指出金融开放与其说是在促进经济增长，不如说是在延缓经济发展的速度⑧。Rachdi、Hakimi 和 Hamdi 从机构视角研究了 15 个中东及北非国家 2000~2013 年的数据，发现金融自由化对中东及北非地区的经济增长有推动作用⑨。Gopalan 和 Sasidharan 通过研究新兴市场国家和发展中国家的金融开放，指出在金融开放后，外资银行的出现会降低企业信贷成

① Gamra S B. Does Financial Liberalization Matter for Emerging East Asian Economies Growth? Some New Evidence [J]. International Review of Economics & Finance, 2009, 18 (3): 392-403.

② Kose M A, Prasad E S. Terrones M E. Does Financial Globalization Promote Risk Sharina? [J]. Journal of Develooment Economics, 2009, 89 (2): 258-270.

③ Ang J. Finance And Inequality: The Case of India [J]. Monash Economics Working Papers, 2008 (1): 7-14.

④ Blackburn K, Forgues-Puccio G F, Rachdi H. Financial Liberalization, Bureaucratic Corruption and E-conomic Development [J]. Journal of International Money and Finance, 2010, 29 (7): 1321-1339.

⑤ Hsu P H, Tian X, Xu Y. Financial Development and Innovation: Cross-country Evidence [J]. Journal of Financial Economics, 2014, 112 (1): 116-135.

⑥ Özdemir D. Economic Growth and Financial Liberalization in the EU Accession Countries [J]. Applied E-conomics Letters, 2014, 21 (15): 1036-1044.

⑦ Tanna S, Luo Y, Vita G D. What is the Net Effect of Financial Liberalization on Bank Productivity? A Decomposition Analysis of Bank Total Factor Productivity Growth [J]. Journal of Financial Stability, 2017 (30): 67-78.

⑧ Bremus F, Buch C M. Granularity in Banking and Growth: Does Financial Openness Matter? [J]. Journal of Banking and Finance, 2017, 77 (3): 300-316.

⑨ Rachdi H, Hakimi A, Hamdi H. Financial Liberalization, Banking Crisis and Economic Growth in MENA Region: Do Institutions Matter? [J]. Journal of Policy Modeling, 2018, 40 (4): 810-826.

本，对中、小、微企业的影响尤为明显①。Liu 等指出，随着金融开放的深入，外资银行的进入带来了市场竞争效应，国内金融机构必须改善经营效率、扩大金融服务产品的种类，使优质金融服务和金融产品能够惠及更多企业，重塑企业生产优势②。

（三）金融开放与金融危机

金融开放意味着金融的深度与广度的拓展，也意味着产生金融风险与危机的可能性提高。国外研究在 20 世纪 80 年代便认识到实行金融自由化会提高金融风险，学者们通过分析已经发生的金融危机案例，得出一国在经济环境不稳定的情况下推进金融开放，容易造成金融风险的积蓄和危机的爆发的结论；通过实证分析、模型检验等方式深入探讨了金融开放与金融危机之间的相关性及可能造成的危害。

Diaz-Alejandro 是国外最早意识到金融自由化会带来金融风险的学者之一。通过对 20 世纪 70 年代中后期智利早期金融自由化情况的研究发现，智利早期的金融自由化实践带来了金融危机③。Edwards 对 1954~1975 年的 87 次货币危机进行了研究，发现这些危机存在共同的特征：危机的发生往往伴随着巨额的财政赤字；财政赤字的主要弥补途径是中央银行对政府的扩张性信贷。他指出，如果在推行金融自由化前，宏观经济环境和财政状况不稳定，由于逆向选择和道德风险的影响，会使银行风险不断积累，甚至造成金融危机。在不稳定环境下进行的金融国际化，会增加外汇储备的脆弱性，并加大发生货币危机的可能性④。

Sundararajan 和 Balino 通过对亚洲和拉丁美洲 7 个国家金融自由化改革的分析，认为部分国家在金融自由化后会出现金融危机，这是错误的宏观财政货币政策、金融自由化过程中的金融结构的改变以及金融自由化前金融抑制所造成的资源配置扭曲的后遗症⑤。Demirguc-Kunt 和 Detragiache 选取了 1980~1994 年 65 个国家的数据，分别对宏观经济变量和制度变量进行了估计，尤其是代表金融自由化的实际利率变量对银行危机爆发的影响。通过研究发现，实际利率的改变、资

① Gopalan S, Sasidharan S. Financial Liberalization and Access to Credit in Emerging and Developing Economies：A Firm-level Empirical Investigation ［J］. Journal of Economics and Business, 2020 (107)：7-14.

② Liu X, Mattoo A, Wang Z, et al. Services Development and Comparative Advantage in Manufacturing ［J］. Journal of Development Economics, 2020, 144 (4)：10-13.

③ Diaz-Alejandro C F. Good-Bye Financial Repression, Hello Financial Crash ［J］. Journal of Development Economics, 1985, 19 (1-2)：1-24.

④ Edwards S. Financial Deregulation and Segmented Capital Markets：The Case of Korea ［J］. World Development, 1988, 16 (1)：185-194.

⑤ Sundararajan, Balino. The Argentine Banking Crisis of 1980：Banking Crisis：Issues and Experiences ［J］. Washington D. C.：IMF Chapter 2, 1990 (1)：7-14.

本的突然流出、银行流动性的缺乏、对私人部门放贷比例过高和过快的信贷增长与金融危机显著相关。但他们忽略了其他宏观经济变量间的关系以及谨慎的金融监管的作用。他们进一步收集了1980~1995年53个国家的大量数据,运用Logit模型对金融危机发生的概率进行估计,用以识别当其他因素不变时金融自由化对金融稳定的影响。通过实证分析,他们指出,在金融自由化与金融脆弱性之间存在高度的相关性[①]。

Weller在D-D模型的基础上对金融自由化与金融危机进行检验,通过对1973~1995年27个新兴市场国家的经济数据分析发现:货币危机和银行危机对金融变量的影响要远远大于对真实经济变量的影响。在自由化的金融体系中,银行破产的风险和系统性银行危机的风险增大,金融自由化与金融体系的脆弱性存在相当强的正相关。这些新兴市场国家实行金融自由化后金融结构变得更加不稳定,更容易受到金融危机的冲击[②]。Stiglitz对发展中国家资本账户自由化的风险进行了研究,指出资本账户的自由化并不一定会提高发展中国家的经济效率,反而会引起投机性资金大量流入,使金融危机爆发的可能性增加。因此他进一步指出,发展中国家进行资本账户自由化对其国内的投资、产出并未产生积极效应[③]。IlanNoy研究发现,如果一国金融监管体系不够完善,金融开放会使金融机构承担过多风险,引发金融危机,但这一影响表现是中期的,更直接的影响是垄断的减少[④]。Daniel和Jones通过建立动态模型研究发现:即使在运行良好的金融体系里,许多国家经过快速、低风险的增长后,也会经历风险上升的金融危机,这是由于金融开放导致来自国外金融机构的竞争、资本边际收益及银行净值的不断增加[⑤]。

Cubillas和González分析了83个国家4333家银行的数据,发现金融开放对发达国家和发展中国家都会使银行增加风险承担,但方式不同。在发达国家,金融开放使银行受到更大的竞争,产生增加风险承担的动力;在发展中国家,金融

① Demirguc-Kunt A, Detragiache E. The Determinants of Banking Crises: Evidence from Industrial and Developing Countries [J]. Policy Research Working Paper Series, 1997, 45 (1): 81-109.

② Weller C E. Financial Crises After Financial Liberalisation: Exceptional Circumstances or Structural Weakness? [J]. Journal of Development Studies, 2001, 38 (1): 98-127.

③ Stiglitz J E. Information and the Change in the Paradigm in Economics [J]. American Economic Review, 2002, 92 (3): 460-501.

④ IlanNoy. Do IMF Bailouts Result in Moral Hazard? An Events-Study Approach [D]. Working Papers, 2004.

⑤ Daniel B C, Jones J B. Financial Liberalization and Banking Crises in Emerging Economies [J]. Journal of international Economics, 2007, 72 (1): 202-221.

开放会使银行有更多的机会去承担更大的风险①。

Lee、Lin 和 Zeng 对 39 个国家进行研究，指出金融开放对货币或系统性金融危机的发生有直接显著的影响，但保险业的发展能够降低危机发生的概率②。Roy 和 Kemme 针对美国 2008 年次贷危机进行研究，发现 20 世纪 80 年代美国金融自由化、90 年代初大量的资本涌入及 90 年代末 21 世纪初人们对资产价格上涨的预期，这些因素综合导致了 2007~2009 年美国的次贷危机③。由此可见，金融自由化对金融危机的影响可能是比较深远的。

二、国内文献述评

（一）金融开放的次序

金融开放对于一国尤其是发展中国家或新兴经济体而言有益，但金融开放并非一蹴而就，也非一气呵成，应根据各国经济基础、金融程度等现实情况渐次开放。不论是对实体经济发展，还是对金融领域自身，金融开放的次序均应遵循先易后难、先基础后复杂的逻辑顺序。国内研究对金融开放的规模速度及开放的最优次序基本达成了共识，与国外研究相似，国内学者认为金融开放的过程应是渐进的、谨慎的。

陈炳才认为，一个国家进行金融开放，应首先进行汇率制度的调整，其次是经常账户下的货币兑换，最后是资本项目下的货币兑换。金融市场的开放应首先开放一般业务，其次是银行、保险业务，最后是证券市场④。李杨、殷剑峰从金融领域和实体经济两个方面分析了政府干预和经济自由化对外部冲击下的稳定性的影响，指出一个全面自由化的开放经济在外部冲击下具有最好的稳定性，并且从保持经济体制转换过程中的稳定性角度出发，实行自由化的最优次序应是实体经济自由化、国内金融自由化、实行浮动汇率制和资本项目开放⑤。胡智通过对发展中国家金融服务开放的风险、收益和战略分析，认为金融自由化顺序应为：一是国内实体部门的自由化；二是第一步的贸易自由化，即减少各种贸易壁垒；三是进一步的贸易自由化，实现经常项目可兑换；四是进行内部金融自由化的改

① Cubillas E, González F. Financial Liberalization and Bank Risk-taking：International Evidence ［J］. Journal of Financial Stability, 2014（11）：32-48.

② Lee C C, Lin C W, Zeng J H. Financial Liberalization, Insurance Market, and the Likelihood of Financial Crises ［J］. Journal of International Money & Finance, 2016, 62（4）：25-51.

③ Roy S, Kemme D M. The Run-up to the Global Financial Crisis：A Longer Historical View of Financial Liberalization, Capital Inflows, and Asset Bubbles ［J］. International Review of Financial Analysis, 2019（1）：7-14.

④ 陈炳才. 中国金融服务业开放的条件、次序、重点与时机 ［J］. 金融研究, 1999（5）：5-6.

⑤ 李杨, 殷剑峰. 开放经济的稳定性和经济自由化的次序 ［J］. 经济研究, 2000（11）：3-4.

革，其中包括提高法律法规的水平、取消利率和信贷数量控制、重组金融结构发展证券市场以及加强公司整治；五是开放金融服务，提高法规管理的协调性；六是资本项目自由化[1]。陈志刚进一步聚焦了发展中国家金融开放的合理次序与渐进安排指出，次序不当或支持不足会导致步入金融开放的发展中国家陷入金融危机。为避免"开放悲剧"，发展中国家应按照"财政调整、实现宏观经济稳定、国内金融自由化"的次序安排金融开放[2]。张煜系统梳理了金融开放的指标度量、金融开放和经济增长之间的关联，金融开放和金融稳定的关联，指出金融开放要分为三个层次，即实际经济领域的投资开放、货币市场的开放和利率的浮动、资本市场的开放和汇率的浮动[3]。吴婷婷通过分析美国、韩国的金融国际化进程经验，提出适合我国实际情况的金融国际化战略推进模式，即"以人民币国际化为核心，以货币政策国际化为先导者，以金融机构、业务、市场、资本运动国际化为助推者，以金融监管国际化为并行者"及"产业国际化与金融国际化联动、共振"的模式[4]。徐建炜、黄懿杰整理了1970~2008年覆盖149个国家的跨国数据，比较分析了全球共288个资本账户开放事件后，建议资本账户开放进程需要谨慎，最佳选择是在实现汇率自由化之后进行[5]。陈靖等认为，金融开放是一个多层次系统工程，需要严格区分金融服务业开放、资本账户开放这两个层次。金融服务业开放对我国有诸多好处，但外资机构仍然应受到国内相关行业的严格监管，履行国民待遇义务，这可以在一定程度上避免由金融服务业开放引发的金融风险；资本账户的开放应采取循序渐进的方式，不用操之过急[6]。张明等讨论了我国金融开放的不同维度与开放次序，认为我国金融开放存在四个维度：金融市场开放、人民币汇率形成记忆市场化、人民币国际化和资本账户全面开放。四个维度开放存在优先次序，金融市场开放在最前，资本账户全面开放应放在最后且需具备一定的前提条件，这样才可以保证我国金融开放高效稳健推进[7]。

（二）金融开放与经济增长

对于金融开放与经济增长之间的关系，相较于国外学术界，国内学者持有较

① 胡智．金融开放理论研究述评［J］．理论导刊，2003（6）：60-62.

② 陈志刚．发展中国家金融开放的合理次序与渐进安排：理论及其在中国的应用［J］．江西社会科学，2005（1）：217-223.

③ 张煜．金融开放、经济增长和金融稳定［D］．吉林大学博士学位论文，2007.

④ 吴婷婷．金融国际化与金融安全：理论与实证［D］．西南财经大学博士学位论文，2011.

⑤ 徐建炜，黄懿杰．汇率自由化与资本账户开放：孰先孰后？——对外金融开放次序的探讨［J］．东南大学学报（哲学社会科学版），2014，16（6）：40-47+142-143.

⑥ 陈靖，徐建国，曾振灏．金融开放的次序［J］．中国金融，2019（10）：70-71.

⑦ 张明，孔大鹏，潘松，李江．中国金融开放的维度、次序与风险防范［J］．新金融，2021（4）：4-10.

为保守的意见。结合我国经济社会发展历程与国情，国内学者更加审慎地研究二者之间的关系。随着经济发展程度的深入和对金融开放需求的变化，国内研究也发生着变化。

部分学者对金融开放持保守态度。姜波克、博浩指出，新兴市场经济国家往往会高估金融开放对本国的意义，盲目推进金融对外开放，并未考虑原有经济基础，在金融对外开放的道路上走得太仓促、太激进，未能协调改革开放与金融体系长期稳定的关系，未能执行有序的、渐进的金融对外开放战略，在外部因素的作用下，过快的金融开放容易酿成金融危机①。王曙光从金融自由化对经济发展的影响出发，对金融自由化的收益和成本进行了研究，将金融自由化带来的风险视为金融自由化的成本；阐述了金融自由化与金融脆弱的关系问题，并以印度尼西亚和韩国为例，对亚洲国家金融自由化与金融危机的关系进行了探讨②。林清泉等通过对 55 个开放经济体近十年数据的计量分析指出，金融开放对经济增长的促进作用存在"门槛效应"③。金政等强调短期资本大规模流入会增加国内金融市场的压力，不利于经济增长④。总体而言，金融开放的包容度有着鲜明的时代特征，在原有经济基础薄弱的情况下，如不考虑本国经济基础盲目推崇金融开放，往往会适得其反。

随着经济的发展，发展中国家及新兴市场经济体对金融开放有了更进一步的需求。张小波等基于我国 1979~2009 年的数据实证结果表明，中国金融开放对经济增长存在正向的综合效应⑤。章合杰等通过区分金融双向开放指出，资本流入或资本流出均能促进本国经济增长⑥。贵丽娟等对 48 个发展中国家 1987~2006 年的数据进行计算得出，在宏观环境比较稳定的状态下，金融开放可通过风险分担抑制经济波动促进经济增长⑦。刘非、郑联盛结合国际国内经济金融局势指出，在不确定性增加的情况下，我国加大金融开放有利于防止全球产业链、贸易投资和金融体系"硬脱钩"，有利于缓解中美贸易争端、连接国际国内市场，有

① 姜波克，博浩．金融开放与经济发展［M］．上海：复旦大学出版社，1999．
② 王曙光．金融自由化与经济发展［M］．北京：北京大学出版社，2003．
③ 林清泉，杨丰．金融开放与经济增长——基于面板阈值模型的实证分析［J］．应用概率统计，2011，27（2）：163-171．
④ 金政，李湛．短期跨境资本对金融资产价格的动态影响及对策研究［J］．世界经济研究，2022（2）：42-53+135．
⑤ 张小波，傅强．金融开放对中国经济增长的效应分析及评价——基于中国 1979-2009 年的实证分析［J］．经济科学，2011（3）：5-16．
⑥ 章合杰，叶雯，熊德平．金融开放的经济增长效应——基于 91 个国家 1995-2005 年面板数据的实证［J］．上海金融，2015（2）：9-14．
⑦ 贵丽娟，胡乃红，邓敏．金融开放会加大发展中国家的经济波动吗？——基于宏观金融风险的分析［J］．国际金融研究，2015（10）：43-54．

助于深化我国金融体制改革与金融治理体系建设①。高洁超等对资本流动、金融稳定与经济增长之间的关系进行了实证研究，指出在金融开放的过程中需要遏制资本的非理性流出，并保持适度的经济增速以保证金融稳定和吸引外资，最终实现国内国际双循环良性互动②。黄益平在分析我国金融服务业现状后指出，金融服务业的开放有利于构建新的经济发展格局，并对金融开放后的金融行业进行了远景规划，认为应以金融服务业开放为契机，增加我国金融服务业竞争、促进金融企业学习先进管理经验与业务模式、提升金融监管能力，促进经济发展，强化竞争能力③。孙晓涛分析了中国对接《全面与进步跨太平洋伙伴关系协定》（CPTPP）金融服务清单规则后指出，中国金融服务负面清单仍存在规则较为笼统、解读可能引起争议、对混业经营的监管存在难点等问题，需要进一步加强负面清单规范能力，以促进金融开放④。李小胜等通过动态随机一般均衡模型量化分析了中国金融开放程度与宏观经济波动之间的关系，指出随着金融摩擦程度的减小，金融开放程度越大越有利于宏观经济稳定，且金融开放有利于增进福利⑤。万光彩和彭派通过 PVAR 模型研究发现，新兴市场金融开放水平越高，资本的流入越能够促进一国经济增长，但也会造成一定波动，通过进一步研究发现，长期稳定资本流入可以有效促进经济增长，但以证券投资为代表的短期资本不利于经济增长⑥。上述文献从不同角度出发探讨了金融开放对经济发展的影响，均在一定程度上认可金融开放对经济发展具有促进作用，即认为金融开放能够促进一国构建新的经济发展格局，调整经济金融结构，最终促进本国经济增长。

关于金融开放如何促进经济增长的问题，一些学者研究了金融开放与汇率波动、市场作用及经济增长之间的关系。孙东升等通过研究广义泰勒规则在中国的应用问题，指出政府应该减少对汇率的干预，发挥市场决定性作用，更有利于实现国内经济均衡；建议应保留一定程度的资本管制以保证国内经济稳定发展⑦。王先甲、朱润洲通过对新兴市场国家加入 MSCI 指数对该国货币汇率波动产生影

① 刘非，郑联盛. 我国金融高水平开放问题研究 [J]. 理论探索，2021（3）：84-92.

② 高洁超，袁唯觉，杨源源. 资本流动、金融稳定与经济增长 [J]. 金融监管研究，2021（5）：98-114.

③ 黄益平. 新发展格局下的金融开放与稳定 [J]. 金融市场研究，2022（1）：1-9.

④ 孙晓涛. 对接 CPTPP 金融服务清单规则研究 [J]. 江苏商论，2022（9）：27-30.

⑤ 李小胜，董丰，熊琛. 金融开放、金融摩擦与中国宏观经济波动 [EB/OL]. http：//kns. cnki. net/kcms/detail/11. 6010. F. 20220817. 1032. 008. html.

⑥ 万光彩，彭派. 金融开放、资本流入与新兴市场国家经济波动 [J]. 金融与经济，2022（7）：22-31.

⑦ 孙东升，兰弘，范林青. 资本账户开放、汇率浮动与货币政策选择 [J]. 国际金融研究，2017（12）：36-46.

响的情况进行研究，发现金融市场开放有利于新兴市场稳定汇率，建议应步履稳健地推进金融市场开放，提高人民币国际化水平和金融市场开放水平①。陈明等通过探讨金融开放对提升制造业出口产品质量的影响，指出金融开放显著促进了制造业出口产品质量提升，应在分工和资源再配置角度进一步发挥金融开放对产品质量提升的促进效应②。

国内学者研究了金融开放对提升金融服务实体经济效用的问题。陈少华等基于空间交互关系视角，使用国内省域数据，运用 GNS 模型、PTR 模型对金融开放提升金融服务实体经济效用的空间溢出效应进行实证检验，创新性地将地理空间机制纳入分析，佐证了金融开放对金融服务实体经济效用有着显著促进作用，且存在显著的正向空间外溢效应③。陈明等从理论与实证维度验证了整体金融及其开放序列促进了中国企业出口产品质量升级，并指出在金融开放序列中，人民币国际化对制造业企业出口产品质量提升的作用最大，其后分别是金融服务市场开放、直接投资市场开放、债务投资市场开放和股权投资市场开放；创造性地提出了分工效应和资源再配置效应是金融开放对企业出口产品质量升级的作用渠道④。窦钱斌等研究发现，后发国家金融开放可以通过加强资本的技术溢出引致技术进步或通过提升劳动力要素价格倒逼技术进步，并指出我国在当前发展阶段下，一方面要持续扩大金融开放水平，另一方面要着重消除各类劳动力要素价格扭曲，以强化金融开放引致技术进步的动能⑤。在微观企业角度，学者们就金融开放对服务实体经济的影响进行了研究。巴曙松等研究了中国自贸区金融改革对金融服务实体经济效率的影响效果及传导渠道，发现自贸区金融改革产生的金融集聚效应、金融开放效益和金融结构优化效应均发挥了调节作用，明显提高了金融服务实体经济的效率⑥。邢会等聚焦于上海自贸区及自贸区内高端装备制造业创新投入，发现上海自贸区金融开放缓解了企业外部融资约束，促进了该区域高端装备制造业创新投入，其中，民营企业受到的融资约束缓解效应更强，更有利

①　王先甲，朱润洲．金融开放对汇率稳定的影响分析——基于新兴市场国家双重差分的实证研究［J］．经济问题探索，2022（2）：143-157.

②　陈明，曾春燕，林小玲．金融开放对我国制造业出口产品质量影响的实证研究——基于开放序列与影响渠道［J］．金融教育研究，2022，35（2）：23-34.

③　陈少华，肖虹，刘巧瑜．金融开放提升了金融服务实体经济效用吗？——基于空间溢出效应视角［J］．当代会计评论，2021，14（4）：90-111.

④　陈明，曾春燕，林小玲．金融开放对我国制造业出口产品质量影响的实证研究——基于开放序列与影响渠道［J］．金融教育研究，2022，35（2）：23-34.

⑤　窦钱斌，周宇，孙美露．金融开放与技术进步——后发国家技术赶超的两个阶段［J］．商业研究，2020（12）：10-20.

⑥　巴曙松，柴宏蕊，方云龙，王博．自由贸易试验区设立提高了金融服务实体经济效率吗？：来自沪津粤闽四大自贸区的经验证据［J］．世界经济研究，2021（12）：3-21+132.

于企业创新投入与发展①。李梓旗等选取 2012~2020 年中国 A 股 2809 家上市企业作为样本，利用固定效应模型分析了金融开放与企业创新能力之间的关系，指出金融开放能够提升企业创新能力，推动企业发展②。

金融服务实体经济效用的影响存在着较强的空间关联性和依赖性，金融结构的空间分布不同会导致金融开放的效应不同。郭桂霞和彭艳从国家和省际两个层面对金融开放的经济增长效应进行了分析③。逢淑梅和陈浪南研究了金融开放对我国区域经济增长的非对称性影响④，但未对空间溢出问题进行分析。陶雄华等、吴少将探讨了金融开放对实体经济影响的空间溢出作用的不同方面⑤⑥。谢寿琼研究了我国各省份金融开放水平的空间相关性⑦。谢寿琼等对我国金融开放水平进行测度，实证分析了其空间关联特征，弥补了上述文献中未对不同省份金融开放水平空间关联特征进行深入探讨的缺陷，同时发现，空间关联网络主要集中于经济发展程度相对较高的东中部地区，在网络中处于核心地位、联系最为紧密的区域都集中在东中部地区⑧。

（三）金融开放与金融危机

随着全球经济金融一体化深度发展。对于一国经济金融而言，金融开放不仅将国际市场中的机遇"请进来"，也意味着将风险与挑战"请进来"。与国外研究相似，国内学者认为在金融开放的过程中，风险与不确定性不可避免，金融不稳定甚至金融危机发生的可能性相应增加。

部分学者从多个维度分析了金融开放如何加剧金融风险、诱发金融危机。黄金老指出，金融自由化具有促进金融发展和加剧金融脆弱性的二重性。通过对利率自由化、金融创新、机构准入自由和资本自由流动等方面分析金融自由化与金融脆弱性的关系，得出金融自由化必须是渐进的、有效监管的等结论，同时指

① 邢会，杨子嘉，张金慧．上海自贸区金融开放对高端装备制造业创新投入的影响研究——基于融资约束视角的准自然实验 ［J］．工业技术经济，2022，41（6）：71-77.

② 李梓旗，陈冬宇，石蓉荣．加大金融开放度提升企业创新能力了吗？——基于企业治理的中介效应检验 ［J］．财经问题研究，2022（6）：120-129.

③ 郭桂霞，彭艳．我国资本账户开放的门槛效应研究 ［J］．金融研究，2016（3）：42-58.

④ 逢淑梅，陈浪南．金融开放对我国区域经济增长非对称性影响的时变分析 ［J］．管理工程学报，2019，33（4）：104-112.

⑤ 陶雄华，谢寿琼．金融开放、空间溢出与经济增长——基于中国 31 省份数据的实证研究 ［J］．宏观经济研究，2017（5）：10-20.

⑥ 吴少将．金融开放、经济金融化与实体经济发展——基于空间杜宾模型的实证研究 ［J］．新疆社会科学，2020（5）：39-48+171.

⑦ 谢寿琼．我国省域金融开放的空间格局研究 ［J］．统计与决策，2017（6）：149-151.

⑧ 谢寿琼，胡德，韩健．我国金融开放空间关联性的实证分析 ［J］．中国软科学，2022（2）：184-192.

出，自由化的顺序应先实体部门后金融部门、先国内金融部门再外部金融部门①。廖发达研究了发展中国家资本账户开放与银行体系稳定的问题，有建设性地梳理了发展中国家资本项目开放后资本与经济的作用过程，即资本大量流入、经济持续繁荣、负向冲击下的金融经济崩溃、经济进一步紧缩，认为1997年发生在东南亚的金融危机是国际资本过多流入造成的。因此，发展中国家的资本账户开放是必须的，但也具有风险性②。张铁强等基于多个国家的面板数据，对金融开放与金融危机之间的关系进行了实证分析，指出金融开放显著地增加了金融危机的相对概率③。王茜等认为，发展中经济体的金融体系对于资本账户开放风险的承担能力较弱，高杠杆率会增加资本账户开放导致金融危机爆发的概率，我国作为一个杠杆率较高的国家，应谨慎推进资本账户开放④。陈丁燕通过构建面板模型测算金融开放对我国银行业系统性风险的影响，通过实证研究发现，金融开放具有诱发银行业系统性风险的可能性，实际资本流动和金融服务业的开放与法律规定的金融开放相比，会带来更高的风险⑤。

部分学者对于金融开放与金融危机间的关系持有既保守谨慎又积极乐观的态度，他们认为金融开放确实会导致金融风险的增加，但金融开放也是促进经济金融发展、维护金融安全的必经之路。梁勇指出，开放是导致风险大幅度增加的重要因素，但维护金融安全也需要金融开放，只有开放才能更好地促进金融和经济的发展。具体而言，开放会引起金融风险，进而形成泡沫经济，泡沫破灭以后，极易引起危机的爆发，而严重的金融危机会影响经济金融的正常运行，甚至危及国家经济安全，因此金融安全问题越来越受到重视。对于发展中国家而言，开放中的金融安全风险很大，但开放是发展的必由之路，只有在进入国际金融市场时保持谨慎的态度，才能在国际竞争中获得发展与安全⑥。姜波克和博浩认为，在金融对外开放中遇到风险是不可避免的，对于发展中国家而言，应该科学地规划和设计对外开放的具体步骤及措施，只有将对外金融开放与国内金融体制改革、金融体系的完善、经济结构的调整结合起来，互相配套进行，才能在不利的国际

① 黄金老. 金融自由化与金融脆弱性［M］. 北京：中国城市出版社，2001.

② 廖发达. 发展中国家资本项目开放与银行稳定：兼论中国资本项目开放［M］. 上海：上海远东出版社，2001.

③ 张铁强，李美洲，肖建国. 经济开放对金融危机影响的实证研究［J］. 武汉金融，2010（8）：11-15.

④ 王茜，王伟，杨娇辉. 资本账户开放与经济增长：基于杠杆率的门槛效应分析［J］. 财贸经济，2022，43（7）：53-67.

⑤ 陈丁燕. 金融开放对我国银行业系统性风险的影响分析［J］. 市场周刊，2022，35（2）：97-100.

⑥ 梁勇. 开放的难题：发展中国家的金融安全［M］. 北京：高等教育出版社，1999.

金融环境中，抵御金融危机、金融风险的冲击，实现金融的稳定和经济的持续发展①。蔡文靖和郭建娜实证研究了1980~2018年发达经济体和新兴经济体在不同发展水平下，资本账户及其子项目开放对外汇市场风险的影响，发现新兴经济体的资本账户开放增加了外汇市场风险发生的概率，但会随着金融发展水平的提高而缓解②。

部分学者结合理论与实际，进一步分析了金融开放与金融危机间的关系，并提出风险应对措施。张礼卿通过实证对资本账户开放和金融不稳定间的关系进行了分析，历史性地观察了资本账户开放与金融危机发生的概率，提出了资本账户开放的战略模式和政策框架，指出在资本账户开放的"渐进模式"下，需要关注两个问题：一是如何创立和完善各种开放的前提条件；二是如何设计开放的顺序③。随后，张礼卿继续研究并揭示了金融自由化与金融不稳定间存在的相关性，在具体层面上分别研究了利率自由化、金融服务业市场准入限制放松、资本市场发展和资本账户开放等金融自由化措施对金融稳定的影响，并对金融自由化中的改革顺序、风险预警和监管等核心政策问题进行了深入探讨，立足中国实际战略性地提出了面向金融稳定的利率自由化改革战略、资本账户开放战略以及其他改革等措施④。董骥采用85个国家和地区2005~2017年的数据，通过研究一国金融开放水平的增长效应、危机效应及空间溢出效应，发现现阶段提升金融开放水平会促进我国经济增长，且会使我国从其他发展中国家金融开放水平中获益；金融开放水平会对我国有显著的直接危机效应，但我国能够从发达国家的金融开放中减弱危机效应，即发达国家金融开放水平的提升会对我国的危机效应起到一定抑制作用⑤。

尽管金融开放会加剧金融波动，在金融系统较为脆弱的环境中会增加金融危机发生的可能性，但一国经济金融的深度发展离不开金融开放。在全球一体化的趋势下，理智而稳健地布局金融开放战略对增强我国国际影响力、助推"一带一路"等区域性、国际性发展战略建设确有裨益。

① 姜波克，博浩. 金融开放与经济发展 [M]. 上海：复旦大学出版社，1999.

② 蔡文靖，郭建娜. 金融发展、资本账户开放与外汇市场风险——基于固定效应的面板 Logit 模型 [J]. 金融与经济，2022（5）：23-33.

③ 张礼卿. 资本账户开放与金融不稳定：基于发展中国家相关经验研究 [M]. 北京：北京大学出版社，2004.

④ 张礼卿. 金融自由化与金融稳定 [M]. 北京：人民出版社，2005.

⑤ 董骥. 金融开放水平的增长效应与危机效应研究 [D]. 山东大学博士学位论文，2019.

第三章　我国金融开放的发展历程

金融对外开放通常包括两个方面的内容：一是与资本及金融账户相关，从实际操作看，即放开跨境资本在交易和汇兑环节的限制，包括资本项目和人民币国际化；二是与金融服务业相关，即对境内外金融机构从事银行、证券、保险和基金等金融服务的放开，包括金融机构的对外开放。新中国成立后，我国经济取得一定发展。1978 年，改革开放极大地解放我国生产力，正式拉开了我国金融开放的序幕。自此，我国经济迅猛发展，取得了令人瞩目的成就，金融开放得到长足进步，在资本与金融账户方面、金融服务业方面取得丰硕成果。

第一节　我国资本与金融账户开放的发展历程

一、资本项目

资本项目的开放主要包括直接投资、证券投资和金融衍生工具等方面。我国资本与金融账户开放发展较快，经历了多个阶段。

（一）直接投资

直接投资主要包括外商直接投资（IFDI）和对外直接投资（OFDI），二者都可为本国经济的发展带来红利。自 1978 年改革开放以来，两种投资模式在我国均得到很大程度的发展。随着与世界经济的快速融合，我国逐渐成为国际公认的外商直接投资重要吸收国。此外，我国坚持深入实施"走出去"的对外开放发展战略，通过对外直接投资拉动了中国外向型经济的发展。

1. 外商直接投资

（1）探索试验阶段（1978~1991 年）。

1979 年 7 月，第五届全国人民代表大会第二次全体会议通过并实施的《中华人民共和国中外合资经营企业法》成为我国利用 IFDI 的首部全国性政策法规。1979~1980 年，中央先后批准广东、福建两省在对外经济活动中实行特殊政策和优惠灵活措施，并在深圳、珠海、汕头、厦门四个地区举办经济特区，在特区内实行特殊优惠政策吸引 IFDI。

1983 年 5 月，我国在总结了利用外资的初步经验的基础上，决定进一步放宽引资政策，扩大探索和试点范围。随后开放了上海、天津、大连、青岛、广州等14 个沿海港口城市，并将长江三角洲、珠江三角洲和闽南厦（门）漳（州）泉（州）三角地区确定为沿海开放地区，将引进外资的优惠政策进一步扩大到上述地区。同期，《中外合资经营企业所得税法》《涉外经济合同法》等一系列法律法规和政策颁布实施，对改善投资环境、吸引外国投资者起到了重要的促进作用[1]。

1986 年，我国首次颁布《外商直接投资企业法》，对投资的方式进行了调整，并出台了配套政策文件，对外商给予了税赋、租地等方面的优惠。1988 年，陆续出台了《中外合作经营企业法》《鼓励支持港澳台企业投资的管理规定》，外资大量涌入，给国家和企业带来了先进技术、管理经验及发展资金等。除此之外，政府持续拓展沿海经济开发地区，把胶州湾及渤海湾周围区域纳入对外开放经济带，建成海南经济特区、浦东新区，支持外商直接投资[2]。

1990 年，《中华人民共和国外资企业实施细则》颁布，对外资在出版、保险、邮政等涉及国计民生的公用事业领域设定了进入限制。1991 年我国颁布了《外商投资企业与外国企业所得税法》，取消了给予外资企业的税收优惠。虽然，我国在国家层面逐步减少了给予外资企业的差别待遇，但各地方政府为提高对外资企业的吸引力，竞相出台了各地方的引资优惠政策，外资进入中国的步伐不断加快[3]。这一阶段，中国利用外资以对外借款为主，外商直接投资进入方式主要是在沿海地区成立外向型合资、合作企业，外商直接投资主要来源于我国港澳台地区及海外华侨[4]。

（2）稳定发展阶段（1992~2000 年）。

1992 年，邓小平同志在南方谈话中提出"沿海、沿边、沿江"的经济发展策略。党的十一届三中全会以来，我国经济体制改革的目标由"有计划商品经济"过渡至"计划与市场内在统一的体制""计划经济与市场调节相结合的经济体制和运行机制"，后形成"社会主义市场经济体制"。在经济体制改革的强势

———————————
①③　梁风雁. 双向 FDI 对我国产业结构优化升级的影响研究［D］. 辽宁大学博士学位论文，2021.
②　李建鑫. 双向 FDI 对我国经济增长的影响［D］. 贵州财经大学博士学位论文，2018.
④　刘建丽. 新中国利用外资 70 年：历程、效应与主要经验［J］. 管理世界，2019（11）：19-37.

推动下，我国经济发展进入快车道，利用外资工作亦大幅提速①。1994~1995 年颁布《关于加强外商直接投资管理工作的各项规定》和《外商直接投资产业指导目录》等相关法律法规，优先发展制造业，鼓励外资进入高新技术产业、基础设施和房地产等行业。这一阶段的境外资本以我国沿海省份和开放城市为中心迅速扩展，投资规模和跨国企业数量总剧增加，逐步形成了以广东、上海、江苏和福建等地为主要区域的外商企业聚集地②。

随着我国外商投资规模的扩大，我国开始调整引进外资政策，逐渐从重视外资"数量"向重视外资"质量"转变。1997 年，受亚洲金融危机影响，外商直接投资水平和实力下降。为了改变这一现状，我国政府颁布实施了《外商直接投资商业企业试点办法》，并出台了与之相匹配的《外商直接投资项目及产品目录指导》，强调对能够促进国内企业科技水平的外商进行政策方面的优惠。《外商直接投资项目指导目录》出台后，外商直接投资的对象更加丰富多样，投资区域也不断增加③，对促进外商直接投资的区域多元化和领域多样化产生深远的影响。在此阶段，世界 500 强企业中有近 300 家来我国投资。这些世界级大公司不仅为我国发展带来了资金，也带来了国际企业的管理理念和管理经验。为进一步调整我国引进外资的区域不平衡，2000 年我国出台了《中西部地区外商投资优势产业目录》。该名录详细列示了我国中西部省份在自然资源、资本积累以及市场环境等方面的发展情况，以此促进 IFDI 与中西部地区形成特色经济增长点，推动产业结构优化升级④。

（3）调整重构阶段（2001~2008 年）。

2001 年 12 月，我国正式加入世界贸易组织。入世后，我国进一步放开外资进入领域限制，放宽外资投资比例限制，逐步加强外资投资软环境和硬环境建设。在全球资本流动低迷的宏观经济环境下，我国在 2002 年成为全世界引进外资的第一大国，是全世界资本竞相涌入的"蓝海"。在此阶段，我国优化外资投资产业布局，陆续放开了外资在银行、保险等领域的进入限制。2004 年，我国放开了国外投资企业的投资行为管束，赋予了国外投资者建立投资公司的权利，放宽了外资在服务业领域的进入限制，服务业成为了我国吸引外资的高地。2007 年，我国调整了鼓励发展类产业目录，特别突出对高技术制造业及基础设施建设

①　王园园．外商直接投资与中国制造业全球价值链升级［D］．对外经济贸易大学博士学位论文，2019.

②　夏培林．我国金融发展对外商直接投资流入的影响研究［D］．东北财经大学博士学位论文，2019.

③　李建鑫．双向 FDI 对我国经济增长的影响［D］．贵州财经大学博士学位论文，2018.

④　梁凤雁．双向 FDI 对我国产业结构优化升级的影响研究［D］．辽宁大学博士学位论文，2021.

和节能环保性产业的鼓励政策，与此同时，加强对"三高"项目①以及资源开发类项目的投资限制②。

（4）创新突围阶段（2009 年至今）。

2008 年国际金融危机导致主要发达国家金融市场剧烈动荡，世界各国不同程度出现债务危机、银行挤兑、流动性紧张、借贷成本增加等现象。为积极应对金融危机对我国经济发展的影响，我国引进外资不再仅以"量"为目标，而是通过产业政策更加积极主动地引导外资，促进我国产业升级发展与区域平衡。2011 年，我国撤销了外商企业在某些领域持股比例限制，鼓励外资投资循环经济等战略性产业。2015 年，中共中央、国务院印发《关于构建开放型经济新体制的若干意见》，强调推进准入前国民待遇加负面清单的管理模式，分层次、有重点放开服务业领域外资准入限制，进一步放开一般制造业。2017 年，国务院印发的《关于扩大对外开放积极利用外资若干措施的通知》（国发〔2017〕5号）明确了当前和今后一段时期我国利用外资工作的政策导向：一是进一步扩大对外开放；二是进一步创造公平竞争环境；三是进一步加强吸引外资工作。截至 2022 年 12 月，我国外商直接投资已累计 1891.3 亿美元③。

此外，我国着手建立面向外资的国家安全审查制度体系，重视保障国家经济安全。2008 年，《中华人民共和国反垄断法》颁布，我国面向外资并购的审查制度获得实质性进步。之后，我国进一步完善外资管理体制，加快相关法律法规体制建设。

2. 对外直接投资

（1）萌芽阶段（1978~1991 年）。

1978 年的对外开放政策，是我国第一个提供开展海外业务的制度性框架政策。1979 年，国务院颁布了 15 项经济改革措施，其中第 13 项首次明确提出"出国办企业"的号召，标志着中国政府已把企业"走出去"作为对外开放政策的一部分。但此时，中国经济仍存在较强的计划主义色彩，只有国有企业被允许开展对外直接投资活动，并且投资项目和金额受到严格的监管审批限制。这一阶段，中国对外直接投资的总体规模较小，没有真正意义上的"走出去"，直至 1988 年国务院才正式决定以中国化工进出口公司为对外直接投资试点单位。在改革初期，我国能在海外设立分支机构的主要是长期从事进出口业务的专业外贸公司和具有对外经济合作经验的大型企业，其中最具代表性是北京市友谊商业服

---

① "三高"项目即高危、高污染、高能耗项目。

② 梁凤雁. 双向 FDI 对我国产业结构优化升级的影响研究［D］. 辽宁大学博士学位论文，2021.

③ 资料来源：中经数据。

务贸易公司和日本东京丸一商社株式会社于 1979 年 11 月合资创办的"京和股份有限公司"，它正式拉开了中国企业对外直接投资的序幕。1980 年 3 月，中国租船公司、中国船舶工业总公司同香港环球航运集团共同投资成立了总部设在百慕大的"国际船舶投资公司"，并在中国香港设立了"国际船舶代理公司"，成为当时中国对外投资额最大的一个项目。1980 年深圳特区的成立，我国在对外开放方面迈出了重要的一步。从特区开放到 20 世纪 90 年代末，我国对外贸易发展迅速，但对外开放的重点在国际贸易和利用外资两个方面。随着改革开放的深入，一些非贸易业务的投资逐渐增多，但所占比例还是较低。

在我国对外直接投资规模和范围逐渐扩大的同时，也存在一些管理制度方面的不足，如缺乏海外投资管理机构、对外投资方面实行严格的管控制度、海外投资审计与绩效评估机构和有关对外直接投资风险方面的制度不够成熟。

（2）初步探索阶段（1992~1999 年）。

1992 年，邓小平"南方谈话"、党的十四大召开后，我国企业抓住对外直接投资的政策机遇，积极扩大对外投资和跨国经营。这一时期，相对良好的国内政策环境将对外直接投资活动推向了一个阶段性高潮[①]，但发展比较缓慢，历程较为曲折，对外直接投资流量的波动幅度比较大。

受"南方谈话"的鼓舞，企业"走出去"开展境外直接活动的热情高涨，对外直接投资流量从 1991 年的 9.13 亿美元跃升至 1992 年的 40 亿美元。国务院在 1992 年批准首都钢铁总公司扩大海外投资和经营权，当年首钢集团斥资 1.2 亿美元收购了秘鲁铁矿公司，成为成功并购外国公司的第一家中国国有企业。这一收购虽然不太成功，但推动首钢企业正式走上了国际舞台。随后，中国于 1994 年进行了外汇体制改革，实行人民币汇率双轨制并轨，人民币大幅贬值，导致了中国对外直接投资流量从 1993 年的 44 亿美元骤降至 1994 年的 20 亿美元。1994~1995 年，境外企业增加了 342 家，协议投资只增加了 2 亿美元。1996 年，政府鼓励企业在对外直接投资中发挥自身比较优势，更好地利用国内外市场和相关资源。在努力扩大出口的同时，有计划地组织和引导一批资金强大的国有企业"走出去"。随之而来的是 1997 年的亚洲金融危机，中国政府担忧国内资本外逃和国有资产流失，进一步实施了严格的外汇管理制度和审批制度。亚洲金融危机后，国务院颁布了《关于鼓励企业开展境外带料加工装配业务的意见》，再次放开对外投资的审批制度，同时，这一事件也被认为是中国对外直接投资政策由行

① 高鹏飞，辛灵，孙文莉．新中国 70 年对外直接投资：发展历程、理论逻辑与政策体系 [J]．财经理论与实践，2019，40（5）：2-10．

政干预转向直接利用经济手段，以及中国实施"走出去"战略的前兆标志①。1998 年，我国对外直接投资金额达到了前所未有的 26.34 亿美元。1999 年 4 月，海尔投资 3000 万美元在美国小镇坎姆登举行了奠基仪式，并在之后取得了巨大的成功，进一步推动了我国对外直接投资的发展②。

（3）快速发展阶段（2000~2012 年）。

2000~2012 年，随着提出"走出去"战略及成功加入世界贸易组织，我国逐渐由限制对外直接投资转为放松管制并鼓励对外投资。

2000 年，我国政府在实施"走出去"战略后，坚持"引进来"和"走出去"并举。2001 年，我国正式加入 WTO。2002 年，我国进一步鼓励和支持各种所有制企业利用比较优势，带动商品和劳务出口。2002 年 10 月，原外经贸先后颁布了《境外投资联合年检暂行办法》和《境外投资综合绩效评价办法（试行）》，2004 年 7 月国家计委颁布了《国务院关于投资体制改革的决定》，同年 10 月，商务部出台了《关于境外投资开办企业核准事项的规定》。系列法规的出台，标志着中国对外直接投资进入了发展的"快车道"，确立了以市场为导向、以贸易为先导、以效益为中心的中国企业对外直接投资的基本原则。其间涌现出的诸如 TCL、联想、海尔等一大批知名品牌企业和资源寻求型企业积极参与境外投资及国际竞争。2008 年，中国采取诸多措施应对国际金融危机，为开展对外经贸投资创造了进一步有利的环境条件③。在经历金融危机后，我国对外直接投资空前发展。2008 年底，我国对外直接投资企业达到 12000 多家，分布在全球 174 个国家和地区，投资覆盖率达 71.9%。从投资方式看，并购成为中国企业"走出去"的主要方式，并购领域主要有制造业、电力生产和供应业、交通运输业、批发零售业等。通过并购，企业可以获取海外先进技术、营销网络，开发资源能源。中国油气企业在 2005~2010 年完成 46 宗交易，交易规模达到 444 亿美元；中国矿产企业在 2009 年全年完成 33 宗并购交易，价值总额达 92 亿美元；次年，浙江吉利控股集团花费 17.88 亿美元收购了沃尔沃公司 100% 的股权；2011 年，我国对外直接投资 746.5 亿美元，是 1999 年的 126 倍多，累计对外直接存量规模达 4247.8 亿美元，累计投资企业超过 1.8 万家，分布在全球 180 多

① Cheung Y, Qian X. Empirics of China's Outward Direct Investment [J]. Pacific Economic Review, 2009, 14 (3): 312–341.

② 郝中中. 我国对外直接投资的制度变迁及特点分析 [J]. 对外经贸实务, 2014 (11): 70–73.

③ 张幼文. 70 年中国与世界经济关系发展的决定因素与历史逻辑 [J]. 世界经济研究, 2019 (7): 3–12.

个国家和地区①。2012 年，我国企业抓住欧债危机的机会完成了几笔具有代表意义的并购：山东重工花费 3.74 亿欧元收购意大利法拉帝集团 75% 的控股权；三一重工以 3.24 亿欧元收购德国普茨迈斯特公司；国家电网收购葡萄牙国家能源网公司 25% 的股权②。

（4）稳步发展阶段（2013 年至今）。

2013 年，我国企业不仅在并购领域更加多元化，而且在交易金额上更加庞大，单项交易金额创历史之最。中国企业在 2013 年内实施对外投资项目达 424个，金额达 529 亿美元，其中直接投资占 63.9%，涉及采矿业、制造业等 16 个基本行业。中国海洋石油公司收购加拿大尼克森公司 100% 的股权项目，此次收购金额达到 148 亿美元，创下了中国企业海外企业并购的纪录③。

自 2013 年"一带一路"倡议正式提出以来，"一带一路"沿线成为了中国对外直接投资发展的重要扩展区域。为了推动"一带一路"的建设，商务部、国家发展改革委及中国人民银行等部门出台了一系列政策和措施支持中国企业在沿线国家开展投资。目前，中国对"一带一路"沿线国家投资发展态势良好。

面对 2016 年中国出现的大规模、不平衡的"非理性"对外直接投资活动，监管部门开始加强对境外投资的真实性审查，进一步规范企业的对外直接投资活动。2017 年 8 月，国家发展改革委和商务部等部门联合发布了《关于进一步引导和规范境外投资方向的指导意见》（国办发〔2017〕74 号），将境外投资活动划分为"禁止类""限制类"及"鼓励类"三大类，以"鼓励发展+负面清单"模式规范投资活动，引导理性投资，防止资本外逃。同年 11 月，国家发展和改革委员会公布了《企业境外投资管理办法》（发改委〔2017〕第 11 号），进一步推进"放管服"改革，加强对境外投资的宏观指导，优化境外投资服务，完善境外投资监管。这一时期，我国对外直接投资呈现回落趋势。2020 年，我国对外直接投资流量规模恢复到了 1537.1 亿美元，同比增长 12.3%，首次跃居世界排名第一位④。2021 年，中国对外直接投资净额为 1788.2 亿美元，比上年增长16.3%。其中，新增股权投资 531.5 亿美元，占 29.7%；当期收益再投资 993 亿美元，占 55.5%；债务工具投资 263.7 亿美元，占 14.8%⑤。

---

① 中华人民共和国商务部，国家统计局，国家外汇管理局．2011 年度中国对外直接投资统计公报［M］．北京：中国统计出版社，2012.

②③ 郝中中．我国对外直接投资的制度变迁及特点分析［J］．对外经贸实务，2014（11）：70-73.

④ 丘俭裕．"一带一路"视域下制度距离对中国对外直接投资的影响研究［D］．吉林大学博士学位论文，2022.

⑤ 中华人民共和国商务部．中国对外直接投资统计公报［EB/OL］．http：//fec.mofcom.gov.cn/article/tjsj/tjgb/.

（二）证券投资

证券投资是非储备性质的金融账户中重要的一环，证券投资一般指利用股票、债券、投资基金等有价证券的投资。从投资角度梳理我国的金融开放进程，即梳理相关市场的开放进程，主要包括股票市场、债券市场和基金市场的对外开放。

1. 股票市场的对外开放

与农业和工业等其他领域的改革一样，我国在股票市场开放方面的改革也是渐进式的。我国股票市场的对外开放主要可以分为发行外资股、资本市场单项开放和资本市场双向开放三个阶段①。

（1）发行外资股阶段（1992~2001 年）。

作为境内上市的外资股，B 股的诞生是我国资本市场对外开放的起点。1992 年 2 月，第一支 B 股②上海电真空在上海证券交易所上市并作为资本市场对外开放的试验田正式登上历史舞台。同年，共有 18 只 B 股上市，占发行 A、B 股合计数量的 25.4%。此后 6 年，共有 101 只 B 股在上交所和深交所上市。这是一次谨慎的尝试，为保证境外资本的流入不会对当时并不成熟的 A 股③市场产生负向冲击，A、B 股市场的交易完全分割。2001 年前，境内投资者只能投资 A 股，而境外投资者只能投资 B 股。该设计既保证了一定程度的对外资本市场开放，同时也规避了由于外资的资本流动对当时不成熟的 A 股市场可能产生的不必要影响。后来，随着上市公司赴香港发行 H 股融资的兴起和合格境外投资者（Qualified Foreign Institutional Investors，QFII）制度建立，B 股的作用被逐渐替代，但其仍是我国尝试股票市场对外开放的重要一步。

（2）资本市场单项开放阶段（2002~2013 年）。

为了推动中国资本市场的进一步开放，2002 年 11 月，QFII 制度正式建立，为境外资本投资 A 股提供了渠道。同年 12 月 1 日，中国证监会和中国人民银行颁布了《合格境外机构投资者境内证券投资管理暂行办法》。在人民币资本项目没有实现完全可兑换的情况下，QFII 制度的建立为境外投资者投资 A 股市场提

① 张晓燕. 中国资本市场开放历程与影响分析［J］. 人民论坛，2019（26）：74-76.

② B 股的正式名称是人民币特种股票。它是以人民币标明面值，以外币认购和买卖，在中国境内（上海、深圳）证券交易所上市交易的外资股。B 股公司的注册地和上市地都在境内。B 股市场于 1992 年 2 月 21 日正式开设，其主要任务就是吸收外汇，所以在 2001 年 2 月 19 日之前，B 股市场仅限外国投资者投资。随着经济的发展，我国已不再依靠发行股票吸收外汇。所以，B 股市场完成了其历史使命。

③ A 股即人民币普通股票，是由中国境内注册公司发行，在境内上市，以人民币标明面值，供境内机构、组织或个人（2013 年 4 月 1 日起，境内港澳台居民可开立 A 股账户）以人民币认购和交易的普通股股票。

供了一种可行的方式。在 QFII 制度下，境外机构投资者可以在外汇管理局批准的额度下直接投资中国证券市场。2011 年 12 月，《基金管理公司、证券公司人民币合格境外机构投资者境内证券投资试点办法》（中国证券监督管理委员会、中国人民银行、国家外汇管理局令第 76 号）发布，进一步允许境外机构投资者在规定额度内直接使用人民币投资境内证券市场。QFII 和人民币合格境外投资者（RMB Qualified Foreign Institutional Investor，RQFII）制度设立之后，获批额度迅速上涨，据国家外汇管理局统计数据，截至 2018 年 12 月，QFII 获批额度为1010.56 亿美元，RQFII 获批额度为 6466.72 亿元，合计约占 A 股流通市值的3.8%。同一阶段，合格境内机构投资者（Qualified Domestic Institutional Investor，QDII）制度推出，使得国内资本能够在可控的范围内配置境外资产[1]。但在制度实行的过程中，QFII 和 RQFII 的投资总额度存在限制，在多方共同努力下，2019年 9 月，经国务院批准，国家外汇管理局宣布取消 QFII 和 RQFII 投资额度限制。

（3）资本市场双向开放阶段（2014 年至今）。

在 QFII 等制度下，境外投资者可以投资国内证券市场，而境内投资者则可通过 QDII 配置境外资产，但两种方式是单向而不互通的。2014 年 11 月，沪港通启动，为上海交易所市场与香港交易所市场建立了方便的连接通道，第一次实现了中国资本市场的双向开放。随后，深港通和沪伦通分别于 2016 年 12 月和 2019年 6 月正式运行[2]。至 2022 年 8 月末，陆股通资金持有 A 股市值为 23333.99 亿元，占 A 股流通市值的 3.45%，A 股共有 4911 家上市公司，总市值达 82.58 万亿元[3]。沪港通、深港通和沪伦通的相继开放，极大地促进了中国内地与香港市场、国内市场与境外市场的双向开放进程。

2. 债券市场的对外开放

债券市场作为一国金融市场不可或缺的一部分，其开放程度是国家金融和经济发展的重要体现。中国的债券市场的开放历程可分为两个阶段：初步发展阶段、深化阶段。

（1）初步发展阶段（2002~2014 年）。

该部分将处于初步发展阶段的中国债券市场开放分为引入境外发行人的一级发行市场开放和引入境外投资者的二级交易市场开放而分别梳理。

在一级市场上，境外机构在中国境内发行的人民币债券被称为熊猫债券（以下简称熊猫债）。2005 年 10 月，为在中国境内的投资项目进行融资，国际金融

① 张晓燕. 中国资本市场开放历程与影响分析 [J]. 人民论坛，2019 (26)：74-76.
② 钟红，陈玉琳. 资本市场开放的历程与方向 [J]. 中国金融，2020 (17)：41-43.
③ 资料来源：Wind 数据库。

公司和亚洲开发银行首次获准在银行间债券市场分别发行 11.3 亿元和 10 亿元的人民币债券，因发行管理经验不足、信息披露制度不健全，在初次尝试后，熊猫债发行一时陷入停滞。后来，随着相关制度的完善和支持政策的出台，熊猫债发行再度活跃。2010 年，中国人民银行会同财政部、国家发展改革委和证监会联合修订了熊猫债发行办法，放宽了熊猫债的融资限制和要求；2014 年熊猫债发行重启，戴姆勒公司作为首家境外非金融企业成功在中国债券市场发行 5 亿元人民币债券。随后的几年间，熊猫债市场迅速发展，年度发行金额由 2014 年末的 20 亿元扩大至 2016 年的 1300 亿元。此外，2016 年 8 月，世界银行在银行间债券市场发行 20 亿 SDR 计价债券①，也被称为"木兰债"，这是 20 世纪 80 年代以来全球首次发行 SDR 计价债券。这一发行扩大了 SDR 的使用，丰富了中国债券市场的交易品种。

二级市场开放的初期准备最早可追溯至 2002 年。当年 11 月，中国正式引入 QFII 制度，允许获准的境外机构投资者进入交易所债券市场。2010 年 8 月，允许境外央行、货币当局、人民币清算行和参与行等直接进入银行间债券市场（CIBM 模式）。随后，债券市场对外开放有序推进且步伐加快。2013 年 3 月，允许 QFII 申请参与银行间债券市场交易②。

（2）深化阶段（2015 年至今）。

2015 年以来，中国债券市场开放进入深化阶段，引入更多符合条件的境外机构投资者，放松业务限制，取消投资额度管理并简化了汇兑手续。

2015 年 5 月，允许已获准进入银行间债券市场的境外人民币业务清算行和境外参加银行开展债券回购业务；同年 7 月，放开境外央行、国际金融组织和主权财富基金在银行间市场的投资范围和额度限制；2016 年 2 月，进一步将境外机构范围扩充至商业银行、保险公司、证券公司、基金管理公司等各类金融机构，允许其投资银行间债券市场、开展债券现券等许可交易；2017 年 7 月，香港债券通"北向通"开通，境外投资者可通过香港与内地基础设施机构之间的互联互通，投资银行间债券市场；2019 年 7 月，国务院金融稳定发展委员会办公室推出 11 条金融业进一步对外开放的政策措施，包括允许外资机构对银行间债券市场和交易所债券市场的所有种类债券进行评级、允许外资机构获得银行间债券市场 A 类主承销牌照等；2019 年 10 月，中国人民银行、国家外汇管理局发布通知，允许同一境外主体将其在 QFII 或 RQFII 项下和直接投资项下的债券进行双向非交易

---

① SDR 计价债券是以 SDR（特别提款权 SDR 篮子）计价的债券，2015 年 11 月 30 日，IMF 宣布人民币将被纳入 SDR 货币篮子，使其成为储备货币，此后中国一直致力于推广 SDR 的运用。

② 管涛. 中国债券市场开放与人民币国际化共成长 ［J］. 债券，2022（7）：10-15.

过户，资金账户之间可以直接划转，同一境外主体通过上述渠道入市只需备案一次。此举进一步便利了境外机构投资者投资银行间债券市场①。2020 年 9 月，进一步降低外资准入门槛，将 QFII 与 RQFII 资格和制度规则合二为一，并且稳步有序扩大投资范围，允许获准机构投资金融期货。2021 年 9 月，"债券通"南向通开放落地，达成了人民币和其他货币共存的双向流动体系。2022 年 7 月，"互换通"开始推出。对于境外投资者来说，"互换通"不改变境外现有交易习惯，提高了境外投资者参与便利性；集中清算机制有效提升境外投资者交易对手信用风险管理效率，降低成本。同时，"互换通"提供了高效多元进行风险对冲的便利，进一步支持境外投资者扩大人民币债券投资需求。对于我国债券市场来说，"互换通"更带来风险对冲效率的提高与跨境投资环境的优化，将吸引更多境外投资者入市，丰富投资者类型，提升交易规模，在市场扩容中改善交易流动性②。2022 年 11 月，中国人民银行、外汇局联合发布《境外机构投资者投资中国债券市场资金管理规定》，完善并明确境外机构投资者投资中国债券市场资金管理要求，包括进一步扩大境外机构投资者外汇套保渠道，并取消柜台交易的对手方数量限制；优化汇出入币种匹配管理，提升境外机构投资者投资资金汇出便利性等。截至 2022 年 11 月末，共有 1071 家境外机构主体进入银行间债券市场，同比增长 6%。其中，526 家通过直接投资渠道入市，782 家通过"债券通"渠道入市，237 家同时通过两个渠道入市③。

债券市场的开放是国家经济增长和金融发展的重要体现，也往往被一些发达国家和新型市场国家作为资本市场自由化和国际化的突破口。随着人民币加入 SDR 以及自贸区建设进程的加快，为了扩大人民币跨境使用范围、实现人民币资本项目可兑换，我国债券市场的开放程度不断加深，这吸引了越来越多的境外机构投资者参与中国债券市场。

3. 基金市场的对外开放

随着我国证券市场的迅速开放，基金占证券市场的市值比重越来越大，公募基金行业对外开放有助于中资基金公司吸收外资的先进经验，完善公司治理，不断提高风险管理能力，提升产品创新能力和客户服务水平，拓展国际视野，为未来开拓国际市场打下坚实基础。对我国基金市场的对外开放历程进行回顾，有利于厘清其历史发展脉络，把握未来发展方向。基金市场的对外开放历程可分为规范发展、创新发展、稳步发展三个阶段。

① 鞠建东，兰晓梅. RCEP 与中国资本市场开放 [J]. 债券，2020 (12)：19-22.
② 王兆星. 不断完善金融基础设施 促进债券市场高水平对外开放 [J]. 债券，2021 (11)：7-10.
③ 张弛. 债券市场高水平对外开放持续推进 [N]. 金融时报，2022-12-29 (007).

（1）规范发展阶段（1998～2003年）。

1997年11月，国务院证券委员会颁布了《证券投资基金管理暂行办法》，为我国证券投资基金的规范发展奠定了法律基础。1998年3月27日，经中国证监会批准，新成立的南方基金管理公司与国泰基金管理公司分别设立规模均为20亿元的两只封闭式基金——基金开元与基金金泰。在封闭式基金成功试点的基础上，2000年10月8日，中国证监会发布了《开放式证券投资基金试点办法》。2001年9月，我国第一只开放式基金华安创新诞生。2001年12月，中国加入世界贸易组织，公募基金管理公司允许外资持股不超过33%。2002年，首家中外合资基金管理公司招商基金管理有限公司获批成立。2003年12月，首只货币市场基金诞生。开放式基金的发展为我国证券投资基金业的发展注入新的活力。2003年底，我国开放式基金的数量超过封闭式基金的数量，成为证券投资基金的主要形式。2001年底，《境外机构参股、发起设立基金管理公司暂行规定（征求意见稿）》颁布，合资基金公司正式开始设立。2002年，《外资参股基金管理公司设立规则》（证监发〔2002〕第86号）颁布，基金业对外开放的序幕正式拉开。

（2）创新发展阶段（2004～2012年）。

2003年10月28日，《证券投资基金法》（中华人民共和国主席令第9号）颁布并于2004年6月1日施行，我国基金业的法律规范得到重大完善，引导基金业走上创新发展阶段。此外，2003～2004年，中国证监会陆续发布了《证券投资基金管理公司管理办法》《公开募集证券投资基金运作管理办法》《证券投资基金托管业务管理办法》《证券投资基金行业高级管理人员任职管理办法》《证券投资基金信息披露管理办法》和《证券投资基金销售管理办法》6个部门规章。2005年，基金管理公司外资持股上限提高到49%，中外合资基金管理公司开始大量出现。在此期间，债券型基金、货币型基金、上市开放式基金（LOF）、ETF、QDII基金相继出现。这一阶段，基金产品创新层出不穷，先后出现了：上市开放式基金（LOF）（2004年10月）；ETF基金（2004年12月）；分级基金（2007年7月）；QDI基金（2007年9月）。值得一提的是，公募基金在2006～2007年实现跨越式发展，2007年底基金规模达32755.9亿元，两年时间增长近6倍。2008年后，受国际金融危机的影响，我国经济增速的放缓和股市的大幅调整，基金行业进入了平稳发展时期，管理资产规模停滞徘徊，股票型基金呈现持续净流出态势。

（3）稳步发展阶段（2013年至今）。

2012年12月，修订后的《证券投资基金法》（中华人民共和国主席令第71号）颁布并于2013年6月1日实施。新《证券投资基金法》在许多方面实现了重大突破，例如：将私募基金纳入监管；放开机构准入，允许券商、保险、私募等资产管理机构发行公募基金；降低基金公司股东门槛；放宽基金投资范围；等等。法律法规的修订日益完善，使我国基金业的发展环境进一步优化，我国基金业进入全新的发展阶段。2014年2月7日，中国证券投资基金业协会正式启动私募基金登记备案工作，以行业自律为主的私募基金开启蓬勃发展时代。2015年7月，内地与香港地区开启基金互认，香港地区成立的基金可以向内地销售，内地成立的基金也可以进入中国香港市场。2017年11月10日，国务院宣布，基金管理公司的外资所有权比例上限增至51%，并将在三年内达到100%。

在公募基金方面，2016年6月，恒生前海基金管理公司获得中国证监会批准筹建，于同年9月正式开业，成为内地第一家港资控股的公募基金管理公司。2017年9月，首批6只公募FOF获批发行。截至2018年6月底，中国证券投资基金业协会自律管理的各类资产管理产品规模达到53.07万亿元，占了全社会资产管理业务的半壁江山。其中，公募基金规模12.70万亿元，私募基金规模12.60万亿元，证券期货经营机构私募资产管理业务规模27.61万亿元。20年来，公募基金已成为制度体系最为完善、信托关系落实最为充分、投资者权益保护最为有效的行业，没有发生系统性风险，成为资产管理行业规范发展的标杆[①]。2019年7月20日，国务院金融稳定发展委员会办公室发布《关于进一步扩大金融业对外开放的有关举措》，将原定于2021年取消基金管理外资股比限制的时间点提前到2020年，打开了中国公募基金牌照获取及对基金管理公司的绝对控股权通道。2020年4月1日，外商独资公募基金公司申请正式启动。直至2021年6月，贝莱德基金正式获得公募基金业务许可证，成为首家获准在中国独资开展公募基金业务的外商资产管理公司。2021年8月6日，证监会核准设立富达基金成为第二家外资独资公募基金。此外，还有路博迈、范达、施罗德、联博等外资机构递交的设立外商独资公募申请仍在审批中。

4. 政策放宽加速对外开放

在股票、债券和基金等证券投资市场对外开放的过程中，政策的逐渐放开十分重要，一系列的政策措施使我国证券市场与世界的联系更为紧密，为我国金融开放和宏观经济运行带来深远影响。

2003年11月，国务院出台《关于推进资本市场改革开放和稳定发展的若干意见》（国发〔2004〕3号），我国开始探索建设多层次资本市场。2003年12月，证监会制定了《证券发行上市保荐制度暂行办法》，这是适应市场需求和深化股票发行制度改革的重大举措。2005~2008年，我国资本市场完成了上市公司

---

① 《中国金融四十人看四十年》[J].中国报道，2019，177（1）：70。

的股权分置改革的进程，证券市场上的流通股和非流通股之间不再存在差异，这一运行机制更加符合市场化规律，股东之间的权益得到有效的平衡。经过这一阶段的确立资本市场地位、完成发行机制改革和完成股权分置改革，限制我国资本市场发展的制度约束已经基本被扫清，我国资本市场得到长足发展，从此进入了全新的发展阶段。2008 年金融危机后，我国加强对资本市场的监管，不断规范和完善资本市场，继续引导外资有序进入。

2018 年以来，新一轮全面金融开放启动，中国走向国际金融前沿。2018 年 4 月，习近平在博鳌亚洲论坛上宣布，中国将大幅放宽市场准入，推动对外开放重大措施落地，"宜早不宜迟，宜快不宜慢"①。2019 年 6 月，证监会宣布了进一步扩大资本市场对外开放的 9 项政策措施，包括推动修订 QFII/RQFII 制度规则、按照内外资一致的原则允许合资证券和基金管理公司的境外股东实现"一参一控"、合理设置综合类证券公司控股股东的净资产要求、加大期货市场开放力度、扩大交易所债券市场对外开放、拓展境外机构投资者进入交易所债券市场的渠道等内容②。2019 年 7 月，国务院金融稳定发展委员会办公室宣布了 11 条开放措施，针对一些领域提出了开放时间表，同时在理财公司、养老金管理公司以及债券承销等方面设定了新的开放目标③。2019 年 9 月，国家外汇管理局正式取消 QFII 和 RQFII 投资额度限制。2019 年 10 月，证监会宣布提前一年于 2020 年 1 月、4 月、12 月依次放开对期货、基金和证券公司的外资股比限制。

自 2020 年起，期货、基金和证券公司的外资持股比例限制逐步被取消，这一系列重大举措提前一年实施，预示着我国进一步扩大资本市场对外开放的坚定决心。2020 年 2 月，中国人民银行进一步会同有关部门发布推进上海国际金融中心建设和支持长三角一体化发展的 30 条措施。2020 年 6 月，国家发改委公布的《外商投资准入特别管理措施（负面清单）（2020 年版）》中，金融业准入的负面清单已经正式清零。

对外开放的推进完善了我国资本市场的制度建设，改善了融资环境，提高了国际认可度，但同时面临着诸多挑战。有效控制风险，积极应对挑战，才能更加稳妥有序地推进我国资本市场开放，更好地服务于我国实体经济的长远发展。

（三）金融衍生工具市场

在商品和金融产品的基础上衍生出远期、期货、互换等衍生产品，在现货市

---

① 习近平出席博鳌亚洲论坛 2018 年年会开幕式并发表主旨演讲［EB/OL］. http：// cpc. people. com. cn/n1/2018/0411/c64094-29918032. html.

② 鞠建东，兰晓梅. RCEP 与中国资本市场开放［J］. 债券，2020（12）：19-22.

③ 朱民，姜志霄. 面向未来的中国金融高质量开放［J］. 中国金融，2021（23）：12-14.

场基础上衍化出衍生品市场，既是近代以来全球市场体系演进发展的时间轨迹，也是社会化乃至全球化大生产条件下，商品和金融产品的价格形成机制及价格波动管理机制发展完善的必然结果。金融衍生工具是国际金融创新的产物，是一个国家金融市场发达与否的标志。通过各类投资者公开、集中、连续交易竞价，在交易所市场形成公开、透明、具有广泛代表性和权威性的衍生品价格，从而为各类基础产品的交易定价和供需调节提供价格标杆，为产业企业、金融机构对冲价格波动风险提供平台和工具。金融衍生工具是完善市场交易机制必不可少的工具，可以起到分割、转移风险，提高金融市场整体效率的作用，但金融衍生工具本身的特点导致其风险大、不确定性较大。目前，随着我国资本市场放开的不断升级，投资者对金融衍生工具市场的需求尤为迫切；同时，进一步开放金融衍生工具市场也是优化我国资本市场投资软环境的必要举措。改革开放以来，我国金融衍生工具市场经历了从无到有、从小到大的非凡历程，具体分为探索发展阶段、改革加速阶段、持续创新阶段。

1. 探索发展阶段（1992~2007 年）

国债期货是我国最早进行试点的金融衍生工具。1992 年 2 月，上海证券交易所率先推出国债期货交易，共有 12 个对机构投资者开放的品种。1993 年 12 月，北京商品期货交易所推出了国债期货交易，随后广东、武汉等地也先后推出了国债期货交易。

自 1992 年我国第一个标准化衍生产品——特级铝期货推出以来，我国期货品种经历了一个由借鉴到逐步适应中国经济发展进而创新的过程。1992 年 6 月 1 日，上海外汇调剂中心率先推出外汇期货交易，但由于人民币没有实现自由兑换，在严格的外汇管制环境下，投资者的参与意愿严重不足，再加上市场流动性不足等多方面原因，最终于 1996 年被迫停止交易。1993 年 3 月 10 日，海南证券交易中心首次推出深圳 A 股综合指数期货，由于投资者对这一类衍生产品了解甚少，投机盛行，并出现了大户联手交易，打压股价指数，1993 年 9 月底股指期货全部平仓，停止交易。1994 年 10 月底，中国证监会特批深交所的 6 只权证部分继续交易。12 月前后，这 6 只权证分离为 A1 权证和 A2 权证，其中 A1 权证交易在规定时间内除牌，但 A2 权证交易延至 1996 年 6 月，之后 6 只 A2 权证停止交易，真正意义上的权证市场不复存在。与此同时，327 国债期货事件[①]、巴林银

---

① "327" 是国债期货合约的代号，该券发行总量是 240 亿元。1995 年 2 月 23 日，上海万国证券公司违规交易 327 合约，最后 8 分钟内砸出 1056 万口卖单，面值达 2112 亿元国债，亏损 16 亿元，国债期货因此夭折。

行事件①、大和银行事件②等众多国际衍生工具灾难的爆发，我国在很长一段时间内监管层对金融衍生工具业务采取了搁置、暂停的态度。

1997 年 1 月，中国人民银行发布了《远期结售汇业务暂行管理办法》，并于同年 4 月授权中国银行独家办理贸易项目的人民币远期结售汇业务，此时中行远期业务的规模较小。2002 年 8 月以后，中国建设银行、中国农业银行、中国工商银行先后涉足人民币远期业务。2003 年 4 月，中国工商银行经中国人民银行批准，开办包括远期、掉期、期货和期权在内的外汇金融衍生业务；同年 5 月，中国银行上海分行向市场推出外汇期货宝，拉开了外汇衍生业务在国内进入实质性操作阶段的序幕；7 月，经国际掉期与衍生工具协会（ISDA）董事会表决同意，中国农业银行正式成为 ISDA 会员。2004 年 7 月，中国银监会批准交通银行开办金融衍生工具业务。至此，我国几家主要的商业银行都已获准开办金融衍生工具业务。2004 年 3 月，中国银监会颁布实施《金融机构衍生产品交易业务管理暂行办法》，此后，外资银行纷纷申请开办金融衍生品交易。截至 2007 年底，获准从事金融衍生产品交易业务的外资银行机构数量为 50 家③。

2005 年 7 月，经国务院批准，中国人民银行宣布我国开始实行以市场供求为基础，参考一篮子货币进行调节且有管理的浮动汇率制度。完善人民币汇率形成机制，客观上要求我国企业尽快掌握各种外汇避险工具和手段，增强自身适应汇率浮动和应对汇率变动的能力，并要求银行部门学会运用金融衍生工具管理风险，向企业提供更多和更好的风险管理工具，为发展外汇市场上的各种衍生工具创造条件。此后，我国金融衍生产品市场创新的步伐明显加速。2009 年 3 月，中国人民银行同意中国银行间市场交易商协会发布《中国银行间市场金融衍生产品交易主协议（2009 年版）》，确立了我国场外衍生工具交易的统一标准，为我国衍生品市场的发展清除了一道技术障碍。2006 年 9 月 8 日，中国金融期货交易所在上海正式成立。2007 年 3 月，我国以国务院令的形式颁布了覆盖商品和金融期货合约的《期货交易管理条例》，对期货交易所、期货公司、期货交易规则、行业自律等相关问题作出了规定，初步确立了包括金融期货在内的期货业务规则，2007 年我国期货市场交易额首次超过 GDP。

---

① 1995 年 2 月 27 日，英国中央银行宣布，英国商业投资银行——巴林银行因经营失误而倒闭。消息传出，立即在亚洲、欧洲和美洲地区的金融界引起一连串强烈的波动。东京股市英镑对马克的汇率跌至近两年来最低点，伦敦股市也出现暴跌，纽约道·琼斯指数下降了 29 个百分点。

② 大和银行亏损事件是 1995 年 9 月 26 日，日本大和银行行长藤田彬在总部大阪宣布，由于该行纽约分行对证券买卖管理不善，使得主管证券交易的井口俊英从 1984 年起的 11 年里，擅自出售该行持有的有价证券来填补由投资美国政府债券失策造成损失约 1100 亿日元损失的事件。

③ 中国银监会 2007 年年报［Z］. 2007.

2. 改革加速阶段（2008~2017 年）

2008 年，尽管国际金融危机、全球油价波动为世界经济带来一定冲击，但我国金融衍生工具市场没有出现系统性风险。在期货交易方面，2009 年期货交易额突破 130 万亿元，我国成为全球最具潜力的金融衍生品交易市场之一。2010年 4 月，我国首个金融期货品种沪深 300 股票指数期货合约①在金融期货交易所正式上市。我国金融衍生工具市场由此形成股票现货、股指期货和股指期权"三位一体"的立体产品结构，进一步增强了我国金融衍生工具市场的吸引力。

在市场开放不断深化的背景下，国内一些企业开始参与国内、国际衍生品市场的交易，以规避风险。但一些公司由于没有严格遵循套期保值的操作程序，在交易中出现了重大亏损。如国航、东航、上航等公司，它们不但没有能够通过衍生工具规避市场风险，反而在利用衍生工具所进行的交易中出现巨额亏损；还有一些公司在投资衍生工具的头寸远远超出对现货市场套期保值的需要，使得衍生工具交易偏离其初始目的而变成套利甚至投机目的；此外，一些公司没有选择透明度较好、杠杆性较低的基础性衍生工具，而是选择复杂的创新性结构性衍生产品进行交易，如中信泰富、国航、深南电等公司选择风险较大的衍生工具品种。这些失败的案例为我国金融衍生工具市场进一步发展与开放提供了经验和启示。

2011 年 2 月，国家外汇管理局发布《国家外汇局关于人民币对外汇期权交易有关问题的通知》，批准中国外汇交易中心在银行间外汇市场组织开展人民币对外汇期权交易品，至此国内外汇衍生品工具品种基本完善。此后外汇衍生品后来者居上，发展增速相对较快，2014 年，我国外汇衍生品成交量为 4.7 万亿美元，同比增长 34.8%，首次超过外汇即期交易②。2015 年，国家发改委价格司与上海期货交易所、郑州商品交易所、大连商品交易所在北京签署合作备忘录，标志着我国衍生品价格信号被纳入国家宏观调控政策体系。与此同时，越来越多的产业企业在现货贸易中采用"期货价格+升贴水"的基差定价模式，以更具前瞻性、更加灵敏地反映市场变化和趋势，实现贸易定价方式的变革。此外，通过"保险+期货"等新的业务模式，我国衍生品市场正在更大范围、更深层次地带动和促进实体经济发展。2016 年，我国政府出台了多项金融衍生品市场的整顿调控政策，这些政策主要体现在加强监管及业务合规方面，其出台和落实提升了市场运行质量和防范风险的能力，有利于积极稳妥地扩大对外开放，提升我国资

---

① 股指期货指以某种股票指数为标的资产的标准化的期货合约。买卖双方报出的价格是一定时期后的股票指数价格水平。在合约到期后，股指期货通过现金结算差价的方式来进行交割。沪深 300 指数由中证指数有限公司编制与维护，成份股票有 300 只。该指数借鉴了国际市场成熟的编制理念，采用调整股本加权、分级靠档、样本调整缓冲区等先进技术编制而成。

② 中国货币网．http://www.chinamoney.com.cn.

本市场的国际竞争力。

3. 持续创新阶段（2018 年至今）

2018 年 3 月，我国第一个对外开放的期货品种——"原油期货"在上海期货交易所顺利上市，同年 5 月大连商品交易所的铁矿石期货开启了引入境外交易者业务，我国金融衍生工具市场国际化实现破冰。此后，中国金融衍生工具市场对外开放进程步伐显著加快。2019 年，我国期货市场初步形成了商品金融、期货期权、场内场外、境内境外协同发展的局面。值得注意的是，2020 年 6 月 18 日，摩根大通期货公司完成股权变更，变更后摩根大通对摩根大通期货公司持股比例由 49% 增加到了 100%，这意味着中国首家外资全资控股期货公司诞生，是我国衍生工具市场对外开放的里程碑事件。

截至 2020 年 11 月底，中国期货和期权品种共有 90 个，其中国际化品种 6 个，分别是原油、铁矿石、PTA、20 号胶、低硫燃料油、国际铜。其中，铁矿石期货已有 21 个国家和地区的约 270 家境外客户并已发展成为全球交易量最大、唯一采用单一实物交割的铁矿石衍生品；PTA 作为我国期货市场首个引入境外交易者的化工品种，已经成为全球聚酯产业的价格风向标；天然橡胶和 20 号胶期货互为补充，已成为全球最主要的天然橡胶期货市场。

2021 年，证监会宣布向外资开放三类金融衍生品交易，QFII 和 RQFII 可参与金融衍生品交易品种，新增开放商品期货、商品期权、股指期权三类品种，自 2021 年 11 月 1 日施行。此次政策将吸引更多境外投资者积极参与投资我国市场。

纵观我国衍生品市场 30 年发展历程，从零起步到 70 个品种，在学习借鉴国际经验的基础上，走出了一条与西方成熟市场完全不同的"中国道路"。站在新时代新起点，面对世界百年未有之大变局，全球经济发展的不稳定性不确定性和中国经济高质量发展为我国衍生品市场发展提供了新机遇、提出了新要求。

二、人民币国际化

人民币国际化是指人民币能够跨越国界，在境外流通，成为国际上普遍认可的计价、结算及储备货币的过程。人民币国际化在提升中国国际地位、坚守汇价风险、促进中国国际贸易和投资的发展、促进中国边境贸易发展等方面具有至关重要的作用。

（一）汇率改革

汇率作为不同货币兑换的比价在国际贸易、国际投资和宏观经济稳定中扮演着非常重要的角色，汇率改革情况是经济市场化和对外开放程度的重要参照指标。人民币汇率改革作为经济体制改革的重要内容，事关居民消费和投资效益、宏观经济稳定，甚至关系到国家的国际地位。回顾人民币汇率改革历程，总结其基本经验，显得尤为重要。1978 年前，中国采取苏联式计划经济发展模式，与外部世界特别是资本主义国家的经济联系并不密切，国际贸易和国际资本流动规模较为有限。由于对外开放程度较低，真正的外汇市场几乎不存在，汇率的作用仅限于计价，既不能充分反映真实的供需状况，又不能对经济发挥调节作用①。1978 年后，我国的人民币汇率改革历程大体经历了双轨制阶段、市场化改革起步阶段、深化阶段和调整完善阶段四个时期。

1. 双轨制阶段（1979～1993 年）

从宏观环境看，改革开放促进了国内政治经济体制改革、进行对外开放，同时拉开了金融业开放发展的序幕。这一时期，我国相继设立了深圳、珠海、汕头、厦门经济特区，加大利用外资力度"引进来"，扩大外汇储备规模，吸收先进的技术与经验，增加国内就业机会，以支持国内经济恢复，并大力发展"有计划的商品经济"②。

这一阶段外汇管理体制改革的长期目标是实现人民币可兑换。具体地，一是设立专门化的外汇管理机构。1979 年成立国家外汇管理局，由中国人民银行归口管理③，强化了外汇管理的组织机构保障。二是建立外汇留成制度，取代过去统收统支的外汇分配制度，形成外汇调剂市场。1980 年 10 月，中国银行开始办理外汇调剂和额度借贷业务，允许流程单位将闲置的外汇按照国家规定的价格卖给或借给需要外汇的单位，实现余缺调剂，并对我国国民经济发展起到巨大的推动作用。三是推动人民币汇率形成机制改革。1981 年，开始采取"官方汇率+贸易内部结算价"的双重汇率安排。1985 年，取消贸易内部结算价，在外汇留成制度和外汇调剂市场基础上，形成了"官方汇率+调剂市场汇率"新的双重汇率模式。官方汇率实行有管理的浮动制度，调剂市场汇率随市场供求情况调整。随着对外开放的加快及外汇留成比例和资金规模的不断扩大，外汇市场交易格局发生了从以官方交易市场为主向以调剂市场为主的明显变化。1993 年，官方市场外汇交易占比仅为 15%～20%。总体而言，1994 年前，中国的制度环境发生了多次变化，人民币汇率制度也随之屡屡调整，除了新中国成立后几年间的市场化安排，其后人民币汇率的定价权基本由央行掌握，更多体现政府意志而非市场偏好。

---

① 赵志君. 人民币汇率改革历程及其基本经验 [J]. 改革，2018（7）：43-52.

② 张晓晶. 中国金融报告 2020：新发展格局下的金融变革 [M]. 北京：中国社会科学出版社，2021.

③ 归口管理是一种管理方式，一般是按照行业、系统分工管理，防止重复管理、多头管理。归口管理实际上指按国家赋予的权利和承担的责任，各司其职，按特定的管理渠道实施管理。

2. 市场化改革起步阶段（1994~2004 年）

在该时期，外汇管理体制改革和金融市场均保持不同程度的开放进程，金融业开放相较于上一个阶段取得了极大成果，金融业对外开放的基本框架形成。

在市场化改革的起步阶段，标志性事件是 1994 年实施的外汇管理体制改革，这一改革包括以下内容：一是取消各类外汇留成、上缴和额度管理制度，实行外汇收入结汇制和银行售汇制，建立全国统一的银行间外汇交易市场；二是取消双重汇率安排，实现官方汇率与调剂市场汇率并轨，改革盯住汇率制度，实行以市场供求为基础的、单一的、有管理的浮动汇率制度；三是允许经常项目有条件可兑换。此外，我国在 1996 年实现了经常项目可兑换。此轮汇改取得了稳定汇率和增加外汇储备的重要成果，对接下来的货币政策、汇率形成机制改革和金融市场开放产生了长远的影响。1998~2005 年，人民币汇率基本固定，单一盯住美元，这时的汇率制度已经不再完全由官方制定，体现了市场的力量。

自 2001 年加入 WTO 以来，我国和世界各国贸易往来更为密切，对外贸易额大幅提高，资本账户与经常账户的顺差让中国赚取了大量的外汇储备，巨额的外汇储备引发了与其他发达国家的贸易摩擦，人民币汇率长期被低估，人民币存在来自其他国家的单边升值压力，由此我国进行了 2005 年"721 汇改"，形成了更为灵活的汇率制度①。

3. 深化阶段（2005~2014 年）

从汇率形成机制改革看，2005 年 7 月 21 日，中国人民银行发布完善人民币汇率形成机制改革的公告，我国开始实行以市场供求为基础、参考一篮子货币进行调节、有管理的浮动汇率制度。此次汇率改革的主要内容为：一是人民币不再盯住美元，而是转为参考一篮子的货币，同时以市场供求为基础，进一步扩大了汇率制度的弹性；二是下一个工作日交易的中间价格改为央行每个工作日闭市后所公布的当日银行间外汇市场交易的货币对人民币汇率的收盘价；三是人民币对美元汇率从 8.2765 调整到 8.11，人民币对美元升值 2.1%；四是人民币兑换美元的浮动区间较之前有所增大，交易价波动幅度为中间价的上下 0.3%②。汇率制度改革增加了人民币汇率的弹性，同时保障人民币汇率的稳定性。在此阶段，人民币汇率改革的主要目的在于缓释升值压力，淡化汇率引发的外部矛盾，为人民

---

① 张耀文. 人民币实际有效汇率变动对我国房价的影响研究 [D]. 西南财经大学博士学位论文，2022.

② 刘方，杨庆峰. 浅析人民币汇率形成机制改革的历程、特征与改革指向 [J]. 经济师，2017 (4)：160-161+163.

币汇率制度的市场化、国际化改革奠定基础①。

为配合此次汇改的推进，2006 年 1 月 4 日我国引入做市商制度②和询价交易机制。2007 年 5 月 21 日，中国人民银行宣布将人民币兑美元汇率日波动区间从 0.3% 扩大至 0.5%。从资本项目可兑换和人民币国际化看，我国稳步推进资本项目可兑换，开放重点从直接投资领域扩展至证券投资和其他投资等领域③④⑤⑥⑦。2008 年，受国际金融危机影响，部分外资银行收缩或退出了部分在华业务，同时由于美元的贬值和次贷危机导致的证券违约，我国外汇储备的安全成为严重关切的问题，对我国的金融开放造成了挑战。但这次危机也开启了真正意义上的人民币国际化，人民币汇率机制改革在这一阶段不断深化。2009 年初，央行积极扩大香港人民币离岸市场，支持跨境贸易和投资的人民币结算等。同年 7 月，跨境贸易人民币结算开始试点，上海、广州、深圳、珠海、东莞承担了试点任务。截至 2014 年，人民币经常项目跨境使用基本实现了地域范围、交易项目和使用主体的全覆盖。同时，人民币国际化采取了贸易和投资同时并举的思路，具有"点多面广、全面铺开"的特征，在短时期内形成了政策红利的集中爆发。从人民币资本项目跨境使用角度看，直接投资、证券投资和其他投资三个方面几乎是齐头并进，甚至相关政策突破比人民币经常项目跨境使用放开得还早⑧。2012 年 4 月，即期外汇市场人民币兑美元交易价浮动幅度扩大至 1%，2014 年 3 月进一步扩大至 2%。稳步扩大人民币汇率浮动幅度体现了汇率改革的市场化取向，也是金融开放的一个重要维度。

4. 调整完善阶段（2015 年至今）

2015 年 8 月 11 日，央行再次启动汇率制度改革，对中间价报价机制进行了调整，更多参考上一日收盘价和市场供求关系，迈出了人民币汇率市场化的至关

---

① 孙国芳，邓晖．浅析中国人民币汇率改革对贸易收支的影响［J］．商业文化（下半月），2011，193（11）：137.

② 做市商制度是一种市场交易制度，由具备一定实力和信誉的法人充当做市商，不断地向投资者提供买卖价格，并按其提供的价格接受投资者的买卖要求，以其自有资金和证券与投资者进行交易，从而为市场提供即时性和流动性，并通过买卖价差实现一定利润。

③ 托马斯·布兰顿，王年咏．国际金融机构开放性的抗争历程与启示［J］．经济社会体制比较，2009（2）：34-40.

④ 潘捷，张守哲．改革开放以来粤港澳金融合作方式：回顾与展望［J］．国际经贸探索，2014（9）：49-60.

⑤ 李波．人民币跨境使用回顾与展望［J］．中国金融，2014（23）：17-20.

⑥ 管涛．新一轮扩大金融对外开放的新思路［J］．金融博览，2018（8）：89.

⑦ 葛鑫君．我国证券市场国际化发展路径研究［J］．时代金融，2013（32）：4-5.

⑧ 管涛．人民币国际化的几个历史瞬间［EB/OL］．https://baijiahao.baidu.com/s? id = 1629599506333693695&wfr = spider&for = pc.

重要的一步，被称为"8·11 汇改"。人民币兑美元中间价当天一次性下调 1136 点。2015 年进行的汇率制度改革进一步强化了以市场供求为基础，参考一篮子货币进行调节的人民币汇率制度。在实施收盘价交易来自汇率的中间价报价新模式后，人民币汇率的弹性显著增强，外汇储备的消耗明显下降。2017 年 5 月，人民币汇率形成机制正式形成"收盘价+篮子货币+逆周期因子"① 三足鼎立的局面，标志着以市场供求为基础、参考一篮子货币进行调节、有管理的浮动汇率制度已经基本建立。人民币汇率形成机制更加遵循价值规律，汇率弹性显著增强，对改善中国经济的内外平衡、完善国内资本市场和抵御外部金融危机有着重要意义②。

从以上改革可以看出，汇改之前的中间价主要是政府指定的，而新的中间价是市场自发形成的，人民币汇率的市场化程度不断提高③。

（二）人民币国际化进程

理论分析和实证研究表明，金融市场的广度、深度和弹性是货币国际化的先决条件。早期人民币国际化④进程中，我国国内金融市场开放程度不高、发展不成熟，制约了人民币国际化市场功能的充分发挥。因此，人民币国际化的推动，需要和我国金融开放程度、市场发展水平、市场承受能力及金融监管水平等配套条件相适应，金融开放是人民币国际化的内生动力。自 1993 年中共中央在十四届三中全会上作出"逐步使人民币成为可兑换的货币"的决定并对人民币国际化做出初步探索以后，经过多年的发展，人民币作为计价单位、交换媒介和价值贮存的职能不断增强。人民币已经成为境内第二大涉外收付货币（2021 年上半年占比 41.9%）、全球第三大贸易融资货币（2022 年上半年平均占比 2.37%）、第五大储备货币（2022 年一季度末占比 2.88%）和第八大外汇交易货币（2019 年占比 4.3%）。人民币国际化的历史进程主要可以分为两个阶段：全面部署阶段和深入发展阶段。

1. 全面部署阶段（2009～2016 年）

我国通过逐步放开人民币在跨境贸易以及国际投融资等领域的使用限制，与其他国家（地区）达成有关人民币国际化的合作措施、建设人民币国际化的基

---

① 2018 年初将逆周期因子调为中性（即调为 0），2018 年 8 月重启逆周期因子。

② 王爱俭，方云龙，王璟怡. 金融开放 40 年：进程、成就与中国经验 [J]. 现代财经（天津财经大学学报），2019，39（3）：3-15.

③ 刘方，杨庆峰. 浅析人民币汇率形成机制改革的历程、特征与改革指向 [J]. 经济师，2017（4）：160-161+163.

④ 人民币国际化是指人民币能够跨越国境，在境外流通，成为国际上普遍认可的计价、结算及储备货币的过程。

础设施而推动人民币国际化发展。

以 2008 年中国与俄罗斯、韩国签订双边货币互换协议及 2009 年建立跨境贸易人民币结算试点为起点①，我国主动推进的人民币国际化进程历经 10 余年，跨境贸易人民币结算、人民币全球清算网络、人民币离岸市场发展等均取得积极进展，更多市场主体开始接受以人民币进行支付结算，越来越多的中国企业"走出去"以及跨境电商等新业态加入，跨境贸易人民币结算业务量持续增长。虽然与美元、欧元、日元相比，人民币作为国际货币的整体功能仍不显著，但人民币的计价交易、投融资、储备等功能处于持续提升之中②。在此期间，中国人民银行多方施力，在跨境贸易结算、对外直接投资、证券投资等多个领域打通了人民币国际使用的通道，并与多个国家达成有关人民币国际化的合作措施、完善人民币国际化的基础设施，最终于 2015 年国际货币基金组织进行五年一次的 SDR 例行审查中，人民币被认定为可自由使用货币正式加入 SDR 篮子货币，人民币的国际储备货币地位得到确立。2016 年 10 月，人民币加入特别提款权一篮子货币③后，国家进一步强化人民币支付结算与计价标准职能，助推人民币向国际货币迈进。当前，人民币国际地位不断提升，已成为全球第五大储备货币、第五大国际支付货币和第八大外汇交易货币。

2. 深入发展阶段（2017 年至今）

在深入发展阶段，我国通过在国内期货交易所和商品交易所上市大宗商品期货，推动大宗商品人民币计价。从 2018 年起，我国分别在上海期货交易所、大连商品交易所等交易所上市原油、铁矿石、精对苯二甲酸（PTA）和 20 号胶、低硫燃料油、国际铜和棕榈油 7 个特定品种交易期货，可以使用人民币或美元作为保证金，有助于促进人民币在初级产品计价中的国际使用，打破美元在初级产品计价中的垄断地位。

此外，我国努力完善并推广人民币跨境支付系统。2018 年 3 月，CIPS 系统二期上线运行，引入了定时净额结算机制，系统运行时间全面覆盖了全球各时区的金融市场，支持当日结算。2020 年，证券投资人民币跨境收付金额为 16.5 万亿元，同比增速达到 74%，占人民币跨境收付总额的 58%，已成为人民币跨境使用最主要、增长最快的渠道。环球银行金融电信协会（SWIFT）发布的数据显

---

① 2009 年 7 月 1 日，中国人民银行等六部发布《跨境贸易人民币结算试点管理办法》，7 月 6 日，上海试点办理首笔跨境贸易人民币结算业务，自此，跨境贸易人民币结算试点正式启动。

② 郑联盛. 人民币国际化进程、未来趋势与企业应对［J］. 中国远洋海运，2020（10）：26-28+8.

③ "货币篮子"指作为设定汇率参考的一个各国货币组合，是由多种货币按一定比重所构成的一组货币，这个组合好比一个盛放各种货币的"篮子"，其中某一种货币在组合中所占的比重通常以该货币在本国国际贸易中的重要性为基准。

示，2021 年 6 月，人民币在主要国际支付货币中排第 5 名，支付金额占所有货币支付金额的 2.5%，较上年同期上升 0.7 个百分点。据 IMF 统计，人民币 2021 年 6 月在国际官方外汇储备货币构成（COFER）中排第 5 名，占比为 2.6%，较 2016 年人民币刚加入 SDR 货币篮子时上升 1.5 个百分点；投入运营以来，CIPS 系统业务量逐步提升，系统网络覆盖面持续扩大，持续接入大量的境内外机构，截至 2022 年 1 月，CIPS 共有 76 家直接参与者，1212 家间接参与者，其中亚洲 936 家（含境内 540 家），欧洲 164 家，非洲 43 家，北美洲 29 家，大洋洲 23 家，南美洲 17 家。

总体而言，这一阶段我国通过完善人民币跨境结算基础设施的建设并推动人民币发展大宗商品计价，人民币国际化进入深入发展阶段。人民币的国际使用逐渐从贸易结算领域向国际计价和投融资领域扩展，境外投资者配置人民币资产的需求增加，国际主要股票债券指数纷纷将我国的债券和股票纳入其中①。

第二节 我国金融服务业开放的发展历程

金融机构指从事金融活动的机构，为金融领域提供各类服务业务。作为金融服务业的重要参与者，金融机构的发展与金融服务业相伴相生，我国金融服务业的开放主要体现为银行、保险等金融机构的开放。

一、银行

随着经济金融全球化和我国对外开放的不断深入，国际化成为我国银行机构发展的重要趋势和潮流。站在全球金融舞台上，中国银行机构走出国门，加快海外拓展的步伐，不断提升国际竞争力和影响力。银行机构的开放历程可以分为四个阶段：尝试阶段、扩展阶段、加速开放阶段和开放新阶段。

（一）尝试阶段（1978~1993 年）

1978 年 12 月，党的十一届三中全会开启了改革开放的大门，我国银行业也迈出了改革的第一步。1979 年，我国开始允许外资银行设立代表处，银行机构的开放从此拉开序幕。1980 年，日本输出入银行在北京设立代表处，成为第一家在中国设立代表处的外资银行。1981 年，我国允许外资金融机构在经济特区设立营业性机构并试点。1982 年，南洋商业银行在深圳经济特区开设分行，成

---

① 张潇. 区域经济合作与人民币国际化问题研究［D］. 南开大学博士学位论文，2022.

为第一家在内地经营的外资银行。1983 年 2 月颁布实施《中国人民银行关于侨资、外资金融机构在中国设立常驻代表机构的管理办法》，允许符合条件的外资银行在中国设立代表处，开展前期的市场调查与联络工作。1984 年，党的十二届三中全会通过《中共中央关于经济体制改革的决定》，以中央银行为领导、国家专业银行为主体、多层次金融机构并存的金融体系建设渐次展开①。1985 年，国务院颁布《中华人民共和国经济特区外资银行、中外合资银行管理条例》，对外资银行在华经营机构的设立、业务范围及经营管理进行规范，是第一部专门规范外资银行经营行为的行政法规。1990 年 8 月，中共中央做出关于开发浦东战略决策，国务院批准上海成为引进营业性外资金融机构的沿海开放城市，并颁布《上海外资金融机构管理办法》，批准香港东亚银行、英国渣打银行、汇丰银行，新加坡华侨银行重新登记并扩大营业范围。1992 年，国务院规定了外资银行设立营业性机构的地域范围，由经济特区扩展至大连、天津、青岛、南京、宁波、福州和广州 7 个沿海城市。1993 年，国务院颁布《关于金融体制改革的决定》，提出建立独立执行货币政策的中央银行宏观调控体系，建立政策性金融与商业性金融分离，以国有商业银行为主体、多种金融机构并存的金融组织体系。截至 1993 年底，外资银行在华设立了 76 家营业性机构，资产总额达 89 亿美元②。

（二）扩展阶段（1994~2000 年）

1994 年，我国颁布了第一部全面规范外资银行的法规《中华人民共和国外资金融机构管理条例》，规定了外资金融机构进入中国的准入门槛和监管标准等内容。1995 年，中国首家中外合资投资银行中国国际金融有限公司成立，该公司由中国建设银行与摩根士丹利等外资机构合资成立。1995 年 3 月通过的《中华人民共和国中国人民银行法》，首次以国家立法的形式确立了中国人民银行作为中央银行的地位；同年 5 月颁布的《中华人民共和国商业银行法》强调对商业银行经营自主权的保护。自此，我国银行业走上了法制化、市场化的轨道③。1996 年，中国人民银行发布《上海浦东外资金融机构经营人民币业务试点暂行管理办法》，放开了业务范围限制，外资金融机构经人民银行批准可经营存款、贷款、结算、担保、国债和金融债投资等业务。1999 年，取消对外资银行设立经营性机构的地域限制，允许在所有中心城市设立分支机构。1998~2001 年，我国取消外资银行区域限制，外资银行可在我国任何一个中小城市设立机构，并可以参与银行间拆借市场，银行业对外开放的空间范围和业务范围进一步扩大。截

①③ 樊志刚 . 改革开放 40 年中国银行业的发展［J］. 前线，2019（1）：25-28.

② 国家发展改革委宏观经济研究院对外经济研究所 . 开放：中国繁荣发展的必由之路［M］. 北京：人民出版社，2018.

至 2001 年底，外资银行经营性机构达 177 家，资产总额达 450 亿美元，总资产规模由 1991 年 42.9 亿美元升至 450.48 亿美元。

（三）加速开放阶段（2001~2012 年）

加入 WTO 后，我国分 5 年逐步开放中国对外资银行的限制。2001 年起，上海、深圳、天津、广州等 9 个城市取消了对外资银行的地理限制，2002 年，汕头、宁波、沈阳和西安的地理限制也已取消，在加入 WTO 后的五年内所有的地域性限制都被取消。2003 年后，建设银行、中国银行、工商银行、农业银行先后完成股份制改革和上市，四家大型国有商业银行实现了新的跃升和发展。2004 年，汇丰银行入股交通银行，从此外资银行开始入股中资银行。2006 年，《中华人民共和国外资银行管理条例》（中华人民共和国国务院令第 478 号）取消了对外资的地域和非审慎性限制，银行业实现了全面自由化，顺利兑现向世贸组织的承诺，中国继续对外投资保持开放态度，扩大了外资银行的范围。同年银监会颁布《中资商业银行行政许可事项实施办法》，规定单个中资商业银行投资入股比例不得超过 20%，多个投资入股比例合计不得超过 25%。此后，银监会进行了多版修订①，不断放宽准入门槛和持股比例限制。2007 年 6 月，外资银行发行了第一张标准的中国银行卡②。2007 年末，共有 25 家中资银行引入 33 家境外机构投资者，投资总额达 212.5 亿美元③。

（四）开放新阶段（2013 年至今）

2014 年 11 月，《国务院关于修改〈中华人民共和国外资银行管理条例〉的决定》放宽了外资银行准入条件，外资银行营业性经营机构由 2007 年的 280 家迅速增到 2012 年的 412 家。2017 年，党的十九大明确提出要推动形成全面开放新格局，第五次全国金融工作会议要求不断扩大金融对外开放。2017 年 12 月，银监会表示将积极稳妥推进银行业对外开放：一是将放宽对除民营银行以外的中资银行和金融资产管理公司的外资持股比例限制，实施内外一致的股权投资比例规则；二是放宽外国银行商业存在形式选择范围，促进国内金融体系多样化发展；三是扩大外资银行业务经营空间，取消外资银行人民币业务等待期，支持外国银行分行从事金融市场等业务；四是优化监管规则，调整外国银行分行营运资金管理要求和监管考核方式。2018 年 4 月，中国人民银行行长在博鳌论坛上宣布了进一步扩大金融业开放的具体措施和时间表，表示要大幅度扩大外资银行业务

---

① 中国银监会分别于 2013 年 11 月、2015 年 6 月和 2017 年 7 月对《中资商业银行行政许可事项实施办法》进行了修订，做出了取消中资商业银行在一个城市一次只能申请设立一个支行的限制性规定、明确外资银行入股条件等多项规定。

② 徐盼慧. 金融业开放对企业融资约束的影响［D］. 浙江大学博士学位论文，2021.

③ 连平，范林凯. 以扩大开放推动我国银行业稳健发展［J］. 银行家，2018（6）：11-13.

范围。至此，我国银行业扩大开放掀开了新的篇章①。2022 年 1 月，中国人民银行会同国家外汇管理局联合发布《关于银行业金融机构境外贷款业务有关事宜的通知》（银发〔2022〕27 号），将银行境外人民币和外汇贷款业务纳入统一管理，拓宽银行境外人民币贷款业务范围，进一步支持和规范境内银行业金融机构开展境外贷款业务。

在开放银行方面，2012 年，中国银行提出并于次年建立"中银开放平台"。2013 年，中银开放平台主要应用于银行内部信息交流，与目前的开放银行概念并不一致。中国真正意义上的开放银行起步较晚，直到 2018 年才正式进入发展元年，呈现"金融科技推动开放银行发展"的特征。2018 年 6 月 28 日，发改委、商务部联合印发的《外商投资准入特别管理措施（负面清单）》中，取消对中资银行的外资单一持股不超过 20%、合计持股不超过 25% 的持股比例限制，实现了银行业的一放到底。外资准入门槛的不断降低和持股比例限制的不断放宽，对完善国内金融机构内部公司治理，改善公司竞争能力发挥了重要作用②。

中国银行业实现了由大一统银行制到国家专业银行转变、由国家专业银行到国家独资商业银行转变、由国家独资商业银行到国有控股的股份制商业银行转变，最终形成了适应市场需要的多元化银行体系。银行业对外开放促进了银行业的体制改革与发展，并成功抵御了两次大规模国际金融危机的冲击。

二、证券

中国证券机构的开放在 1995 年中金公司成立时才得以开启。此后，境外机构在境内开展业务的准限制逐渐放宽。2002 年 7 月，我国规定外资参股境内证券公司的持股比例不得超过 33%。2007 年 5 月，中美第二次经济会谈结束，中方宣布将恢复对合资券商经营牌照的发放。2012 年第四轮中美战略与经济对话中，证监会宣布将外资在合资证券公司中的持股比例上限提高至 49%，其可经营的业务范围和申请条件也有所放宽。2017 年 11 月，财政部表示，单个或多个外国投资者对我国证券公司的投资比例限制放宽至 51%，标志着我国证券业开放进程的再次迈进。2018 年 4 月，中国证监会正式发布《外商投资证券公司管理办法》，明确规定符合条件的境外投资者可向证监会提交变更公司实际控制人或者设立合资证券公司的申请。2018 年 11 月，瑞银集团经核准变更为瑞银证券实际控制人，

①　连平，范林凯. 以扩大开放推动我国银行业稳健发展［J］. 银行家，2018（6）：11-13.

②　王爱俭，方云龙，王璟怡. 金融开放 40 年：进程、成就与中国经验［J］. 现代财经（天津财经大学学报），2019，39（3）：3-15.

标志着国内首家外资控股证券公司的设立，是我国证券业开放进程的重要里程碑。2018 年，该比例已放宽至 51%，同时，允许外资绝对控股合资证券公司、基金管理公司①。近年来，境内股票市场上各类外资持股占比增长较快，但仍处于较低水平（不足 4%）。根据国家外汇管理局统计数据，截至 2021 年 3 月 31 日，外资持仓中国股市的占比是 5%，日韩股市的这一比例则超过 30%。

相对于外商在境内设立机构的发展，境内机构在境外设立分支机构开展业务尚有较大发展空间。我国境内大概有 60 家证券公司、基金管理公司在境外设立、收购了子公司，多数注册地为香港地区。上海证交所、德意志交易所和中国金融期货交易所在法兰克福证券交易所下合资设立了中欧国际交易所。2018 年 10 月 24 日，青岛海尔成为首家在该市场发行上市 D 股②的公司。随着开放度的提升，外资进入境内股票市场渠道增加，便利性提高。国际股票指数纷纷将中国 A 股纳入样本，且纳入因子逐步提高。A 股被成功纳入到全球影响力最大的股票指数 MSCI 新兴市场指数后，因子从最初的 2.5% 提升至 20%；全球第二大指数公司富时罗素将 A 股纳入其全球股票指数体系，纳入比例逐步提升至 15%；标普道琼斯指数（S&P DJI）被纳入 A 股正式生效，纳入因子高达 25%。至此，三大国际指数均已将 A 股纳入。如表 3-1 所示。

表 3-1　证券业开放进程

时间	事件
1995 年 6 月	中国第一家提供投资银行服务的中外合资证券公司——中国国际金融有限公司成立
2001 年 12 月	我国加入 WTO，承诺将逐步对外开放证券业，并于当月宣布允许外国经纪机构不通过中介机构直接进行外汇标价 B 股交易
2002 年 6 月	《外资参股证券公司设立规则》发布，明确外资参股证券公司持股比例上限为 1/3
2002 年 11 月	日本内藤证券株式会社获准成为国内第一家直接获得 B 股席位的境外证券机构
2002 年 12 月	招商基金管理有限公司经中国证监会批准设立，我国第一家中外合资基金管理公司成立
2003 年 4 月	加入 WTO 后，我国首家中外合资证券公司华欧国际证券有限责任公司成立
2004 年 9 月	中国证监会颁布《证券投资基金管理公司管理办法》，于 10 月 1 日起正式实施
2007 年 5 月	我国允许外资证券机构进入中国证券市场，并逐步恢复其经营牌照的发放

---

① 李永森. 中国股票市场对外开放进入下半场 [J]. 中国外汇，2019（20）：40-41.
② D 股指注册在中国境内的股份有限公司在中欧所 D 股市场上市的股票。

续表

时间	事件
2012 年 10 月	证监会公布修改后的《外资参股证券公司设立规则》和《证券公司设立子公司试行规定》，将合资证券机构中外资的持股比例上限放宽至 49%
2013 年 8 月	香港与内地签订《关于建立更紧密经贸关系的安排》补充协议，允许符合资格的港资金融机构在沪、广、深设立两地合资的全牌照证券公司，港资持股比例放宽至 51%
2015 年 8 月	证监会启动合资券商审批工作
2016 年 3 月	首批合资全牌照商申港证券、华菁证券相继获得批准
2017 年 8 月	汇丰前海证券有限公司成立，成为内地首家港资控股证券公司
2017 年 11 月	中方决定将单个或多个外国投资者直接或间接投资证券、基金管理、期货公司的投资比例限制放宽至 51%
2018 年 4 月	人行行长易纲在博鳌论坛上宣布了 12 条金融业对外开放措施，将证券公司外资持股比例上限放宽至 51%，对开放路径以及时间作出规划
2018 年 4 月	《外商投资证券公司管理办法》发布，允许符合条件的境外投资者提交申请，变更为公司实际控制人或者设立合资证券公司
2018 年 11 月	中国证监会核准瑞银集团增持瑞银证券有限责任公司股比至 51%，变更为实际控制人，瑞银证券成为国内首家外资控股证券公司
2019 年 3 月	中国证监会公布，核准设立摩根大通证券（中国）有限公司、野村东方国际证券有限公司，外资持股比例均为 51%，我国外资控股券商已增至 3 家

资料来源：根据中国证监会网站证券业开放公告信息整理。

三、保险

作为我国金融业对外开放的"排头兵"，我国保险业对外开放进程持续深入推进，伴随一系列对外开放政策举措相继落地，保险业高质量发展呈现新局面，国际影响力不断增强。同时，随着企业国际化战略的推行，保险业走出国门的步伐也在加快。"十三五"期间，监管部门鼓励中资保险机构尝试多渠道、多层次"走出去"，扩大保险服务出口，为我国企业"走出去"提供风险保障。回顾中国保险业对外开放的历程，总结中国保险业在对外开放中取得的成就和经验，有利于我们在新形势下进一步做好保险业的对外开放工作。我国保险业的开放历程可分为初步准备阶段、繁荣开放阶段、全面开放阶段三个阶段。

（一）初步准备阶段（1978~2000 年）

1978 年以前，我国保险业整体发展速度缓慢。1978 年改革开放，我国经济形势发生巨大变化，金融业对外开放的进程也提上日程。在这一时期，一方面，"走出去"成为各大中资保险企业发展的主要目标；另一方面，"引进来"成为发展保险业的战略决策。

中国保险业开始有条不紊地恢复。1979 年 2 月，央行通过了关于恢复中国保险业务的决定。1979 年 9 月，上海、重庆、江西等地的国内的保险业务陆续恢复经营，新险种也接连开办，保险业逐渐复苏。1979 年 11 月，在北京召开的全国保险工作会议基本确定了有关保险业恢复的决定。1982 年，香港民安保险公司在深圳特区设立了分公司。由此可以视为特区在打破垄断、引入市场机制方面的一种先行先试。1982 年，全国的保险业务在财产保险先恢复的基础上，与人身保险的相关业务开始逐渐恢复。1985 年 3 月，《保险企业管理暂行条例》的颁布打破了保险业被国有企业独家垄断的局面，为增加市场经营主体、引入竞争机制提供法律规范准备。1986 年，新疆生产建设兵团的农牧业生产保险公司成立。紧接着"中国平安"与"中国太保"相继成立。随着保险业的经营和竞争主体的增加，我国保险业开始向多元化竞争格局的方向发展。

外资企业纷纷入驻，相关法律逐步完善。在国内保险公司繁荣发展、中国保险市场开始迸发出强劲潜力的同时，一些极具战略眼光的外资保险公司开始着手进入中国市场纷纷来华设立联络机构。1992 年，美国友邦保险公司在对外开放试点城市上海设立分公司，成为第一家外资保险公司，随后对外开放试点城市从上海扩大到广州、深圳等。瑞士再保险公司分别于 1995 年在北京、1996 年在上海设立代表处。这些外商保险机构在积极收集相关信息的同时与中国政府的保险机关及人保、太保、平安等保险公司保持联系和沟通。外商保险的加入，一方面增强了国内保险市场的活力，另一方面对企业学习国外先进管理和技术有着重要意义[①]。1995 年，《保险法》颁布，产寿险分业体制确立。至此，我国保险市场的总体架构体系基本完成，相关保险业的法律法规和监管体系日渐成熟，中外资企业如雨后春笋般接连成立，为我国加入 WTO 后保险业的大规模对外开放奠定了坚实基础。1996 年，中宏人寿在上海成立，这是中国第一家中外合资的寿险公司。此后试点城市逐步扩大至广州、深圳等。2000 年，我国保险市场监管体系逐步向国际看齐——原中国保监会加入国际保险监督官协会，意味着在保险服务业对外开放的过程中，我国不仅注重"引进来"，还兼顾"走出去"。

（二）繁荣开放阶段（2001~2017 年）

在经济全球化的大趋势下，市场的开放包括金融保险市场的开放是一个国家将自身纳入世界产业分工体系和全球产业链、价值链的必然要求。增强对外开放适应能力与合作能力的基础是对内开放程度和市场化进程的提高，因此，我国政府一直把金融市场包括保险市场的培育和发展作为建立市场经济体制的重要内

---

① 邢炜. 高水平开放背景下的中国保险业高质量发展［J］. 当代金融家，2019（8）：31-34.

容。加入世贸组织谈判、中美贸易谈判为我国国内金融保险业的市场化改革进程增添了压力和动力，增加了时间上的紧迫性和加速改革的要求。

我国加入 WTO 后，出于国家战略与利益的考量，决定将保险业作为金融排头兵率先实施对外开放。在企业设立方面，允许外资企业在华设立分公司或合资公司。在对经营区域的限制方面，允许外资企业首先在上海、广州、大连、深圳和佛山进行试点经营。在业务经营范围方面，对外资保险公司在华经营的保险种类采取随加入年份而逐步放宽的政策。在保险经营牌照的发放方面，对营业许可的发放不再设置数量限制并对设立外资保险机构的资格条件做出相应规划。

在资格准入放开的同时，外资保险企业监管的相关法律条文开始逐步完善。2001 年 12 月，《外资保险公司管理条例》颁布，初步构建了对外资保险公司的监管体系。为进一步规范和管理保险市场所存在的乱象，《保险法》在 2002 年和 2009 年进行了两次修改和更订。2006 年 7 月，交强险法律准则颁布，随后外资保险公司被允许经营交强险业务。随后，对外资企业的监管开始逐步规整化①。

同时，保险机构"走出去"也在这一时期取得了较大进展。我国保险业开放初期采取先行试点的模式，对外资进入保险业的各个环节采取谨慎态度，时刻遵循并践行对外开放的各项准则，在有效避免外资对国内保险公司产生的影响的同时引进了一批优秀的外资企业，同时国营保险公司在此阶段也纷纷上市。2003 年 11 月，中国人保财险在香港挂牌上市，成为国有金融企业在境外上市的第一股。此后，中国人寿、中国平安等保险公司陆续在中国香港、纽约上市，实现了资本持续补充和偿付能力的改善。2007 年，中国人寿、中国平安、中国太保相继成功登陆 A 股市场。2007 年 11 月，中国民营保险业巨头的"中国平安"收购欧洲富通集团，是中国首次市场化的大型并购案例。

党的十八大以后，监管部门推出一系列对外开放举措，保险行业改革创新更加主动。一是创新动能不断积聚，大数据、云计算、人工智能等新技术广泛应用，互联网保险业务快速发展，互联网保险公司应运而生，前沿技术引领车险费率等改革。二是保险结构更加优化，保障性业务回归主流，非车险业务异军突起，区域发展更趋协调。三是风险防范更加有效，保险业为经济社会提供风险保障，"偿二代"② 实施以来，偿付能力平稳运行，行业可持续发展基础更加牢固。四是对外开放程度加深，外资机构数量增加，业务总量增长。五是尝试普惠保

---

① 张浩 . 我国保险业对外开放历程回顾与经验总结［J］. 河北金融，2022（1）：65-69.

② "偿二代"，即中国第二代偿付能力监管体系。中国保监会在 2012 年初发布《中国第二代偿付能力监管制度体系建设规划（简称偿二代）》，提出要用 3~5 年时间，形成一套既与国际接轨又与我国保险业发展阶段相适应的偿付能力监管制度体系。

险，开展相互保险试点，2016 年信美人寿相互保险社、众惠财产相互保险社和汇友建工财产相互保险社 3 家相互保险公司相继获批①。

（三）全面开放阶段（2018 年至今）

2018 年，金融开放被再次提及，习近平在博鳌亚洲论坛中对保险业开放提出更高更快的要求。2019 年 7 月，李克强总理在夏季达沃斯论坛上表示对原有规定开放持股比例限制年份由 2021 年提前到 2020 年。由此可见，近些年国家战略上对保险业采取的总纲领依旧是加强对外开放，保险业的开放也成为我国全面对外开放环节中的重要一环。

另外，我国积极进一步放宽外资准入规则。2019 年 11 月 29 日，银保监会公布修订后的外资保险公司管理条例，进一步放宽对外资保险公司的限制。2019 年 12 月 6 日，银保监会进一步放宽合资寿险公司的持股比例，最高甚至可达 100%。此项试点工作进一步扩大了保险业的开放程度。

根据国家统计局数据，2010~2019 年，我国保险系统机构数量由 142 家上升至 235 家。其中，中外合资公司增加了 8 家。2020 年，中资保险公司原保险保费收入 4.17 万亿元，市场份额为 92.21%；外资保险公司 3524.44 亿元，市场份额为 7.79%，同比上升 0.62 个百分点。截至 2021 年 11 月末，保险业共有法人机构 238 家，总资产共计 24.6 万亿元，提供保险金额 10629.9 万亿元，保险资金通过多种方式为实体经济融资 20.4 万亿元，已经连续四年保持全球第二大保险市场地位。

---

① 付盛麟. 中国保险业改革开放 40 年回眸［J］. 时代金融，2019（8）：194-195.

第四章　中国金融开放的成就与经验总结

改革开放 40 多年来，中国取得了举世瞩目的发展成就，金融开放作为改革开放的重要组成部分发挥了重要作用，不仅构建了开放的现代化金融体系，促使金融竞争力显著提升，而且在经济转轨的过程中为经济发展提供了有力支撑。

第一节　中国金融开放成就

一、资本与金融账户

（一）资本项目进一步开放

资本项目的开放一般包括直接投资、证券投资及金融衍生工具市场的开放。近年来，我国资本项目总体开放程度较高。根据 IMF 数据，在七大类 40 项资本项目子项中，我国有 37 项实现了不同程度的开放，3 项暂未开放，无完全开放的项目。

1. 直接投资规模显著增加

2021 年，我国全年实际使用外资达 1809.6 亿美元的历史最高水平，增速为 21.2%，2022 年首次突破 1.2 万亿美元；新设外资企业 4.8 万家，同比增长 23.5%，实现引资规模和企业数量"双增长"。实际使用外资占全球跨国投资的比重从 2017 年的 8.3% 波动上升至 2021 年的 11.4%①。

2021 年，世界经济增长 6.1%，全球外国直接投资强势反弹，流出流量达

---

① 中华人民共和国商务部. 中国外商投资报告 2022［EB/OL］. http：//wzs. mofcom. gov. cn/article/ztxx/202301/20230103377273. shtml.

1.7 万亿美元，较 2020 年增长 119%，较 2019 年增长 52%。我国对外直接投资流量 1788.2 亿美元，比上年增长 16.3%，位列世界第二。对外直接投资累计净额 27851.5 亿美元，其中，股权投资 15964 亿美元，占 57.3%；收益再投资 8932.3 亿美元，占 32.1%；债务工具投资 2955.2 亿美元，占 10.6%[①]。

分行业看，我国对外投资结构不断优化。2021 年，中国对外直接投资涵盖国民经济的 18 个行业大类，其中，近八成投资流向租赁和商务服务、批发和零售、制造、金融、交通运输领域。2021 年末，租赁和商务服务、批发和零售、金融、制造等行业投资存量均超千亿美元。

2021 年，地方企业对外非金融类投资 877.3 亿美元，占 57.7%，地方企业对外投资活跃。2021 年末，地方企业在境外设立非金融类企业数量占比达 86.3%，广东、上海、浙江位列前三。2021 年，对外投资带动货物出口 2142 亿美元，比 2020 年增长 23.3%；带动货物进口 1280 亿美元，较 2020 年增长 44%。当年境外企业向投资所在地纳税 555 亿美元，比上年增长 24.7%；为当地提供约 395 万个就业岗位[②]。

2. 资本市场互联互通越发成熟

我国资本市场开放是以加强资本双向流动，降低国家融资成本，提升金融市场效率为目标，总体布局国内外金融市场互通互联的[③]。中国资本"走出去"，有利于境内机构扩张海外业务，增强中国企业和中国金融市场的国际吸引力，加强与境外资本市场的交流与合作也是提升中国金融市场国际地位的重要途径。

进入 21 世纪，我国资本市场高速发展，逐渐走向成熟。近年来，我国资本市场对外开放举措不断，多项改革持续推进，境内外市场加强互联互通，进一步推进资本市场双向开放，稳步推进资本市场国际化进程。目前，中国资本市场已经成长为世界第二大市场。

3. 证券投资发展速度较快

我国证券市场起步较晚，但发展较快。2000~2021 年，我国境内上市公司数量从 1086 家增至 4154 家，总市值从 3 万亿元增至超过 80 万亿元，流通市值从 9600 亿元增至 75 万亿元。股票类、债权类、集体投资类项目及金融衍生品方面均取得一定进展。一是股票类项目部分实现可兑换。一级市场方面，境内企业在

---

① 中华人民共和国商务部，国家统计局，国家外汇管理局 . 2021 年度中国对外直接投资统计公报[M]．北京：中国商务出版社，2022.

② 中国对外直接投资流量 1788.2 亿美元金融等领域流量超百亿［EB/OL］．https：//baijiahao. baidu. com/s？id＝1748820003692893735&wfr＝spider&for＝pc.

③ 刘伟，邓斌，边江泽 . 当前沪深港通运行机制与中国资本市场双向开放［J］．清华金融评论，2018（5）：55-58.

境外股票交易所上市基本不受限制，香港联合交易所和纽约证券交易所成为境内企业上市的主要目的地。二级市场方面，境内外双向投资可通过合格机构投资者实现。沪港通、深港通和沪伦通开通，普通机构投资者和合格个人投资者可以参与境内外双向投资。二是债券类项目基本实现可兑换。2005 年，首批境外机构投资人进入我国银行间债券市场。经过发展，境外机构投资者范围逐步扩大。截至 2021 年末，共有 1016 家境外机构投资银行间债券市场，全年债券投资流入8.11 万亿元，流出 7.42 万亿元，净流入 6876.43 亿元①。债券发行方面，银行间市场熊猫债发行主体已涵盖境外货币当局、国际开发机构、境外商业银行和境外非金融企业②。熊猫债的发行规模持续扩大，截至 2022 年底，境外机构累计发行熊猫债 369 只，发行规模超 5900 亿元。三是集体投资类证券项目部分实现可兑换。2015 年 7 月，内地与香港公开募集证券投资基金互认工作正式实施③。2015 年，第 31 届国际货币与金融委员会系列会议确定，人民币资本项目开放的目标是"有管理的可兑换"。四是金融衍生品开放步伐明显加快。2015 年后，我国金融衍生品项目开放步伐加快，商品期货期权国际化品种增至 9 个。2021 年 8月，香港证监会批准香港交易所推出 A 股指数期货，为境外投资者投资 A 股市场提供了良好的风险管理工具。

（二）人民币国际化影响力提升

1. 汇率制度更为灵活

在过去的几年中，我国在跨境资本流动方面进行多项改革，包括直接资本流动管理及通过证券市场、资本市场的间接改革，进一步提升了资本开放度。2017年 5 月，人民币汇率形成机制正式形成"收盘价+篮子货币+逆周期因子"三足鼎立的局面，标志以市场供求为基础、参考一篮子货币进行调节、有管理的浮动汇率制度基本建立。人民币汇率形成机制更加遵循价值规律，汇率弹性显著增强，将外汇市场从不可持续的干预和强制外汇管制中解放出来，放手发展在岸国际金融城市，摆脱对离岸金融中心的依赖，对人民币国际化、改善中国经济的内外平衡、完善国内资本市场和抵御外部金融危机都具有重要意义。

2. 人民币国际化进程稳步推动

1993 年，我国开始了人民币国际化的探索。经过 20 多年的发展，人民币国

① 2022 年人民币国际化报告［EB/OL］. http：//www.gov.cn/xinwen/2022－09/24/content_ 5711660. htm.

② 王兆星. 不断完善金融基础设施　促进债券市场高水平对外开放［J］. 债券，2021（11）：7-10.

③ 叶辅靖，原倩. 我国金融开放的历程、现状、经验和未来方向［J］. 宏观经济管理，2019（1）：21-27.

际化取得了重大进展。2016 年 10 月，人民币加入特别提款权一篮子货币①后，国家进一步强化人民币支付结算与计价标准职能，助推人民币向国际货币迈进。根据中国人民银行数据，2021 年银行代客人民币跨境收付金额合计为 36.6 万亿元，同比增长 29.0%，收付金额创历史新高。环球银行金融电信协会（SWIFT）数据显示，人民币国际支付份额于 2021 年 12 月提高至 2.7%，超过日元成为全球第四位支付货币。IMF 官方外汇储备货币构成（COFER）数据显示，2022 年第一季度，人民币在全球外汇储备中的占比达 2.88%，较 2016 年人民币刚加入特别提款权（SDR）货币篮子时上升了 1.8 个百分点，在主要储备货币中排名第五。2022 年 5 月，IMF 将人民币在 SDR 中的权重由 10.92%上调至 12.28%。截至 2021 年末，共有境内外 1259 家机构通过直接或间接的方式接入人民币跨境支付系统（CIPS)②。在计价标准职能方面，人民币国际化主要表现为金融产品计价和贸易计价③。在金融产品计价方面，截至 2019 年末，境外主体持有境内人民币股票、债券、贷款及存款等金融资产金额合计 6.41 万亿元，同比增长 30.3%。在贸易计价方面，2020 年，经常项目下跨境贸易人民币结算金额 6.77 万亿元，同比增长 12.09%，占中国对外货物和服务进出口总额的 18.44%。

（三）试点突破稳中有序

自由贸易试验区（Free Trade Zone，以下简称自贸区）指在贸易和投资等方面比世界贸易组织有关规定更加优惠的贸易安排，在主权国家或地区的关境以外，划出特定的区域，准许外国商品豁免关税自由进出。

在我国金融改革和开放的推进中，自贸区发挥了积极有为、大胆尝试的精神，成为金融开放的"试验田"。

上海自由贸易试验区通过不断地先行先试和改革创新，探索出一批可复制可推广的经验做法，取得了一定的成果④。2013 年 12 月，上海在金融领域的自由贸易账户、跨境投融资便利化、人民币资本项目一体化等重大领域开展试点改

---

① "货币篮子"指作为设定汇率参考的一个各国货币组合，是由多种货币按一定比重所构成的一组货币，这个组合好比一个盛放各种货币的"篮子"，其中某一种货币在组合中所占的比重通常以该货币在本国国际贸易中的重要性为基准。

② 2022 年人民币国际化报告［EB/OL］. http：//www. gov. cn/xinwen/2022－09/24/content_ 5711660. htm.

③ 周先平. 国际贸易计价货币研究述评——兼论跨境贸易人民币计价结算［J］. 国外社会科学，2010（4）：129-135.

④ 刘向东. 上海自贸区：携手商业银行，积极探索金融开放新路径［J］. 现代商业银行，2020（11）：50-53.

革①，对标国际高标准，借助金融开放前沿阵地的优势，在投资自由、贸易自由、资金自由、运输自由、人员从业自由五方面进一步突破，试验层次不断提高、试验领域逐渐拓展、试验力度持续加大。2018 年 6 月，上海在涵盖了吸引外资金融机构集聚、便利外资金融机构落户等六个方面进一步扩大金融开放②。2022 年 7 月，上海提出实施资金收付更加便利的跨境金融管理制度体系，探索推动自由贸易账户、人民币跨境使用、资本项目可兑换、融资租赁、跨境资产转让等领域金融政策及业务创新试点。在上海自贸区金融改革和开放的支撑下，作为中国金融开放的前沿，上海国际金融中心建设实现了跨越式发展，全球金融中心指数（GFCI）排名从 2015 年的第 21 位升至 2022 年的第 4 位，国际地位不断增强。

上海自贸区金融开放政策的成功探索，为其他自贸区建设树立了标杆，湖北、江苏、广西、海南等自贸区开启了金融开放的探索。自贸区在金融开放进程中具有重要意义，将通过更大范围、更广领域、更深层次的改革探索，推动加快形成更高水平的金融开放。

二、金融服务业

（一）逐步放宽外商投资限制

2018 年 6 月，发改委、商务部联合印发《外商投资准入特别管理措施（负面清单）》，取消对中资银行的外资单一持股不超过 20%、合计持股不超过 25% 的持股比例限制；将证券公司、证券投资基金管理公司、期货公司、寿险公司外资股比放宽至 51%，到 2021 年全部取消外资股比限制③。2020 年初，在原定计划的基础上，证监会提前一年放开证券、基金和期货经营机构外资股比限制，外资机构在经营范围和监管要求上均实现国民待遇，摩根大通、瑞银证券等 11 家外资控股或全资证券基金期货公司相继获批。2020 年 7 月，证监会修订规则，允许符合条件的外国银行在华分行和子行申请基金托管资格，净资产等财务指标可按境外总（母）行计算。截至 2021 年 8 月，已有花旗银行等 3 家外资银行在华子行获得基金托管资格。2020 年 11 月，我国开始实施合格境外投资者新规，进一步降低了境外投资者准入门槛，扩大了可投资范围，更加便利外资投资操作。

---

① 中国人民银行. 关于金融支持中国上海自由贸易试验区建设的意见（银发〔2013〕244 号）〔Z〕. 2013.

② 中国（上海）自由贸易试验区关于扩大金融服务业对外开放 进一步形成开发开放新优势的意见（中（沪）自贸管〔2018〕66 号）〔Z〕.

③ 王爱俭，方云龙，王璟怡. 金融开放 40 年：进程、成就与中国经验〔J〕. 现代财经（天津财经大学学报），2019（3）：3-15.

（二）中外金融机构规模扩大

外资金融机构在华的机构数量、总资产规模不断扩大。在银行机构方面，我国银行业在对外开放的过程中加快了市场化改革步伐，一批外资银行作为战略投资者开始入股中资银行。截至 2020 年底，外资银行在中国境内法人机构数达 41 家，营业机构总数 946 家，总资产规模由 2015 年的 2.68 万亿元增至 3.78 万亿元。在保险机构方面，国内放开外资非寿险、寿险、再保险、保险经纪公司的进入，仅通过在机构设立、业务范围、地域及业务许可等方面设置门槛对外资公司进行管控。截至 2020 年底，境外保险机构在华共设立 66 家外资保险机构，117 家代表处和 17 家中介机构，总资产规模 1.71 万亿元，近三年来年均增长超 20%①。在证券机构方面，2020 年外资参股公司数快速上升，2021 年以来，摩根大通（中国）、高盛（中国）两家外资全资证券公司及富达、路博迈两家全资基金管理公司设立。截至 2021 年底，已有 9 家外商控股公司，金融机构整体布局加速推进。

中资金融机构在全球金融领域的影响力不断提升。以银行业为例，2011 年以来，中国银行、工商银行、农业银行和建设银行相继入选全球系统重要性银行名单。截至 2020 年底，中国 5 家大型商业银行在境外设立分支机构数达 1281 家，网点数量达 166.9 万个，资产规模达 13.03 万亿元，目前网点在亚洲、欧洲、北美洲已实现主要国家全覆盖，在南美洲通过自设、并购等方式辐射范围逐步扩大，在非洲已突破"零布局"②。

（三）积极推动金融开放合作

我国始终积极参与二十国集团（G20）、国际货币基金组织（IMF）、国际清算银行（BIS）、金融稳定理事会（FSB）、多边开发银行等机制，全方位、多层次、主动务实地推进国际金融合作，促进全球经济增长，维护国际金融稳定。

在推动绿色金融方面，我国积极参与全球经济治理和政策协调。一是凝聚国际共识。2016 年，在我国担任 G20 主席国期间，中国人民银行首次将绿色金融引入 G20 议题，之后作为 G20 可持续金融工作组共同主席，于 2021 年与各国共同制定《G20 可持续金融路线图》，为引导国际市场资金支持应对气候变化提供重要指引。二是深化研究合作。2017 年，中国人民银行与法国央行等多家机构共同成立央行和监管机构绿色金融网络（NGFS），探索评估和管理气候变化风险。三是促进标准联通。与欧盟联合发布《可持续金融共同分类目录》，推动绿色标准兼容、便利绿色资金跨境流动。四是完善"一带一路"投融资体系。中

---

① 银保监会官网，http://www.cbirc.gov.cn。
② 资料来源：中国银行、工商银行、建设银行、农业银行及交通银行年报。

国人民银行贯彻"共商、共建、共享"理念，不断完善市场化、多元、开放、绿色的"一带一路"投融资体系。

在经济开放共建方面，我国身体力行推动多边合作发展。一是与国际金融公司、欧洲复兴开发银行、非洲开发银行等多边开发机构开展联合融资，建立中国—IMF 联合能力建设中心，为共建国家进一步完善宏观经济金融政策框架提供智力支持。二是发起《"一带一路"绿色投资原则》，推进中外金融机构支持共建"一带一路"绿色发展。三是坚持"企业主体、市场运作、互利共赢"原则，督促金融机构在防范风险的基础上为共建"一带一路"提供丰富的金融产品和服务。四是建成人民币跨境支付系统（二期），持续推进本币债券市场对外开放，鼓励金融机构开展股权投资，推动完成丝路基金增资 1000 亿元。

第二节　中国金融开放的经验总结

一、解放思想推动金融开放

金融改革首先是思想观念的改革。1992 年，邓小平"南方谈话"极大地解放了社会思想，为中国经济体制改革和经济发展指明了方向。1993 年，党和国家从顶层设计上完成了我国金融业开放发展的政策初探，作出推进人民币国际化、促进外汇管理体制市场化改革、实现人民币经常项目有条件可兑换等多项决定。2001 年，我国加入世界贸易组织，金融开放迈上了新台阶。

党的十八大以来，以习近平同志为核心的党中央以更大的政治勇气和政治智慧推进金融开放，对全面深化改革作了总体部署。2017 年，习近平在党和政府召开的一系列重要会议上高度评价了全面提升金融开放水平的重要意义，反映了党中央全面提升金融开放水平的决心，也提出了新时代金融开放的具体要求。党的十九大提出"建设现代化经济体系""推动形成全面开放新格局"。党的二十大提出"坚持深化改革开放""深入推进改革创新，坚定不移扩大开放""深化金融体制改革""有序推进人民币国际化"，这一切的目的正是"构建高水平社会主义市场经济体制"和"推进高水平对外开放"。扩大金融业对外开放是中国对外开放的重要方面，我国金融对外开放正是高质量建设社会主义现代化国家的生动体现。

二、循序渐进把控开放策略

我国在金融开放的过程中，始终根据经济发展阶段、宏观调控水平和金融监管能力，坚持先易后难、循序渐进、有的放矢的金融开放策略，分阶段、有步骤地推进金融开放①。

一方面，体现在资本与金融账户开放及其配套机制市场化改革的渐进性。在资本项目开放过程中，我国实行的是渐进推进，即"先流入后流出、先长期后短期、先直接后间接、先机构后个人"的开放方式。自 2011 年起，重点提高了"资本市场证券交易""直接投资"和"金融信贷"三大类项目的可兑换程度，各种资本市场互通业务成为境外市场主体进行人民币投资和资产配置的主要渠道。在利率市场化过程中，我国遵循"先贷款后存款、先大额后小额，先外币后本币"的渐进性原则，逐步放开存贷款利率的上下限。人民币国际化进程亦是如此，首先实现人民币经常项目有条件可兑换，其次实现人民币经常项目下完全可兑换，再次是人民币资本项目部分项目兑换，最后完成放开资本项目外汇管制的"惊险一跃"。另一方面，体现在金融服务业开放的渐进性。我国对金融机构的开放经历了从放开业务到放开股权投资的渐进性过程，对外资持股比例经历了从下限到上限，再到完全放开的渐进过程。

三、始终坚持"先试点，后推广"

"先试点，后推广"是我国改革开放以来形成的一条极具中国特色的发展经验。运用"先试点，后推广"的方法，我国有效地选择合适的开放窗口、开放平台和开放框架，推动了我国金融体系竞争力稳步提高，促进金融开放水平的有序推进，守住了不发生系统性金融风险的底线②。

金融机构开放方面，2004 年，交通银行率先垂范，按照"重组—引资—上市"三部曲的流程成功上市③。交通银行的成功上市为其他国有银行提供了经验。在利率市场化改革方面，2002 年 3 月，我国按照"先外币，后本币；先贷款，后存款；先长期、大额，后短期、小额"的顺序在 8 家县市农村信用社④拉

---

①② 国家外汇管理局外汇研究中心课题组．我国金融市场开放的七大经验［J］．中国外汇，2021（13）：88-90.

③ 朱盈盈，曾勇，李平，何佳．中资银行引进境外战略投资者：背景、争论及评述［J］．管理世界，2008（1）：22-37+56.

④ 这 8 个县市农村信用社分别是浙江省瑞安市信用联社和苍南县信用社、黑龙江省的甘南县信用联社、吉林省的通榆县信用社和洮南市洮府信用社、福建省的连江县信用社和泉州市的泉港区信用社、内蒙古自治区的扎兰屯市信用联社。

开帷幕，在农村信用社的试点工作取得一定成绩后又将改革推向商业银行。在人民币国际化方面，1993 年实现人民币经常项目有条件可兑换后，银行结售汇主体缺少外资机构成为阻碍人民币经常项目可完全兑换的最大障碍①，审慎起见，国家先对"一省三市"②启动外资机构结售汇试点，条件成熟后于 1996 年 7 月 1 日在全国推广，实现了人民币经常项目下可完全兑换。

进入金融开放的新时期，我国加快建设海南自贸区、北京自贸区及大湾区，使其成为新一轮人民币国际化、资本账户双向开放的试点区，继续应用"先试点，后推广"的工作方法。2019 年 8 月，提出新片区应进一步强化自贸区在增强跨境金融服务能力、推动科技研发进程等方面的积极效应，以充分发挥开放型经济的集聚功能③。2020 年 5 月，实施"跨境理财通"业务试点等金融开放举措，推动内地与港澳金融市场的互联互通，提升金融市场的双向开放水平④。2021 年 9 月，明确深化金融领域开放创新，并在扩大金融领域开放、促进金融科技创新、强化金融服务实体经济等方面制定了具体措施⑤。

四、服务国内经济发展目标

我国牢牢把握"金融开放服务国家经济社会发展目标"这一基本方向，紧扣经济社会发展的主要矛盾和阶段性目标进行谋划，金融服务实体经济的能力不断增强。

改革开放初期，金融开放主要围绕加大外资利用力度、积累外汇储备以配合国家经济建设开展工作。加入 WTO 以来，我国经济社会发展的目标和任务发生明显变化，更加注重增强金融业的总体实力和国际竞争力，进一步推动金融服务实体经济，更好地服务"引进来"和"走出去"双向开放进程。2008 年，金融危机波及全球，国内经济增长出现波动，为摆脱困境，我国统筹国际国内市场，实施了一系列政策，如采取逆周期政策以保障经济的平稳发展。面对人民币升值压力，我国加快汇率机制的改革进程，发展规避利率、汇率风险的金融衍生产品市场。进入新时期，金融开放强调以服务实体经济为本，以金融体系结构调整优化为重点，优化融资结构和金融机构体系、市场体系、产品体系，为实体经济发展提供更高质量、更有效率的金融服务。经过努力，我国金融体系不断健全，金融市场效率稳步提高，市场配置资源能力不断增强，资本市场发生深刻的结构性

---

①　金明. 人民币实现经常项目可兑换的历程及经验［J］. 南京金专学报，1997（1）：9-11+17.

②　"一省三市"指江苏省、深圳市、上海市和大连市。

③　国务院. 中国（上海）自由贸易试验区临港新片区总体方案（国发〔2019〕15 号）［Z］.

④　央行等四部委. 关于金融支持粤港澳大湾区建设的意见（银发〔2020〕95 号）［Z］.

⑤　国务院. 中国（北京）自由贸易试验区总体方案（国发〔2020〕10 号）［Z］.

变化，金融服务实体经济的能力显著增强。

五、积极吸收借鉴国外经验

我国在金融开放的过程中，坚持立足国情，从实际出发，积极借鉴、吸收国外金融开放的经验，努力做到"以我为主，为我所用"。

宏观战略上，我国积极吸取和借鉴一些发达国家金融开放的成功经验，在条件成熟、做好充分准备的情况下开始金融开放政策的尝试。另外，我国吸收墨西哥、泰国等国金融开放的教训，始终注意把控开放节奏，在保证国家金融安全、经济稳定的条件下，审慎推进金融开放。

微观方法上，我国将这些经验应用到具体实践中。例如，澳大利亚在金融开放政策推行前，做了充足的准备，包括建立与金融开放相适应的金融法规，整合国内银行业机构、完善应急措施等，这些政策的出台为其顺利推行金融开放发挥了重要作用①。我国在金融开放初期借鉴了上述做法，如成立四大资产管理公司剥离国有银行的不良资产，提升国有银行的市场竞争力，为推进银行业开放奠定了基础；制定《中资商业银行行政许可事项实施办法》等金融法规，对外资金融机构进行一定的管制；参考国际经验，对结售汇头寸进行正负区间管理，并且允许银行持有隔夜的美元兑人民币短头寸，对活跃外汇市场、增强银行管理能力发挥了重要作用。

六、稳妥处理开放安全关系

金融安全事关国家主权安全，金融安全的背后是大国的政治博弈和国家利益，应该把维护金融安全作为治国理政的一件大事②。在金融开放的过程中，党中央明确要求"确保不发生系统性金融风险"。习近平总书记强调，"防范化解金融风险，事关国家安全、发展全局、人民财产安全，是实现高质量发展必须跨越的重大关口"。金融开放绝不是简单地实现金融自由化、放弃金融监管，相反，金融开放与金融监管两者相互促进，保障金融安全是金融开放的前提。在金融开放的过程中，我国始终积极平衡金融开放和金融监管的关系。2018 年，我国形成"一委一行两会"③的金融监管新格局，监管模式也从分业监管向功能监管、

---

① 陆人．可供借鉴的经验——澳大利亚、新西兰金融开放政策一瞥［J］．中国金融，1987（2）：54-55.

② 李晓安．开放与安全：金融安全审查机制创新路径选择［J］．法学杂志，2020，41（3）：7-17.

③ 2018 年两会上，国务院公布机构改革方案，银监会与保监会整合组建中国银行保险监督管理委员会，简称银保监会，与中国人民银行、证监会合称"一行两会"，共同接受国务院金融稳定发展委员会的监管协调。

行为监管升级。金融开放 40 多年，我国始终没有发生系统性、全国性的金融危机，这正是因为我国在推进金融开放的过程中，始终平衡金融监管和金融开放关系，坚持有底线的开放，在维护金融安全的前提下，充分发挥金融开放的经济增长效应、推动经济高质量发展。

第三节　我国金融开放的未来趋势

当前，世界百年未有之大变局加速演进，新一轮科技革命和产业变革深入发展，国际力量对比深刻调整，我国发展面临新的战略机遇。同时，世界疫情影响深远，逆全球化思潮抬头，单边主义、保护主义明显上升，世界经济复苏乏力，局部冲突和动荡频发，全球性问题加剧，世界进入新的动荡变革期。在复杂多变的国际局势下，我国稳步推进金融开放，任重而道远。

一、推动制度型高水平开放，积极参与全球规则制定

制度型开放是我国实现高水平对外开放的重要标志，建立与国际通行规则相互衔接的开放型经济新体制，构建高标准国际化经贸规则体系是我国新一阶段金融开放的必然趋势。2018 年，中央经济工作会议指出，"要适应新形势、把握新特点，推动由商品和要素流动型开放向规则等制度型开放转变"。新一轮金融开放需要更加注重完善资本市场基础制度，提高资源配置效率，与国际金融市场深度接轨，进一步提高参与国际金融的治理能力。

高标准制度型开放的过程中，最突出的是规则制定。加入 WTO 后，我国开始参与、影响、促成国际经贸规则谈判。近年来，发展中国家和新兴市场国家力量不断壮大，传统国际经济治理秩序无法有效反映发展中国家的合理诉求，亟待变革。同时，新产业、新技术、新业态、新模式不断涌现，新兴领域许多规则正处于创制期，主要国家围绕新兴领域国际经贸规则制定展开激烈博弈。现今，我国综合国力和国际影响力显著提升，我国应积极转变角色，从经贸规则的旁观者、追随者转向参与者、引领者，推动完善国际经济治理体系。参与、引领国际经贸规则制定，一要积极维护以 WTO 为核心的多边贸易体制，推动现行世界贸易体系中的必要改革。二要利用好共建"一带一路"、双边和区域自贸协定谈判等平台和契机，积极组织诸边经贸规则谈判，扩大同各国利益的汇合点。三要注重用"共商共建共享"的全球治理观凝聚共识，用"开放、包容、普惠、平衡、共赢"的新型全球化理念弥合分歧，充分发挥协调、引领作用，维护发展中国家

的平等发展权，维护高标准经贸规则的包容性、公平性和普惠性，助力全球治理朝着更加公正合理的方向发展①。

二、打造高质量开放"试验田"，优化细化深化开放战略

打造高质量开放"试验田"，升级深化试点战略空间，通过试点区先行先试，为高水平的金融开放积累经验。

其一，上海国际金融中心建设要迈向更高能级。上海自贸区、上海国际金融中心要加快对外开放的探索，继续成为我国金融开放的"排头兵"和"先行者"。上海自贸区应建设与国际接轨的规则体系、发展金融科技、研究推出人民币利率期权等，加快上海金融业在更高水平上的对外开放②，支持上海临港新片区建设更高水平开放型经济新体制，在开展高水平跨境贸易投资、高水平外汇管理等方面进行更多的探索③。

其二，粤港澳大湾区要建设成为新的金融枢纽。粤港澳大湾区具备"一个国家、两种制度、三个关税区、四个核心城市"④的背景优势，将大湾区打造成为国际金融枢纽，将会引领新一轮的金融开放。2020年，中国人民银行等四部委从促进粤港澳大湾区跨境贸易和投融资便利化、扩大金融业对外开放、促进金融市场和金融基础设施互联互通、提升粤港澳大湾区金融服务创新水平、切实防范跨境金融风险五个方面提出26条具体措施⑤。大湾区应探索提升人民币国际化水平的多种路径，在该区域金融机构融合与市场融合中取得突破，在建立与跨境金融创新相适应的监管体系方面进行更多尝试。

三、人民币国际化水平提升，跨境支付结算应用广泛

稳步提升人民币国际化水平是我国推动金融开放的重要战略举措和重要标志，同时是我国建设国际金融中心的重要基础。现阶段，我国金融开放的目标之一是提高人民币国际地位，扩大人民币支付结算应用范围。着眼未来，人民币国际化发展正逢其时。

第一，国际货币体系的既有秩序正在发生根本性的结构变革。国际货币体系

① 郝身永．以制度型开放增强发展新优势［N］．中国社会科学报，2023-02-16（001）．

② 关于进一步加快推进上海国际金融中心建设和金融支持长三角一体化发展的意见（银发〔2020〕46号）［Z］．

③ 中国（上海）自由贸易试验区临港新片区促进离岸贸易高质量发展的若干措施（沪府发〔2022〕8号）［Z］．

④ 三个关税区为中国广州、中国香港和中国澳门；四个核心城市为深圳、广州、香港、澳门。

⑤ 关于金融支持粤港澳大湾区建设的意见（银发〔2020〕95号）［Z］．

格局正在改变，"货币断层线"① 上的国家去美元化、去欧元化、本币结算的趋势日益明显，印度尼西亚、土耳其、阿联酋、伊朗和俄罗斯等国在不同程度上构建本币结算体系或联合银行间支付系统。与此同时，我国是全球第二大经济体并拥有全球最大的消费市场，随着我国经济发展和对外开放程度的提高，人民币在跨境支付中扮演的角色日益重要，国际货币体系的变革将有助于扩大人民币跨境系统的影响。

第二，人民币数字化将为人民币国际化的长期发展提供支撑。伴随着全球数字技术和数字经济的不断发展，各国央行加快数字货币发行。我国在推进人民币数字化进程中取得显著成就，在大国中表现最为活跃。从中长期看，数字人民币的发行和使用能够增强人民币的使用便捷性及竞争力。随着我国经济实力和综合国力的进一步增强、贸易和金融开放度的提升、跨境支付结算体系的完善，数字人民币在人民币国际化进程中可以起到促进作用。在更远的未来，随着数字货币在全球的普及和应用，其技术竞争、设计方案竞争及应用场景竞争可能会异常激烈，届时数字人民币的技术实力将与中国经济、贸易、金融实力一道，成为决定人民币国际化程度的关键因素②。

四、数字化新赛道势不可当，金融科技成为关键力量

数字经济发展速度之快、辐射范围之广、影响程度之深前所未有，正在成为重组全球要素资源，重塑全球经济结构，改变全球竞争格局的关键力量。在这样的趋势下，科技与金融正在加速融合，金融科技成为金融开放高水平发展新的驱动力。在金融科技发展的初级阶段，区块链、大数据、物联网等金融科技重塑了传统的金融业务，金融服务的半径有效延伸，效率大大提升。在金融科技发展的新阶段，金融科技将继续助推金融创新的模式升级换代。《中华人民共和国国民经济和社会发展第十四个五年规划和 2035 年远景目标纲要》指出，要"稳妥发展金融科技，加快金融机构数字化转型"。多元化的技术投入给金融机构带来数字化水平的持续提升，场景产业的跨界融合给金融机构带来业务的新增量，金融创新催生金融业差异化竞争，为金融机构"走出去"提供了信心和实力保证。

科技为金融监管赋能，也保证了金融开放的行稳致远。在金融开放不断深化的过程中，金融风险的防范趋于复杂。监管机构需要不断完善与开放相适应的金

---

① 货币断层线（Fault Line of Currencies）从黑海之滨掠过东地中海，一路向东向南，经波斯湾，再到南亚次大陆，直至巽他海峡。

② 刘凯，郭明旭. 数字人民币与人民币国际化［EB/OL］. http：//www.eeo.com.cn/2022/0505/533152.shtml.

融风险防控体系，提高金融监管的专业性和有效性，提高防范和化解重大风险的能力，使监管能力与开放水平相适应。应加强科技赋能监管，使金融监管从"资源驱动"转向"科技驱动"，基于高质量数据的智慧监管方式将成为未来必然的发展方向。

第五章　世界其他国家金融开放的经验与启示

第一节　英国金融开放历程

一、英国金融开放历程

英国金融开放政策最早可追溯到 19 世纪。19 世纪前，欧洲各国主要奉行重商主义。重商主义重视财富的积累，鼓励外国货币的流入，限制本国货币的流出，同时在贸易上主张多出口少进口，最终实现货币财富的绝对积累。16~18 世纪，英国的贸易政策基本上奉行重商主义。以亚当·斯密为代表的古典主义学派认为，财富来自生产，而不是流通，应鼓励自由贸易和自由竞争，并建立自由市场。自由贸易政策推动下的贸易和资本的自由流动极大地促进了英国对外贸易的发展，将英镑带向了全世界，也促使英国逐渐成为世界经济和金融中心，英镑成为能够与黄金等价的货币。

两次世界大战的爆发对英国的经济和金融造成了严重破坏，且"二战"后英国工党政府推行的企业国有化也抑制了英国金融业的发展。1947 年，为兑现 1946 年美国提供贷款时签订的协议，英国在国内经济尚处于价格管控、必要物资仍需大量从美国进口的情况下，强行实现了资本账户可兑换，导致资本大量外流，外汇储备在数周内消耗殆尽，英国被迫停止了资本账户的可兑换。

此后，在 20 世纪 60 年代前，英国处于严格的资本管制状态。与此同时，美国及部分欧洲国家正在进行经济自由化改革，外汇管制逐渐被取消，改革效果显著，特别是德国、日本等国，在美国的援助下经济快速恢复并实现增长，逐渐超过英国。为此，英国国内各方利益集团不断向政府施压，游说政府进行金融开放改革。于是，英国进行了一次大刀阔斧、一步到位的开放性改革。在利率方面，英国主要通过银行间的利率协议实行利率管制。1971年，英格兰银行公布《竞争与信用管制》，废止对银行贷款的数量控制，废止银行间和贴现机构之间的存贷款利率协定，不再保持28%的流动性资产比率等，标志着利率市场化初步建立。1981年8月，英格兰银行宣布取消每周公布的最低贷款利率。1986年，取消对抵押贷款利率的指导，商业银行可根据市场供求情况自主决定存贷款利率，英国逐渐进入完全利率自由化阶段。在金融服务方面，1986年，为进一步巩固英国金融中心的地位，撒切尔政府通过实施"金融大爆炸"，进一步开展金融服务自由化，实现金融市场的快速开放。撒切尔政府对内要求伦敦证券交易所放弃固定佣金制，允许外国公司加入成为会员，并取消之前经纪商和交易商不能互兼的规定；对外则实行开放金融服务业的政策。这次金融改革推动金融业混业经营，引入国外金融机构进行竞争，吸引了大量国外资本，为国内外企业提供了良好的经营环境，金融业得到较快发展。

第一次"金融大爆炸"后，分业式的金融监管无法满足市场的需要。1991年国际商业信贷银行破产，1995年巴林银行破产。第二次"金融大爆炸"，英国实行了改革金融监管体制。2000年，英国通过了《金融市场与服务法案》，建立由英格兰银行、金融服务局、财政部三方分管的金融监管体系。两次"金融大爆炸"帮助英国构建了一个开放自由的金融市场，伦敦国际金融中心成为世界上国际化程度最高的金融中心，吸引了来自世界各地的企业和金融机构。但英国金融开放改革过于激进，经济增长效果不佳，同时为经济平稳发展埋下了风险隐患。英国的金融开放并未带来预期的经济增长，1960~1973年，英国GDP平均增长率为2.68%；而1973~2013年实行自由化改革之后，GDP平均增长率仅为2.19%。金融市场不断发展，但金融监管措施未跟上步伐过快的金融自由化改革，银行等金融机构为赚取利润过度放贷。银行毫无节制的放贷行为积累了大量风险，当2008年全球经济震荡时，全球金融市场风雨飘摇，不断积累的风险最终爆发，贷款违约率持续上涨，阻碍了英国经济平稳发展。

二、英国金融开放历程中的特别做法——英镑国际化

作为最早的工业革命大国之一，英国在19世纪便具有巨大的经济影响力。1870年，英国的经济总量占全球比重超过9%。凭借庞大的殖民地网络，英国在国际政治和军事等方面均处于国际领先地位。到19世纪末20世纪初，英国的殖民地已横跨三大洋、遍布五大洲。英国的经济政治实力、海外殖民地的扩张，以及大量的对外投资和在世界贸易中的主导地位，是英镑国际化发展的重要支撑与驱动力。

18 世纪，英国经济飞速发展，由最初的资本逆差国一跃成为资本输出国，伦敦成为国际金融中心。1694 年，英国创设英格兰银行，初期主要为政府筹措战费，拥有货币发行权，后逐渐发展成为英国中央银行。设立后，英格兰银行充分发挥资金融通作用，显著降低了英国政府的融资成本，而在设立前，英国政府融资成本高达 30%。1752 年，英国再次调整国债利率，调整后的水平约为2.5%，而同期法国的国债利率为 5%。这一时期，英国经济金融快速发展，形成了相对成熟的资本市场、股份公司制度和银行体系，英格兰银行也成为全球唯一一家可发行信用货币的中央银行，英国国际金融霸权的雏形逐步形成。

18 世纪中叶，英国发生了工业革命。著名经济学家约翰·希克斯在《经济史理论》一书中指出，正是随着金融革命的发展，英国才爆发了工业革命。希克斯认为，早已存在的技术发明由于缺乏大规模的资本支持及长期资金的资本土壤，很难从长期的作坊阶段走向诸如钢铁、纺织、铁路等大规模工业产业阶段。工业革命的爆发极大解放了生产力，经济进一步高速发展。18 世纪 60 年代，英国经济社会由重商主义发展为自由贸易主义。这一阶段，英国与欧洲大多数国家签订国际贸易协定，扩大贸易版图，为英镑的国际流通打通了渠道。

在经济快速发展的同时，英国政治军事实力显著增强。英国积极扩张海外殖民地，借助东印度公司肆无忌惮地从各国掠夺财富，为其产业革命奠定物质基础，并在此基础上建立了殖民体系。英国政府对海外资本采取的扩张政策，为金融霸权进一步奠定了基础。18 世纪 20 年代，伦敦对外投资总额只有 5 亿元，19世纪早期增至 195 亿元。英国在世界范围内扩大对外投资规模与力度，助推了英镑影响力，英镑国际化程度进一步提升。

1844 年，英国颁布了银行法案《银行特许条例》（又称《比尔条例》），规定英格兰银行具有以足额黄金储备为基础发行银行债券的权利，说明英国正式形成了金本位制度[1]，英国国际金融霸权走向成熟。国际政治经济学学者罗伯特·吉尔平在《全球资本主义的挑战》一书中指出，工业革命时期英国能够操纵世界货币供应，主要是因为当时伦敦金融市场能够有效衔接各国货币金融系统，即在本质上进行国际货币政策的管理。

纵观英镑国际化进程，英镑影响力与英国国际地位紧密相关。凭借过硬的经济和政治实力，英国在国际贸易体系和国际投资体系中不断植入英镑的影响力。随着贸易和对外投资活动的不断扩大，英镑逐渐发展成为强势的国际货币[2]。在

---

① 金本位制度（Gold Standard）就是以黄金为本位币的货币制度。在金本位制度下，每单位的货币价值等同于若干重量的黄金（即货币含金量）。

② 徐杨帆. 人民币国际化的金融开放约束与突破［D］. 广西大学博士学位论文，2022.

鼎盛时期，英镑的价值几乎等同于黄金，国际地位显而易见。18世纪60年代到19世纪早期，英镑在全球外汇储备的占比高达60%，全球贸易中以英镑为计价结算单位的占比达到60%。然而，随着第一次世界大战的爆发及1929~1933年世界经济危机的冲击，英国实力"退化"加剧，霸权地位受到质疑。第二次世界大战后，美元逐渐活跃在国际货币舞台上，英镑的影响力逐步下降，国际经济格局已不可逆转，美国霸权成为不争的事实①。1944年7月，布雷顿森林会议②召开，确立了以美元为中心的国际货币体系，从此，美元成为全球货币体系的绝对核心③。

第二节　美国金融开放历程

一、美国金融开放历程

美国金融开放经历了从自由无序到严格管控到逐渐放松再到加强管控等阶段。历经百余年，美国金融开放以"先外后内"的模式，在相对成熟的金融体系基础上实行谨慎且渐进的金融开放，以强大的经济、金融、政治实力在国际舞台中占据中心地位。

1783年独立战争之后，美国经历了一段自由金融业时期，金融体系规模小，对经济的影响有限。19世纪频繁发生的经济危机及1929年的大萧条促使美国加强了对金融业和国内外金融机构的管制，颁布了大量金融监管法案以加强金融安全监管，金融开放进程一度停滞。20世纪30~50年代，美国金融采取分业经营和利率管制等措施。第二次世界大战结束后，世界格局发生变化，美国凭借拥有全球3/4黄金储备和强大军事实力的大国地位登上了资本主义世界盟主地位。1944年，美国力主推动建立"布雷顿森林体系"（Bretton Woods System），建立以美元为中心的国际货币体系，即美元与黄金挂钩、国际货币基金会员国的货币与美元保持固定汇率的金汇兑本位制，美元的国际地位得到巩固。1947年7月，美国启动"马歇尔计划"（The Marshall Plan），即"欧洲复兴计划"（European

---

① 齐兰，文根第．国际金融霸权形成与更迭的历史考察及其启示［J］．经济问题，2019（5）：36-45.

② 44个国家（政府）的经济特使在美国新罕布什尔州的布雷顿森林召开了联合国货币金融会议（简称布雷顿森林会议），商讨战后国际货币体系问题。

③ 孙树强．英镑国际化的陨落［J］．金融博览，2018（4）：94-95.

Recovery Program），对被战争破坏的西欧各国进行经济援助、协助重建的计划。通过 4 个财政年度的对外直接投资，美国在帮助欧洲国家重建的同时，也输出了大量美元，深刻影响了世界政治格局，美国的经济政治影响力及美元的国际货币地位进一步加强。

大萧条之后，美国对金融市场实施了严格管控，为应对国内资本流出，美国加强了资本管制，对境外贷款、投资和国内居民购买外国证券进行限制。20 世纪 60 年代，自由主义思潮重新抬头，美国对金融业的管制逐渐放松，开始实行国内金融自由化和对外金融开放。鼓励美国企业的对外直接投资和外资银行在本土开办业务，金融市场开始出现大批以规避风险和管制为目的的金融创新产品。此时，美国的金融自由化达到较高水平。

20 世纪 70 年代，布雷顿森林体系的瓦解与石油危机的爆发，对美国金融和美元体系造成巨大冲击。各国手中持有大量超需美元，在美国国内金融开放水平不足的情况下，世界各地出现了美元离岸市场，这些美元脱离了美国货币政策的掌控。美国需要提供一个开放而完备的金融市场，为各国的美元储备提供增值保值的投资对象。因此，美国金融业迫切寻求改变，进行大量金融创新与开放，金融开放迎来了黄金年代：1970 年，放松了 10 万美元以上、90 天以内的大额存单的利率限制；1971 年，准许证券公司进入货币市场基金，基本实现国内利率市场化；1973 年，取消对资本流入的管制，清除了各国美元储备进入美国的障碍，在放松对外汇管制的同时，逐渐放开了对国内金融市场的限制；1975 年，实现股票交易费用自由化，建立了世界上最大的证券市场，为各国美元储备的投资提供了完备的平台；1976 年，通过"牙买加协定"建立了浮动汇率制度，并在 1978 年接受国际货币基金组织的相关条款，真正实行浮动汇率制度。此外，第二次世界大战结束至 1978 年间，美国未颁布任何对外资银行管理的法律法规，进入美国的外资银行不仅不受美国的金融监管，还享有比美国国内金融机构更宽松的有利条件，这些针对外资银行的优惠政策则在一定程度上满足了国内的资金需求。随着日本和西欧等国家金融机构大举进入美国金融市场，美国加大了对其的主动性管理。1978 年，美国颁布《国际银行法》，给予外资银行以平等的"国民待遇"，执行与美国国内本土银行相同的、较为严格的金融监管。

20 世纪 80~90 年代，美国金融定价机制市场化持续推进，对外资金融机构和金融市场的监管规制则更加严谨。1980 年，国会通过了《存款机构放松管制和货币控制法》，分 6 年逐步取消对定期存款和储蓄存款利率的最高限制，即"Q 条例"。1981 年 12 月，美国法律正式允许欧洲货币在美国境内使用国际银行设施①从事金融活动，且这些境外货币业务可不受美联储关于法定存款准备金率和贷款利率等相关条例的限制；通过国际银行设施吸收的存款也无须加入由美国的联邦存款保险公司提供的存款保险。这项法律的颁布增强了美国和国际金融市场的联系，推动了金融全球化的进程。1982 年，《加恩—圣杰曼吸收存款机构法》出台，从根本上解除了"Q 条例"对金融市场的管制，各金融机构可根据市场利率制定市场策略，美国利率市场化进程大幅加快。1986 年，大多数商业存贷款利率不再受限，标志着美国已全面实现利率市场化②。1991 年颁布的《加强对外资银行监管法》将美国境内外资银行的"国民待遇原则"改为"互惠性国民待遇原则"，对外资银行实行了更为严格的监管，限制外资银行在美国的进一步扩张。1999 年，《金融服务现代化法案》废除了关于银行、证券和保险严格分业的规定，金融机构混业经营得到了法律上的认可。

通过金融开放，美国建立起强大的金融体系，尤其是进入 21 世纪，美国对世界经济政治格局已有着举足轻重的影响力。然而，美国高度自由、竞争激烈的金融业导致许多新型金融衍生产品超出了金融监管的范畴，大量资金供给导致劣质金融产品需求高涨，繁荣的金融系统下隐藏着大量的系统性风险，为经济增长埋下了隐患，美元的波动将直接影响着大宗商品和金融资产的价格，增大了全球金融系统的波动性③。

二、美国金融开放历程中的特别做法

(一) 实施"量化宽松"政策，维护美元霸主地位

1971 年，布雷顿森林体系崩溃，脱钩黄金美元发行机制、缴纳"铸币税"成为新兴市场经济体的"无形枷锁"。一方面，美国联邦储备系统（The Federal Reserve System，以下简称美联储）扮演着"全球央行"的角色，货币政策的外溢效应驱动全球资本流动扩张收缩，形成"利益美国独享、风险全球共担"的局面。一是美联储超发货币，美元贬值，美元债务稀释、债权国美元储备资产缩水。次贷危机后，美国实施"量化宽松"政策（Quantitative Easing，QE），增加基础货币供给，大量美元涌入新兴市场，导致通货膨胀和资产价格非理性飙升。二是美联储收紧货币，美元升值，全球美元流动性枯竭、逆转回流美国。2015 年美联储加息叠加缩减资产负债表，使新兴市场美元储备急剧减少、汇率大幅贬

---

① 国际银行设施（International Banking Facilities）指根据法律规定在美国境内的银行能够使用其国内的机构和设备，但是在对非居民客户提供存贷款等金融服务时需要设立单独的账户。

② 吴光豪. 金融开放的内涵、国际经验及启示 [J]. 黑龙江金融，2018 (12)：31-33.

③ 中国人民大学国际货币研究所. 人民币国际化报告 2019：高质量发展与高水平金融开放 [M]. 北京：中国人民大学出版社，2019.

值、资产价格泡沫破裂，引发了拉美债务危机。另一方面，美元存在"特里芬悖论"，"美元霸权""贸易逆差"是"硬币"的两面。"贸易账户逆差输出美元，资本账户顺差回流美元"形成美元封闭循环，使美国享有质优价廉的进口商品、低成本国债融资和高收益对外投资等诸多福利。

（二）控制全球支付清算系统，实施精准金融制裁

美国利用美元在全球货币体系中的超级地位，控制着环球银行间金融电讯协会（SWIFT）①、纽约清算所银行同业支付系统（CHIPS）和联邦储备通信系统（FEDWIRE）② 等全球支付清算系统，为实施精准金融制裁提供技术保障。"9·11"事件爆发后，美国政府为应对和打击国际恐怖组织势力，启动了旨在追查和切断恐怖分子资金流动的"融资跟踪项目"（TFTP），并授权财政部海外资产控制办（OFAC）从 SWIFT 获取、追溯绝大部分全球跨境支付信息，筛选出被制裁对象，并通过 CHIPS、FEDWIRE 切断涉及的美元交易、冻结美元资产。美国持续实施"长臂管辖"③——2018 年美国单方面退出伊核条约，切断了 SWIFT 与伊朗的金融报文转换通道，伊朗外汇交易业务被中断，成为"金融孤岛"。美国的监管机构通过强大的金融情报体系对金融机构的洗钱行为进行监控，曾迫使德意志银行、苏格兰皇家银行、巴黎银行、瑞银集团等多家欧洲银行缴纳巨额罚款。

（三）实施"开放式保护主义"，立法保障安全审查机制

美国实施不对称的金融开放战略。一方面，敦促其他国家开放金融领域，以便于美国资本畅通无阻，扩展美元资本在全球的狩猎边界；另一方面，设置歧视性准入障碍，限制他国资本流入美国。这使许多拥有贸易盈余美元的新兴市场国家面临复杂的审查机制，难以投资并购美国企业，只能被迫购买低收益率的美国国债。美国颁布《反海外腐败法》《赫尔姆斯—伯顿法》《国际紧急经济权力法》等法律，都为"长臂管辖"提供了法理依据。2007 年，美国颁布《外商投资与国家安全法案》，重新修订了涉及外资并购的国家安全审查制度。2018 年颁布《外国投资风险审查现代化法案》 （FIRRMA）赋予了美国外国投资委员会

---

① SWIFT 被誉为"全球银行业的神经中枢"，全球绝大多数银行依赖 SWIFT 全球报文交换系统完成跨境交易清算，如伦敦银行自动清算支付系统（CHAPS）、泛欧实时全额自动清算系统（TARGET）、中国现代化支付系统（CNAPS）均依赖 SWIFT 报文转换、本币或多边货币清算。SWIFT 属于国际中立组织，总部位于比利时布鲁塞尔。

② CHIPS（跨境美元支付）和 FEDWIRE（国内美元结算）是美国两大核心支付交易系统，承担全球银行同业 90%以上美元支付交易清算。

③ "长臂管辖"一般指长臂管辖权。长臂管辖权（Long Arm Jurisdiction），是指"当被告人的住所不在法院地州，但和该州有某种最低联系（Minimum Contacts），而且所提权利要求的产生已和这种联系有关时，就该项权利要求而言，该州对于该被告人具有属人管辖权，可以在州外对该被告人发出传票"。

（CFIUS）更多外资投资安全审查权限，涵盖交易审查类型（以前审查的是控制权变更）、跟踪未申报交易项目，以此封堵域外资本通过投资美国本土获取关键技术的漏洞。该法案曾使中资机构赴美投资折戟而归，甚至引发了中概股回归潮。

（四）奉行经济自由主义，并未摒弃政府干预经济

在美国，哈耶克的自由市场经济与凯恩斯的行政干预经济并行不悖。20 世纪 30 年代的美国经济大萧条，催生了凯恩斯主义和罗斯福新政，开启了政府干预经济的新模式。次贷危机爆发前，美国依赖金融衍生工具维持透支消费的模式，混淆市场机制和资源配置之间的充要条件，导致合谋、寻租等金融腐败[①]，彻底清算放松金融管制，市场原教旨主义。美国经济学家、诺贝尔经济学奖得主约瑟夫·斯蒂格利茨指出"资本和金融市场自由化绝不能操之过急"[②]。次贷危机爆发后，美国抛弃了竭力鼓吹的金融自由化，重拾凯恩斯主义，采取经济干预政策以遏制次贷危机的蔓延。危机之初，美国政府出面解救了房地美[③]和房利美[④]，美联储为 AIG[⑤] 注资 850 亿美元，同时促成了美国银行收购美林集团[⑥]，组建了美银美林集团[⑦]。但"太大而不能倒"的雷曼兄弟公司[⑧]因错过了被政府拯救的最佳时机而倒闭，引发了全球金融海啸。

（五）操纵国际信用评级机构，主导国际金融规则制定及修改

全球三大国际信用评级机构（标准普尔、穆迪和惠誉国际）占据的全球市

① 张维．关于当前我国金融领域若干思潮的述评［J］．金融评论，2016，8（6）：114-120+124.

② 谢雅楠．斯蒂格利茨：开放政策应适应新的经济形势［N］．中国经济时报，2014-03-24（007）.

③ 房地美（Freddie Mac，NYSE：FRE），即联邦住宅贷款抵押公司，1970 年由美国国会批准成立，旨在开拓美国第二抵押市场，增加家庭贷款所有权与房屋贷款租金收入，是第二大美国政府赞助企业，商业规模仅次于房利美。

④ 房利美（Federal National Mortgage Association，Fannie Mae），即联邦国民抵押贷款协会，成立于1938 年，是最大的美国政府赞助企业，从事金融业务，用以扩大资金在二级房屋消费市场上流动的资金的专门机构。

⑤ 美国国际集团（American International Group，AIG）是一家以美国为基地的国际性跨国保险及金融服务机构集团，总部设于纽约市美国国际大厦。根据 2008 年年度《福布斯》（Forbes）杂志的全球 2000 大跨国企业名单，AIG 在全国排第 18 名，自 2004 年 4 月 8 日开始一直都是道琼斯工业平均指数的成份股，直到金融海啸发生后才被除名。

⑥ 美林集团创办于 1914 年，是世界最著名的证券零售商和投资银行之一，总部位于美国纽约，业务涵盖投资银行的所有方面。2008 年受次贷危机影响，该集团亏损严重，被美国银行收购。

⑦ 美银美林集团（Bank of America Merrill Lynch）成立于 2008 年 9 月，由美国银行收购美林证券合并而成，是全球规模最大的金融机构之一。美银美林集团为 150 多个国家提供客户服务，主要业务包括商业贷款、债券、IPO 和并购交易等金融服务。

⑧ 雷曼兄弟公司成立于 1850 年，是一家为全球公司、机构、政府和投资者的金融需求提供服务的全方位、多元化的投资银行。2008 年 9 月，在次级抵押贷款市场危机加剧的形势下，美国第四大投行雷曼兄弟最终丢盔弃甲，宣布申请破产保护。

场份额超过 90%。其中，标准普尔、穆迪两家美国评级公司的市场份额占比接近 80%，在国际信用评级行业中处于垄断地位。亚洲金融危机期间，穆迪、标准普尔和惠誉国际三大国际信用评级机构连续降低韩国银行、企业及地方政府的信用等级。穆迪在两周之内迅速将韩国的外汇、债券和票据的评级从 A1 调降至 BA/AR，导致韩元对美元汇率暴跌，股市一泻千里，企业接连倒闭，使韩国经济深陷危机。然而，2008 年美国次贷危机爆发前，半数以上的次级贷款、债券都获得了 AAA 级信用评级，在债券市场上可以轻易被抛售。次贷危机爆发后，高评级的债券价值大幅缩水，评级机构不得不迅速调低评级，造成投资者巨额亏损。此外，美国还掌控着国际货币体系、国际金融治理体系、全球金融监管体制等规则制定及修改的话语权和决策权①。

美国的金融开放历程横跨整个 20 世纪，既有国际环境的有利形势，又有国内经济的有利条件，还有科技创新和金融创新的推动。综合看，美国金融开放的特点可归结为"水到渠成"式的金融开放模式。英镑衰落、第二次世界大战后建立新货币体系、金融自由化等国际环境的变化，经济增长热潮、纽约金融中心建设、美联储运作等国内经济条件，以及科技和金融创新的力量，都必然地、自发地、内在地要求美国推进金融开放进程。正因如此，美国的金融开放每次都最大化了改革收益，最小化了改革风险，以顺流而下的轻松姿态完成②。

第三节　德国金融开放历程

一、德国金融开放历程

19 世纪中期以前，德国银行雏形出现，主要服务于商人的商务交易。随着国家工业化发展的推进，银行和金融体系逐渐成型。1864 年，普鲁士政府将柏林的皇家银行改制为普鲁士银行，并赋予其发行纸币的权力，这一改变成为德国银行朝着现代方向发展的标志。德国金融业以全能银行（Universal Bank）为标志，即银行业务没有限制，可以从事各类金融业务和参与对企业的投资等。银企结合拉开了德国全能银行的序幕，银行通过持有非银行部门的公司股份取得收益，提供服务的能力也得到了提升。

---

① 陈鸿祥. 中国金融开放的现实逻辑与演进安排［J］. 华北金融，2020（7）：57-67.
② 中国资本市场研究报告（2020）［EB/OL］. http：//www.cevsn.com.

德国金融制度经历了从混业经营到被迫分业经营再到恢复混业经营的过程。第二次世界大战爆发，德国经济遭受了巨大冲击，经济水平大幅下滑、通货膨胀率上升、失业率剧增、马克狂贬、信用体系接近崩溃。"战后"西德银行业被迫实施美国式分业经营制度，而东德银行业则按照苏联模式发展。20世纪50年代后期，西德地区的银行业恢复到"战前"状态，继续进行混业经营。1990年，两德统一打破了东德地区银行在业务上严格分工的格局，引入了竞争机制并建立起全能银行制度（即混业经营制度）。

发展至今，德国金融制度仍然以全能银行体系为主导。在国际竞争日益激烈的情况下，德国中小银行纷纷合并，而大银行通过提高国际化水平增强自身实力。

二、德国金融开放历程中的特别做法

（一）主动实施汇率制度改革

1973年以前，德国实际实行固定汇率制度。由于经济持续高速增长、外汇储备不断积累、国内低通胀等因素，马克升值压力较大。德国中央银行通过买进外汇、提高非居民存款的法定最低准备金率、要求商业银行对非居民存款停止付息等方式稳定马克汇率，并对其外汇盈余进行冲销干预。但这些措施不仅收效甚微，还缩减了国内货币政策的可操作空间。因此，1973年，德国取消对汇率的管制，真正实行浮动汇率制，并在1979年彻底完成资本账户的开放。固定汇率制的终结意味着中央银行解除了汇率干预义务，且可根据国内经济形势独立制定和实施货币政策，并重新掌握货币发行的主动权。

（二）分步推进利率市场化

1962年，德国修改《信用制度法》并调整利率限制对象。1967年，全面解除利率管制。中央银行并未完全放弃对利率的干预，转而推行储蓄存款标准利率制，旨在引导市场预期，避免过度竞争引起金融不稳定。1973年底，中央银行取消储蓄存款标准利率和信贷规模管理，实现真正意义上的利率市场化。利率市场化大幅提高金融资源配置效率，支持了德国经济转型。

（三）增强货币政策效力

1957年，德国通过了《德意志联邦银行法》，从法律层面保证了德国中央银行（德意志联邦银行）具有较强独立性。1971~1972年，德国经济出现过热苗头，德意志联邦银行试图提高利率控制通胀，但没有取得预期效果，1971~1973年，德国资本净流入总量由24.7亿美元增至40.1亿美元。1973年，德国采取浮动汇率制度，货币政策真正开始发挥效力。德意志联邦银行大幅提高存款准备金率，两次调高贴现率和抵押贷款率，将当年的M2增长率控制在10%左右。在石油危机期间，德意志联邦银行适时调低伦巴德利率①和贴现率、实行宽松的货币政策，对抑制经济衰退、恢复经济增长起到了关键作用。1974 年，德意志联邦银行率先在西方国家中实行货币目标制。稳定的通胀预期，对货币政策意图的实现发挥了重要作用。

（四）加快金融体系开放速度

20 世纪 60 年代，随着对外开放程度的提高及国内外汇储备的迅速攀升，德国大型金融机构开始了海外扩张。截至 1970 年，德国三大银行②在海外的分支机构和参股金融机构共计 85 家，遍布欧洲、亚洲、非洲和拉丁美洲。由于德国政府对金融体系的限制较少，并较早地向国际金融市场开放，德国金融市场的广度、深度及开放度显著提升③。

（五）设立金融稳定部并强化内部监管合作

为加强系统性金融风险管理，2009 年 5 月，德意志联邦银行专门设立金融稳定部。2012 年，德意志联邦银行进一步完善宏观审慎管理组织构架，将金融稳定部下设的国际金融体系部细分为宏观审慎监测和宏观审慎政策两个部门，将协调小组改为中央秘书处，强化金融稳定部的内外部协调与服务功能④。

（六）推动马克国际化

德国金融市场开放是在发达的实体经济基础上谨慎、稳健、有序推进的，不仅避免了马克国际化对国内经济造成的冲击，而且为马克国际化创造了良好的国际环境⑤。1951 年前，德国在欧洲支付同盟中一直处于严重的国际收支逆差。随着马歇尔计划的实施，德国国际收支得到改善，逐步放松了对外汇的管制。1954 年，德国放宽对非居民在德国投资的限制。1958 年，德国马克实现了经常项目可自由兑换，但对资本账户仍存有限制。此后，德国先后放开了资本项目下马克在资本流出和资本流入方面的可自由兑换。

20 世 60~70 年代，随着马克在国际市场上需求的增加，德国的资本流入迅速增加，对国内通货膨胀造成一定压力，之后德国加强了对资本流入的管制。德国货币政策强调物价稳定，其通货膨胀率一直保持在极低水平，政府会根据资本

---

① 伦巴德利率亦称"抵押贷款利率"，中央银行向商业银行提供担保贷款的利率。最早得名于坐落在伦敦伦巴德街的英格兰银行向其他商业银行发放的证券抵押贷款，后被广泛运用到一切动产抵押贷款。

② 指德意志银行、德累斯顿银行和商业银行。

③ 王年咏，刘毅 . 经济转型期的德国金融改革及启示［J］. 经济纵横，2014（8）：107-110.

④ 文娉，王天宇 . 德国金融体系和金融监管的概况及特征［J］. 中国发展观察，2020（Z3）：124-125+77.

⑤ 吴婷婷，肖晓，李东耳 . 金融市场开放与货币国际化：国别案例与比较启示［J］. 西南金融，2018（12）：37-44.

流入状况放松或加强资本管制。在此期间，德国金融市场开放度一直处于较低的水平。1980 年，德国放松了对证券交易的限制，并于 1983 年对外开放了本国债券市场。1986 年，德国基本放开对资本流动的管制，实现了资本账户开放。德国金融市场开放程度在 20 世纪 80 年代后期开始提升，在 90 年代发展极为迅速。为促进股票市场、金融机构的自由化，德国曾三次出台提振金融市场的方案。这些举措提高了以马克计价的金融产品的吸引力，提升了马克在国际货币市场上的地位。

（七）全能型银行在金融市场占据着绝对的主导地位

"二战"后，德国暂时采取了效仿美国的金融管理模式，对于银行业采取了分业经营管理，但后期又恢复了战前的全能型银行体系。德国的银行在存、贷款等商业银行业务外，还可以从事贸易结算、证券发行等投行业务，为企业提供全面的金融服务。在德国"战后"的工业化过程中，全能型银行保证了社会资金的调配，帮助德国快速实现工业化。在工业化完成之后，全能型银行继续高效地实现资源的合理配置，主办银行制度的存在也有效地减少了银行与企业间的信息不对称。在利率市场化过程中，银行往往会因为利率低而被迫转向高风险业务，催生经济泡沫和危机，而德国的全能型银行业务范围广泛，受利率市场化的影响较小，很大程度上维持了德国金融体系的稳定。全能型银行制度使德国形成了以间接融资为主的融资模式，而资本市场和金融市场则始终不够发达。20 世纪 80 年代后，德国提高了金融开放的程度。1981 年，德国完全开放资本项目，并逐渐开放了金融市场，打造法兰克福国际金融中心。成熟的全能型银行体系虽然拖慢了金融市场和资本市场的发展，却也使德国在面临外部金融机构竞争时能够平稳过渡[①]。

第四节 日本金融开放历程

一、日本金融开放历程

自 19 世纪末至 20 世纪初日本现代银行制度诞生起，日本金融业伴随着经济而逐步发展，经历了银行业分业经营与混业经营交替，金融监管趋紧与放松反

① 中国人民大学国际货币研究所. 人民币国际化报告 2019：高质量发展与高水平金融开放［M］. 北京：中国人民大学出版社，2019.

复，自主掌握命运与被动接受限制相争等阶段。"二战"后，日本经济快速恢复发展，国内外环境发生了显著变化，封闭性的"战后"金融体制赖以生存的条件正在丧失。在外有压力、内有需求的状况下，日本实施了"先内后外"的金融开放模式。然而，快速实现的金融自由化为日本经济的高速发展作出贡献，也为20世纪90年代泡沫经济埋下了隐患，当泡沫破灭时，日本经济与金融发展随之遭受重大挫折。

19世纪末至20世纪初，日本政府为推动银行业发展壮大，允许商业银行自由决定业务范围，银行机构数量不断增加，涌现了一批资本规模较小的商业银行。为了规范经营，日本以美国的相关立法为参考，相继制定了《国立银行条例》《日本银行条例》和《储蓄银行条例》，确立了金融分业体制框架。20世纪20年代，日本商业银行开始出现大规模合并、重组现象，一些信托公司和储蓄银行通过合并成立了全功能银行。此外，一些大财团内部不同企业相互持股，一定程度上促使金融业逐步走向集中，逐渐从分业转向混业。与此同时，日本的现代金融监管体系也有了雏形。1927年3月，日本政府制定了《银行法》，开始对金融机构进行监管，大藏省①作为法定监管机构对金融机构的设立、高管任免、业务合规等实施监管。

20世纪30年代，第二次世界大战爆发，日本经济跌至谷底。"战后"，在美国的扶持下日本奋力追赶，经济快速复苏。为了推动经济恢复与发展，日本政府对金融机构进行整顿，对金融业的市场准入、业务范围、价格竞争及金融市场的国际资本流动都实行严格的管控②。1947年，政府出台了《反垄断法》，要求银行、信托、证券等各类金融机构严格分离。20世纪50年代末，美国陆续要求日本签订各种"自愿"出口限制协议。随后，美国企业将焦点转向日元，开始将问题引向金融层面。1968年，日本财政部逐步允许外资银行进入日本。20世纪70年代，外资银行在日本的竞争愈发激烈，经营压力增大。1978年，在日本的美国银行开始公开抱怨在日本的不公平待遇，要求允许发行大额存单（Certificates of Deposit，CD）③，但被日本驳回。美国银行转而在美国国内游说美国政府试图改变这一政策，成为日后美国政府推动日本金融自由化的动力之一。1978年5月，旧金山联储主席及欧洲委员会官员访日，要求允许外资银行在日发行

---

① 大藏省是日本自明治维新后直到2000年期间存在的中央政府财政机关，主管日本财政、金融、税收。2001年1月6日，中央省厅重新编制，大藏省改制为财务省和金融厅（主要负责银行监管）。

② 陈刚，孔文佳，韩静. 日本金融业开放过程中金融系统性风险防范及启示［J］. 区域金融研究，2019（8）：50-55.

③ 银行大额存单（Certificates of Deposit，CD），是指由银行业存款类金融机构面向个人、非金融企业、机关团体等发行的一种大额存款凭证。

CD。迫于压力，1979 年 5 月，日本政府允许日本银行、外资银行同时发行 CD——成为了美国向日本施压开放金融市场的"前哨战"。

20 世纪 80 年代，经过"战后"数十年经济高速发展，日本国内企业自身实力增强，自有资金增加，开始摆脱单纯依赖、受制于主银行的局面，国际贸易的持久繁荣，成为经常性贸易收支顺差国和长期性资金过剩国，美国对日本贸易出现巨额逆差。日本国内资本过剩导致海外投资需求扩大，现存的金融体制无法满足要求，金融市场出现了"生产者市场"向"消费者市场"的历史性逆转，企业界特别是金融界要求放宽金融监管、加快金融开放的呼声不断高涨①。与之相反，金融机构资金大量积存，放贷市场日益缩小。国内市场需求强烈，国外机构"虎视眈眈"，内外承压下日本政府逐步深化金融体制改革。1984 年，美日两国签署了《日美日元美元委员会报告书》，同时大藏省发表了被认为是"金融自由化宣言"的《关于金融自由化及日元国际化的现状与展望》，这一年被认为是日本金融开放的元年。此后，日本的金融开放加快了步伐。1984~1988 年，美日两国政府先后组织了 6 次会议，监督日本方面落实协议。最终，日本落实了协议的所有要求，甚至在某些领域给予美国金融机构"超国民待遇"，如混业经营许可——1985 年外资银行被允许从事证券业务，但直至 1993 年，日本本土银行才被允许从事证券业务②。

（一）价格自由化

价格自由化即取消利率、汇率的限制，实现利率市场化和汇率自由化，让金融商品的价格发挥其市场调节作用。日本的利率市场化开始于 20 世纪 70 年代末，首先取消了银行间资金市场的利率管控，随后进一步放松对存款利率的管控。

（二）业务范围自由化

业务范围自由化指放松对金融机构业务范围的限制，使金融业由分业经营转向混业经营。自 20 世纪 70 年代中期以来，以英、美为主的西方国家先后踏上了金融自由化、综合经营之路。日本从 1981 年开始逐步取消了对金融机构业务的限制。

（三）资本流动自由化

资本流动自由化即放宽或解除外汇管制，允许外国资本、外国金融机构进入本国市场，本国资本和金融机构也可进入外国市场。

---

① 熊绍帅. 金融开放对人民币国际化的影响［D］. 广西大学博士学位论文，2020.

② 日本金融开放中的历史经验与教训——资本过剩的年代系列报告之四［EB/OL］. https://www.sohu.com/a/235832254_611337.

一是允许外国资本、外国金融机构进入日本金融市场。1986 年，为推进日元国际化，日本设立了东京离岸金融市场（Japan Offshore Market），批准外国金融机构和国际金融组织在日本开展信托、证券及国债买卖等业务，满足了境外投资者持有日本资产的需求。

二是允许国内资本与金融机构进入外国市场。20 世纪 80 年代，由于国内发债要求与融资成本呈现双高局面，日本企业纷纷赴海外融资，发行欧洲日元债券，最终形成了庞大的欧洲日元市场，本国金融机构纷纷出海为其提供跟随服务，致使日本的海外金融资产急速膨胀。

三是放宽外汇管制，推进日元国际化。1980 年，日本修订《外汇与对外贸易管理法》，放松对外汇的管制，将"原则禁止"改为"原则自由"，实现了本币与外汇的自由兑换，日元国际化迈出了关键一步。1984 年，《日美日元美元委员会报告书》《关于金融自由化及日元国际化的现状与展望》发表，指出日元国际化所需的措施，推动了日元国际化的发展。1998 年 4 月，日本再次修订实行新的《外汇与对外贸易管理法》，日元实现完全自由兑换，资本交易相关限制全部取消，外汇业务实现完全自由化，日元实现了政策上的国际化。

总体而言，日本的金融开放进程可以分为封闭式金融体系、渐进式金融改革和全面金融开放三个阶段。在最初的封闭阶段，日本严格限制了金融开放，但经济仍然保持了 17 年的高速增长。随着日本经济的转型，国际国内的经济金融环境都发生了改变，对日本的金融开放产生了需求，同时美国出于改善本国收支平衡和打开日本国内市场的目的，强迫日本快速实现金融对外开放，导致日本金融开放在对外和对内上进度不一致。此外，日本的经济虽然发展迅速，但长期封闭的金融体系导致日本的金融制度尚不完善、金融体系的稳定性不足、监管缺失等问题。日本在尚未实现利率市场化的情况下先实现了汇率自由化，结果在汇率大幅升值的背景下，为了寻求国际支持，导致利率政策也被胁迫。快速的金融自由化在短时间内为日本带来了经济繁荣和日元地位的迅速提高，但同时导致了泡沫经济的产生和破裂，给日本经济造成了严重的打击[①]。

二、日本金融开放历程中的特别做法——日元国际化

日元国际化历程与日本经济发展相伴而行，根据日本政府态度变化[②]和日本经济阶段性特征，日元国际化历程可划分为四个阶段。

---

① 中国人民大学国际货币研究所. 人民币国际化报告 2019：高质量发展与高水平金融开放［M］. 北京：中国人民大学出版社，2019.

② 陈虹. 日元国际化之路［J］. 世界经济与政治，2004（5）：65-70+7.

第一阶段是 20 世纪 60 年代初至 70 年代初的消极被动阶段。20 世纪 60 年代，日本开始逐步将日元列为对外结算可以使用的货币，也开始允许非日本居民在日本银行建立自由兑换和转账的自由日元账户。1964 年 4 月，日元实现了经常项目下自由兑换，成为 IMF 第 8 条款国①，日本企业的服务和贸易结算便利度大幅提高，为日元对外自由兑换铺平了道路。

第二阶段是布雷顿森林体系崩溃（1973 年）后到 20 世纪 80 年代末的推进发展阶段。布雷顿森林体系崩溃后，多元化国际储备成为可能，已成为世界第二大经济体的日本迫于经济发展的需要和国际社会的压力推行日元国际化。此阶段，美元国际货币的职能发挥不稳定以及浮动汇率制度的出现，致使日本在国际贸易中不仅面临汇率风险，同时面临美国要求抬高日元和金融开放的双重压力。日本政府推动日元在国际贸易中发挥国际货币计价、交易职能，以此降低汇率风险，保障贸易发展，同时促进日元国际化，抬高日元。

第三阶段是 20 世纪 90 年代初至 1997 年亚洲金融危机的停滞发展阶段。由于上一阶段日本整体融资条件宽松，推升全社会杠杆率，催生了资产价格泡沫，在 1990 年股市泡沫破灭后，日本经济陷入萧条。1997 年，亚洲金融危机爆发，大量金融机构和企业倒闭，更是对日本经济雪上加霜，在此阶段的日元国际化处于停滞状态，甚至衰退。

第四阶段是亚洲金融危机后至今的积极推进阶段。1997 年，"亚洲金融危机"爆发，包括日本在内的东亚各国普遍意识到，单一盯住美元的汇率政策和过度依赖美元的巨大风险和危害性，以及拥有以区域内的货币为主导货币的重要性。因此，日本积极主动推进日元国际化。

在政策方面，日元国际化历程更偏向于"被迫"，日本政府对政策引导的态度多以能否促进经济发展为准绳。在数据方面，如图 5-1 所示，日元国际化历程呈现阶段性特征。在计价职能方面，日元国际化推进初期，"贸易立国"政策受到日本政府青睐。日本政府力求在出口结算中扩大日元的使用，日元计价结算占比得到大幅提高，由 1969 年的 0.6%提高至 1983 年的 42%，年均增速 35%。此后，日元出口结算遭遇瓶颈，占比在 37%左右徘徊。在储备职能方面，全球外汇储备日元占比自 1976 年的 2%攀升至 1990 年的最高点 9.1%，年均增速 11%。此后，日本遭遇经济泡沫，陷入了平成大萧条时期，日元的国际储备货币地位逐渐降低。1997 年亚洲金融危机爆发，全球外汇储备日元占比降至 5.2%，年均下降 8.3%。

---

① 第 8 条款国是指货币自由兑换的国家。按照国际货币基金组织（IMF）的定义，一国若能实现经常账户下的货币自由兑换，该国货币就被列入可兑换货币。由于自由兑换的条款集中出现在基金组织协定的第 8 条，所以货币自由兑换的国家又被称为"第 8 条款国"。

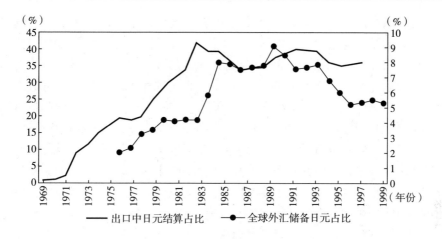

图 5-1　日元国际化情况

资料来源：Wind 数据库。

日本的金融开放经历了不同的发展阶段，每个阶段都推行了相应的政策，并由此形成了不同的阶段特征。因此，金融开放过程中要重视金融开放环境的变化，根据实际情况制定合适的开放战略，由此推动开放经济的发展。在美国的干预下，日本的金融开放进程呈现"大步快走"的特点。《日元美元委员会报告书》《广场协议》《卢浮宫协议》及《日美结构协议》这些由美国主导的日本金融开放和金融自由化措施更多基于美国自身的利益，日本的金融开放则被美国"绑架"不断加速，激进开放的主体工作在 1983~1993 年完成。完全的开放的确使日本建成了区域国际金融中心，日元国际化水平显著提高，但日本为此付出的代价也是极高的。金融开放的进程必须与金融形势相适应，不能操之过急，更不能将开放轻易作为外交谈判的筹码，最终将开放进程与外国利益诉求绑定[①]。

第五节　韩国金融开放历程

一、韩国金融开放历程

"二战"后到 20 世纪 70 年代后期的大部分时间内，韩国的金融系统是世界

---

① 中国资本市场研究报告（2020）［EB/OL］．http：//www.cevsn.com.

上压抑程度最高的金融体系之一。国家控制了银行体系并深度干预信贷资源配置，银行和非银行金融中介机构的资产负债管理，利率、汇率和资本账户交易都在政府的严密控制下，并被作为实现政策目标的工具。通过建立政府、银行与行业（大型企业、财团）的紧密联系，韩国工业化进程得以加快，但也造成三者之间强烈的道德风险。大量资源配置效率低下，内外部的失衡和腐败问题日益凸显。20世纪70年代中后期，韩国开始了金融业改革，一方面放松国内金融管制，另一方面推进金融对外开放。80年代初，韩国意识到了以政府控制为主的金融体系所带来的局限，韩国开始了金融开放的改革，以谨慎、渐进式的方式逐步减少政府对金融市场的管制，直到1997年亚洲金融危机之后，韩国金融自由化改革才更加彻底、更加全面。从整体的开放速度和次序看，经过几十年的国内金融自由化和对外开放，韩国的金融发展取得了较好成果。当前，韩国金融系统已是世界上最开放的体系之一。

二、韩国金融开放历程中的特别做法——金融业改革与开放

（一）20世纪80年代前

20世纪60年代，韩国进行经济体制转换及政策调整。涉及金融方面的改革主要集中在以下六个方面：

一是将韩中央银行置于财政部的管辖。中央银行在组织人事及政策制定方面接受财政部领导，二者相互协调配合，助力国家实现经济政策目标。

二是对私人拥有的商业银行进行国有化。通过国有化提升银行信用，加强对商业银行内部股权约束，实现外部监管向内部监管的转化，提升社会公众信心，抑制商业银行高风险投资，降低信息不对称带来的不良影响，抵御全球金融市场风险。

三是成立专业银行，如韩国工业银行、韩国国民银行、韩国农协银行和韩国进出口银行等，区分贷款、证券和信托等不同类型的金融业务，实行银行分业化和专业化。

四是允许外国银行在韩设立代表处或分行。一方面，在以增长为导向的工业化过程中，韩国大量引入国外资本以应对国内储蓄难以满足国内的投资需求的局面。另一方面，韩国正积极谋求加入《关贸总协定》。为此，1966年，韩国政府大幅度放宽了对外商投资的限制，并修改了《外国资本引进法》，自1967年起，允许外国银行在韩设立分行。

五是1973年起，韩国政府培养与扶持非银行金融机构和资本市场，设立了投资金融公司和合作金融公司等机构，先后成立了证券公司和金融市场监管机构，发行了货币稳定债券和财政短期债券。到70年代末，韩国已建立起一个结构相对完整、功能相对完备、覆盖商业银行和投资银行业的金融体系。

六是放松金融监管。如在外汇方面，废除复汇率制度，简化手续，放松管制，实行外汇结算证制度，出口企业的外汇收入可在外汇市场上自由交易等。但韩国对于外资非常谨慎，政府认为毫无限制地引进外国资本会对国内产业产生不良影响，所以外资的进入和外汇金融机构的活动被限制在政府指定的起飞型行业[①]和出口导向型部门中。

（二）20 世纪 80 年代

20 世纪 80 年代初，由于两次石油危机和国内劳动力成本的提高，韩国经济出现衰退，出口贸易额迅速下降。1981 年，韩国经常项目贸易赤字达 44.8 亿美元。在此期间，韩国的经济下降 4.7%，金融企业也随着国内大企业的扩张陷入了巨额呆账与坏账困境。在此情况下，韩国政府决定实施金融市场的开放与自由化策略，涉及外资金融机构准入、本国商业银行改革和利率管制放松等领域。开放的主要目的是刺激本国的金融机构参与竞争，提高资本市场的融资能力，希望在本国银行体系坏账累累的背景下加大引入外资的力度，以实现大企业集团的二次腾飞。对此，韩国采取了以下措施：

一是商业银行私有化和放开非银行金融机构准入。韩国的商业银行私有化规定最大的单一投资者或任何一个财团家族共享的股份比例不得超过 4%；外国人不得拥有和控制银行。这意味着，私有化的银行没有任何控股股东，仍然由政府控制，包括高级管理人员的任命。作为承诺开放金融业和继续拥有对银行业的控制权之间的妥协，政府以更快的步伐对包括投资和金融公司、保险公司在内的非银行金融机构进行了自由化改革，放宽准入门槛，扩大其业务范围，实施较宽松的利率管制。大部分大型非银行金融机构由财团建立和拥有，其经营比银行更商业化。20 世纪 80 年代，非银行金融机构快速增长，存款份额在 80 年代中期超过银行。这种对银行和非银行金融机构不对称的自由化方法后来成为金融不稳定的来源。80 年代后期，政府控制的银行贷款在资金总流量中的份额大幅下降；财团控制非银行金融机构，并能够通过非银行金融机构动员大量资金。财团可以在国际资本市场独立筹集资金，也由此建立了自己的声誉。这改变了传统的政府、银行、财团关系，政府开始失去对财团的控制[②]。

二是大刀阔斧地开放利率。1981 年，企业短期融资票据市场利率全部放开。

---

① 20 世纪 70 年代后期，韩国抓住发达国家资本密集型的重化工业向新兴发展中国家转移的机遇，由劳动密集型产业向资本密集型产业升级转型，重点发展重工业、造船、电子、机械、钢铁、汽车、石化、原子能等技术密集型核心产业发展迅速，进入"起飞"阶段。

② 韩国金融自由化改革的经验与借鉴［EB/OL］. https：//www.sohu.com/a/29432576_115495.

1982 年，取消了一般性贷款和政策性贷款之间的利率差。1984 年，商业银行建立了一套根据企业信用等级而非政府政策确定贷款利率的体系。随后，可转换企业债券、可转让大额存单等融资工具的利率限制被逐步取消。1988 年，韩国政府宣布取消对大多数银行、非银行金融机构的贷款和两年期以上存款利率的管制，基本实现了存贷款利率的市场化。但是，由于担心放开利率管制可能会引起利率水平上升，增加企业债务负担，1989 年下半年，韩国政府又重新恢复了对商业银行存贷款利率的管制。

三是逐步放松对外资金融机构经营的限制。为了促进国内银行业的竞争并与国际金融市场接轨，1984 年，韩国政府批准成立了两家与外资银行合资的商业银行。此后大通曼哈顿、花旗、巴克莱等国际大银行便纷纷将在韩设立的代表处升格为分行，以进行大规模的扩张。截至 1989 年，外资银行在韩国设立的分行数量已达 66 个。

四是迅速扩大外资银行的业务范围。当时，在韩外资银行的业务范围较小，主要为大额存单和办理票据兑换与贴现等中间业务。20 世纪 80 年代末，随着大企业集团业务的全面拓展，现代、三星、大宇等企业产品丰富、种类繁多，均需大量资金运营及扩张。韩国本土银行效率低下、存款不足，加之缺乏海外融资渠道，企业融资面临困难。此时，外资银行紧抓业务范围扩大的机遇，组织开展互换业务，向韩国企业提供贷款，导致韩国各大财团形成了"超贷"的局面①。韩国本土银行一方面无法在利率上与外资银行进行价格上的竞争，另一方面存量客户因为无法得到资金和业务的满足而流失，处境十分困难。

五是开放保险市场。韩国选择了外资独资公司和外资子公司的准入形式。美国的友邦、法国的安盛等保险公司一进入，就推出了保险、再保险、保险经纪、保险评估、保险顾问等全套业务，并针对大企业集团的需要调整和设立险种，受到各大财团的青睐。同时，在税收上，韩国给予外资保险公司超国民待遇，在资金运用上也没有限制，外资保险公司业务得以迅速发展。为充分利用韩国政府机遇的政策优惠及承揽大集团的业务需要，外资保险公司避开与三星、大宇所属的保险公司进行直接竞争，实施"围而不歼"的战略。

六是在资本市场自由化方面开放的步伐不断加大。1981~1984 年，韩国正式允许外国投资者通过韩国证券公司管理的国际信托基金在韩国资本市场进行间接融资，允许外国证券公司在韩国设立代表处。摩根斯坦利、所罗门兄弟、高胜、

---

① 20 世纪 80 年代末，为了实现更大规模的扩张，韩国大型企业集团长期实行高负债经营，不仅占据了国内信贷总量的绝对比重，企业之间还相互借贷和担保，再加上外资银行向韩国银行或直接向韩国财团放贷的热情高涨，造成了企业和金融机构对外国资本的过度依赖，进而形成了银行"超贷"局面。

美林等券商纷纷抢滩韩国，其中美林很快被允许创办供境内投资者专用的封闭式共同基金。1985~1987年，韩国政府逐渐允许外国投资者直接购买韩国股票，允许韩国公司在海外证券市场上发行可转换债券。1985~1989年，韩国政府实施资本市场无限制国际化，允许外国证券在韩国上市交易，允许外国证券公司在韩国设立分支机构。

（三）20世纪90年代

20世纪90年代，第一任民主选举产生的总统金泳三上台以来，韩国施政战略由保护国内产业体系转向促进经济的全球化，韩国金融进一步全面开放。为了使韩国全球化战略更制度化，韩国于1993年申请，1996年正式成为OECD成员。为了成为OECD成员，韩国同意向发达国家投资者逐步开放金融市场[①]。在金融自由化的进程中，韩国未及时调整国内金融体系，本土银行仍然对大财团亦步亦趋。大企业财团既压制本土银行又为他们提供保障，本土银行普遍缺乏风险意识、内控意识和竞争意识。

一是资本市场方面。1993年，韩国允许外国投资信托公司持有国内信托机构50%以上的股份；1994年，允许外国金融机构在国内市场发行以韩元标价的债券；1996年，减少外国证券公司在韩国设立分支机构的资本金要求。

二是银行业务方面。1996年，韩国取消了外资银行服务区域和业务范围的限制，无论是韩国公司办理贷款或咨询业务，还是韩国居民办理信用卡或外汇业务，外资银行都可以提供相应服务。

三是加快韩元自由化进程。迫于加入OECD等国际组织的压力，从1993年开始，韩国加快了韩元自由化进程，韩元在经常项目和资本项目下实现了可以自由兑换，国内的外资银行开始享受国民待遇。1996年，外国证券公司及其子公司也可享受国民待遇。上述措施不仅完全打开了外国金融机构自由参与韩元货币、资本和外汇市场的方便之门，而且对韩国的金融机构产生了进一步挤压，使其退缩到各大财团圈内生存，韩国对外直接融资和间接融资渠道基本被外资金融机构控制。此时，韩国政府没有重新审视外资机构的国民待遇进程，也没有为本土金融机构的背水一战制定策略，而是着手处理已无法再拖的大企业坏账问题，韩国的金融业又一次丧失了发展机会。

四是利率方面。1991年底，韩国再次启动了利率自由化。这次主要针对短期货币市场工具，包括商业票据、商业汇票、银行透支信用额度以及期限超过90天的可转让大额定期存单。1993年开始，政府推出了一个全面的利率自由化计划，将放松利率管制分为四个阶段。第一阶段（1991~1993年），放开大多数

---

①　曲凤杰.韩国金融开放的经验和教训［J］.新金融，2006（8）：24~27.

银行支票账户和非银行金融机构的短期贷款利率，存款利率的自由化只涉及至少三年到期的存款；放松对不同货币和资本市场工具的利率管制（包括两年以上到期的公司债券的发行利率）。第二阶段（1993年），放开所有银行和非银行金融机构的贷款利率、所有债券的发行利率管制，放宽了两年或两年以上到期的长期存款利率限制。第三阶段（1994年）放宽了对可转让大额定期存单的最低期限、大额回购协议及商业票据的限制，放松了期限至少为一年的存款利率和由韩国央行再贴现率的贷款利率。第四阶段（1995~1997年），除银行活期存款外，基本实现利率自由化。

1997年，泰国爆发金融危机，韩国未能幸免，成为重灾区之一。韩元兑美元的比价从1996年的850：1左右猛跌至1997年底的1800：1左右；汉城股票综合指数也由700点迅速跌至400点以下；各大财团因为外资银行抽紧银根而纷纷破产。

（四）1997年亚洲金融危机后

1. 金融危机下的金融开放——政府干预使韩国摆脱危机

1997年亚洲金融危机爆发，韩国采取干预措施，包括对外国投资者完全开放金融市场，如允许外资股权参与和对银行部门投资。在危机爆发前，外国投资者个人拥有韩国公司的股权不能超过7%，韩国公司外国股权合计不能超过26%。1997年12月，韩国政府将这两个股权比例均提高到50%。1998年5月，韩国政府超出IMF的要求取消了对外资股权的全部上限规定，甚至允许外资恶意收购。此外，金融开放的范围还包括外汇交易、建立投资基金、允许外国人购买公共和公司债券、允许外资进入保险公司等。1998年6月，韩国政府宣布分"两步走"[①] 实施外汇交易自由化。

1997年11月，韩国被迫放弃固定汇率，12月韩元兑美元贬值70%。1998年，韩国经济衰退6.9%，失业率接近7%。由于相信金融危机爆发主要源于外国投资者的信心危机，IMF作为债权人要求韩国调整对外国投资者的政策，取消外国投资者的进入障碍，提高利率并减少国家对经济的直接干预。

韩国政府希望通过提高利率和金融开放而获取外部资金支持，但外国投资者并没有因为利率的提高和市场的开放进入韩国。1998年，韩国市场完全开放，且利率很高，但证券投资和其他项投资净外流仅为10.5亿美元和92亿美元，只有直接投资表现净流入5.1亿美元。多数资本流入主要依靠政府从IMF的借款和

---

① "两步走"的第一步是：1999年4月1日，实行外汇交易法案，取消经常账户交易的兑换限制，并建立资本账户交易的否定清单，凡是清单没有明确禁止的项目都合法。第二步是：2002年1月1日，实行外汇交易自由化。

在国际金融市场上发行债券，外国对私人部门的投资仍然是负的。直到 1999 年第二、第三季度，当韩国金融和货币市场趋于稳定，外汇储备在 6 月达到 620 亿美元以后，证券投资和直接投资才有所增加。1997 年 12 月至 2000 年底，外汇储备增加的主要来源是出口，占 95%，而净资本流入仅占 5%。为了稳定金融市场，阻止存款外流，政府宣布为所有银行存款提供担保，这与 IMF 所主张的取消直接和间接的政府担保相反。在危机期间，很多国家如印度尼西亚和泰国政府也提出了为存款担保的政策，但只有韩国国民相信他们的政府。韩国人民不仅没有取走存款，反而拿出自己的黄金储备与政府共闯难关，这一举措为政府增加了 20 亿美元的储备，比 1997 年 12 月到 1999 年 6 月的净外商直接投资还多。可见，让韩国摆脱危机困境的是韩国政府的有力干预，而不是 IMF 所推崇的金融开放和放弃干预。

2. 向外资出售银行——外资成为银行私有化的受益者

随着政府重建工作起效、金融市场的稳定和银行利润率的上升，韩国私有化改革初见起色。但金融危机使国内大量企业破产，一般国内企业没有购买能力。大财团虽然有购买能力，但为了抑制财团不断增强的经济实力，保持政府的控制力，政府仍严格限制财团进入银行部门。此时，政府的唯一选择是向外资银行或公司出售银行股权。韩元的贬值使韩国资产变得非常廉价，1999 年以后，资本流入开始急剧增加，有价证券的流入量也大幅增加。

1999 年 12 月，韩国第一银行出售给美国基金新桥资本；2000 年 11 月，Koram 银行出售给美国投资基金 Carlyle；2003 年 9 月，韩国外汇银行出售给美国 LoneStar 投资基金。2001 年开始，韩国银行部门的外国证券投资迅猛增加。截至 2005 年末，在剩余的 7 家全国性银行中，有 6 家的外国股权比率超过 50%。总体来看，外国投资者拥有韩国商业银行的股权比率高达 66%，比 1998 年提高 46 个百分点。

韩国政府和多数专家学者相信外资进入将有助于稳定和重组国内脆弱的银行业，学习国外金融工具和技术可以改善国内的金融服务质量，完善金融基础设施。他们还希望通过出售国有银行等措施向公众表明调整金融结构的决心。但是，由于收购韩国银行的主要方式是投资基金，其目的是作为大股东将银行的不良资产改造成优质资产，最终实现盈利的投资结果，缺少对韩国银行长期经营的兴趣。2004 年，外国投资者纷纷开始出售股份。同年 4 月，Carlyle 将 Koram 银行出售，获利 6.75 亿美元。2005 年 2 月，新桥资本将韩国第一银行出售，获利 16 亿美元。韩国公众对外资的短期套利且不向韩国政府交税的行为极为反感，银行业的开放成为一个极具争议的问题。不断出现的韩国银行销售的丑闻更使一些专家学者和公众对银行开放、外国投资者的积极作用以及政府主导的有利于外国投资者的私有化提出质疑。

3. 外资银行进入对银行业的影响

通过银行业全面开放，韩国政府成功地打破了银行机构与大财团过于密切的关系，商业银行成为了独立的市场主体。这表明韩国政府推行银行开放的目标基本实现了。但是，外资的大举进入也产生了一些比较突出的问题。

一是银行的借贷结构发生了较大的变化。公司贷款减少、私人贷款增加，外资银行向中小企业发放贷款较少，向家庭发放贷款较多。信贷结构的变化暴露了韩国银行缺乏对长期投资和国内企业进行资金支持的问题。商业银行不愿意为公司投资提供贷款，造成私人部门的固定资产投资比例下降，私人部门设备投资占GDP 的比例由 2000 年的 12.8%下降到 2004 年的 9.7%，影响经济的可持续发展。

二是公司融资结构发生了变化。贷款、发债和股票融资的比例迅速下降，企业主要依靠内源融资①发展，目前企业内源融资的比例高达 80%以上，而 20 世纪90 年代中期仅为 25%。内源融资比例的提高说明金融市场对私人部门发展中的作用在减弱，金融市场越来越与本国实体经济相脱节；家庭的债务存量的不断增加也导致了韩国家庭金融的脆弱性。由于信贷长期不足，韩国产业发展和创新缺乏必要的融资支持，并且面临安全问题，实际上，外资已经掌握了金融、电讯、半导体等重要产业的控制权。

三是竞争的加剧使银行贷款利率降低，存款利率提高，利差减少。贷款利率下降造成房地产泡沫，为减少泡沫，监管当局要求银行减少抵押贷款，但效果不佳。外资的进入使韩国银行业竞争加剧，但银行服务的差别化程度并没有因此提高，也没有改变羊群心态。2001 年和 2002 年的信用卡事件②也表明，不管内资还是外资银行都会发生羊群行为。2003 年末，信用卡泡沫破裂，信用卡公司形成 90 亿美元的赤字。尽管外资银行参与了信用卡公司的借贷，但却拒绝与政府合作完成解救计划。信用卡危机暴露了韩国银行贷款的随意性和较低的风险管理能力，也反映出在遇到金融混乱或危机的情况下，外资银行是不会像本土银行那

---

① 内源融资是指公司经营活动结果产生的资金，即公司内部融通的资金。它主要由留存收益和折旧构成，是指企业不断将自己的储蓄转化为投资的过程。

② 亚洲金融危机爆发后，韩国政府极力推动国内经济结构的调整和升级，并将突破口选定在由出口导向型经济转为内需驱动型经济。在此政策主导下，韩国政府从 1999 年起强力推动信用卡产业的发展，力图通过消费信贷拉动和刺激消费需求。在短短两三年间，韩国信用卡业务飞速发展，2001 年达到顶峰，一举成为亚洲最大的信用卡市场，信用卡发行总量突破 1 亿张，15 岁以上的韩国人平均拥有 4 张信用卡，拥有 10 张信用卡的人数超过 23 万。2001 年，韩国的国内需求占总需求的 75%，比 1998 年的 20%提高了55 个百分点。2002 年后，过度的信用消费逐渐露出端倪，信用卡滞付率不断上升，滞付金额越滚越大。2001 年末，韩国信用卡的滞付率为 3.8%，2002 年末上升到 8.8%，2003 年 1 月末达 11.1%。

样与政府合作共渡难关的①。

4. 危机后的新监管体系

韩国建立了新的监管体系。根据《金融监督管理组织设立法（EFSO）》和1997 年 12 月修订的《韩国银行法》，韩国整合了四家金融监管机构（银行监管办公室、证券监督委员会、保险监督管理委员会与非银行监管局），建立了金融监督管理委员会（FSC）及其执行部门金融监督院（FSS）。金融监督管理委员会作为综合的决策机构，负责监管与整个金融业相关的一切事务。2008 年，政府调整了金融监管体系，整合了金融监督管理委员会的监管职能和财政部的金融政策职能。通过将金融监督管理委员会主席和金融监督院院长职位分设，实现了政策制定和政策执行职能的分离。

第六节　俄罗斯金融开放历程

一、俄罗斯金融开放历程

1991 年 12 月 26 日，历经 69 年风霜的苏联正式解体。苏联解体后，作为苏联最大加盟国的俄罗斯继承了苏联的衣钵，在政治上，变集权体系为西式的分权制度；在经济上，采取激进的"休克疗法"。为了在短时间内建立起市场经济体制，俄罗斯通过大量变卖国有资产，利用国有股份私有化提高私有经济在国家经济中的份额。私有化作为"休克疗法"的核心内容，要求建立现代化的金融制度，具体包括建立二级银行体系、建设现代证券市场、利率市场化、资本自由流动、浮动汇率制。最初的"休克疗法"确实起到了积极作用，打破了苏联时期高度集中的政治经济体制，然而，由于经济发展过快，在开放不久俄罗斯国内市场就出现了严重的混乱，阻碍了对外开放的步伐。1994 年 2 月，俄罗斯宣布放弃"休克疗法"改革，但在私有化土壤上结出的恶果却一直在延续，经济连续 7 年负增长，GDP 几乎减少一半，物价暴涨，俄罗斯经济整体倒退 20 年。

1997~1998 年，由于东亚金融危机及俄罗斯政府在经济转轨过程中的政策失误，诱发了俄罗斯经济危机。在经济危机之后，俄罗斯吸取教训，重新建立了本国的经济体制。在随后的改革中，由于俄罗斯的银行业较早进入国际金融市场，

① 曲凤杰．韩国金融开放的经验和教训［J］．新金融，2006（8）：24-27.

外国的混业经营理念为俄罗斯提供了全新的思路。至此，俄罗斯走出了一条符合自身国情的金融对外开放之路，加快了国内外金融一体化的进程①。

（一）叶利钦时代（1992~2000 年）："休克疗法" 的实施

苏联解体后，俄罗斯联邦首任总统叶利钦推行市场经济和民主制，采取了以开放价格和国企大规模私有化为主要内容的 "休克疗法"。在银行体系、金融市场、利率市场化、卢布可自由兑换和汇率开放等方面进行了激进的改革，其初衷是以短期的经济下降为代价，换得资本主义经济制度的建立。叶利钦执政的八年间，俄罗斯市场经济体制的框架已形成，但 "休克疗法" 改革引起了社会经济的混乱、经济大幅下滑、恶性通货膨胀严重、失业率急剧上升、收入分配严重不公、贫富差距迅速扩大、各利益集团矛盾激化以及政治上的不稳定等，经济进一步恶化。

1. 间接金融的体系改革

1988 年，苏联提出建立二级银行体系，打破一家银行几乎包揽全部银行业务的大一统银行制度，成立国家银行和五家专业银行，其中，国家银行负责接近中央银行的业务，苏联农工银行、苏联住宅共用事业和社会发展银行、苏联工业建筑业银行、苏联对外经济活动银行、苏联居民劳动储蓄和信贷银行这 5 家专业银行负责各自相关领域的拨款、信贷、结算、出纳和卢布监督②。1990 年底，《俄罗斯联邦中央银行法》和《俄罗斯联邦银行及银行活动法》先后颁布，为俄罗斯银行的经营活动提供了法律规范，确定了中央银行代替原有的专业银行活动，对俄罗斯银行体系改革有重要意义。1992 年，俄罗斯加快了对银行业的私有化改造进程，放松申请银行业务牌照的条件，中小银行数量快速增长。在经济转轨的过程中，银行的私有化是其一大重点。随着旧式国家垄断的单一银行体制被打破，中央银行与商业银行并存的二级银行体制开始建立，之后，俄罗斯基本开放了本国银行业，外国金融机构大量进入俄罗斯。

2. 直接金融体系的改革

俄罗斯证券市场出现在 1991 年上半年苏联政府实施的《股份公司法》后，并随着《关于有价证券发行与流通及俄罗斯联邦证券交易所规则》法案和一系列私有化企业凭证流通法案（1992~1993 年）公布逐渐发展起来。

俄罗斯国内劳动集体股票无法在二级市场流通，且持有人只能是自然人，因此，1991~1992 年，俄罗斯组建了证券交易所和商业银行股票市场并制定相关法律。随着国企私有化的股份有限公司数量剧增，相应的股票市场也蓬勃发展起

---

① 邹迪凡. 中国金融对外开放度影响因素研究 [D]. 吉林财经大学博士学位论文, 2021.
② 周蔚巍. 俄罗斯金融改革的历程及启示 [J]. 商, 2016 (1): 202-203.

来。1994年后,俄罗斯有价证券的发展进入了新的阶段,一系列相关法律颁布实施,包括《俄罗斯联邦公民法典》《俄联邦中央银行法》《股票公司法》《有价证券市场法》等。同时,俄政府还制定了相关政策以吸引外资进入国内证券市场。

最初,俄罗斯债券市场基本上被国家债券垄断,主要包括国家短期债券①、政府债务债券②、国家储蓄债务债券③、国库券、国内外汇债务债券和资金债券、黄金债券和联邦黄金债务债权。俄罗斯政府发行短期债券的初衷是使其成为最安全、最受欢迎的投资工具,然而在发行过程中出现了很多问题,例如发行量过大、盲目进行国债回购加剧通货膨胀、盲目放宽外资进入国债市场条件等。这些问题导致投资者信心丧失,股市、债市、汇市全部暴跌,引发银行挤兑和居民抢购,实体经济遭到严重冲击,最终于1998年爆发了债务危机。

3. 利率市场化改革

20世纪80年代,苏联经济形势严重恶化,经济增长几乎停滞。1990年出现和平时期的首次负增长。俄罗斯国家统计委员会发布的1991年经济社会发展状况公报显示,俄罗斯国内生产总值比1990年下降9%,国民收入和基本投资均下降11%。生产下降导致商品供应紧缺,消费品和收费服务的零售价格总指数比1989年增长92%,食品价格指数则高达1500%。与此同时,政府赤字总额高达国内生产总值的21%。再加上俄罗斯金融市场的落后使得经济持续恶化、通胀严峻。在此背景下,俄罗斯政府采取了较为激进的利率市场化改革,整个过程从1992年开始,到1995年基本完成。具体而言,改革阶段大体分为两个阶段。第一阶段是1992~1993年,即利率市场化改革初期。俄罗斯主要采取放开利率管制、收紧直接贷款发放条件、实行季度信贷分配限额制、发展银行间同业拆借市场和引入公开市场操作等措施,迅速推行金融自由化,尽早实现利率市场化的目标。第二阶段是1994年至1995年初,这一阶段俄政府采取的主要措施是实行信贷拍卖制和取消央行直接贷款模式。此外,俄罗斯还大刀阔斧地采取金融业产权制度改革,打破原本银行体系国有垄断的局面,实行中央银行与商业银行并行的双轨制银行体系,各种私人银行、外资银行以及股份制银行等纷纷涌现。然而,经过利率市场化改革后,俄罗斯利率水平仍在1995年后总体上呈下降趋势。在改革过程中,政府放松了对银行及其他金融机构的控制,在改革初期又缺乏相应

---

① 国家短期债券是当时交易量最大的一种债券,属于短期的无息国债,首次拍卖时间为1993年5月,总额为10亿卢布。

② 政府债务债券第一次出售拍卖的时间为1995年6月。

③ 国家储蓄债务债券可用于抵押品,也可用作结算手段,首次发行于1995年秋天。

的监督机制和管理经验，以及金融法律制度方面的不健全，导致了恶性竞争等搅乱市场的行为，不但没有使银行、金融业得到发展，反而导致银行工作效率下降。

4. 汇率市场化改革

1989 年 11 月 3 日，苏联对外经济银行举行了第一次外汇拍卖活动，这也被视作俄罗斯外汇市场的起点。1992 年 7 月，随着《外汇调节法》和《外汇调节与监督法》的颁布，俄罗斯开始采用经常账户下的统一浮动汇率制。汇率的放开使汇率基本由外汇市场供求状况决定，这是金融自由化的具体体现之一。然而，在经济衰退和恶性通胀的背景下实施的汇率开放引发了国民大量买进美元的狂潮，导致卢布严重贬值，资本大量外逃。1995 年 7 月，俄罗斯政府为了遏制汇率状况的急剧恶化，自当年 7 月 6 日起开始实施"外汇走廊"的政策。这使得浮动汇率变成了盯住美元的一种方法，即把卢布与美元的汇率强制限定在政府能够控制的范围内。在此之后，俄罗斯外汇市场逐渐稳定并发展起来。1998 年金融危机爆发后，卢布大幅被抛售，俄罗斯被迫放弃外汇走廊制度，汇率又重新变成了自由浮动汇率。严重的外汇危机使得俄罗斯政府不得不停止外汇自由化的脚步，开始加强对市场的监管和干预。

5. 证券市场改革

俄罗斯证券市场主要由国家有价证券市场和私有化企业股票市场组成。俄罗斯的股票市场经历了从无序发展到逐渐规范的过程，且国外资本对俄罗斯证券市场的发展起着重要作用。1992 年，随着企业私有化、公司化改革的推行，俄罗斯股票市场正式诞生。1994 年 1 月 1 日，叶利钦签署《关于国有企业必须进行私有化》和《在国有企业和地方政府所有企业私有化过程组织有价证券市场》两个总统令，奠定了俄罗斯股票市场的制度基础。1994 年 6 月底，俄罗斯国有企业改革采取"证券私有化"，即通过发放私有化证券无偿转让国有资产的产权，当时共发放 1.5 亿卢布的证券，占国有资产总量的 35%。1994 年 7 月，俄罗斯政府宣布调整私有化方针，开始转入"现金私有化"阶段，政府有意识扩大出售经营状况好或者有发展前途的企业股票，如卢克石油公司和天然气工业公司的股票，股票市场迅速发展起来。1996 年，俄罗斯出台了《有价证券市场法》，股票市场开始在法律的框架下运行。

但相对于发达国家，俄罗斯的股票市场规模很小，国内参与者不多，但积极对外资开放，导致投机盛行，市场的主要参与者是外国投资者。其中，一部分打着"外资"幌子的国内资本外逃后又借助股票市场回流到俄罗斯国内。这部分国内资本在国外避税地区（如塞浦路斯等）建立公司，以"外资"的名义在俄罗斯国内进行业务活动，目的是逃避国内较高的税率。1997 年 10 月，俄罗斯股票价格达到 517.7 的历史高点，随后爆发的东南亚金融危机席卷俄罗斯，仅仅一年时间，俄罗斯股票价格就缩水 90%。1998 年 2 月，由于原油价格攀升以及俄国内工业生产逐渐恢复，股市开始回升。

（二）普京时代（2000~2008 年）：危机后的重建与再次出发

2000 年，普京就任总统后，为了提振经济，维持社会稳定，继续推进金融自由化改革，采取了一系列的政策和措施。

面对 1998 年财政赤字过大的问题，俄罗斯政府在经常账户上开源节流，主要包括税制的改革和预算支出的控制，最终政府财政逐渐恢复收支平衡。2000 年后，俄罗斯政府推行渐进型转轨，包括银行重组、加强银行体系稳定、加大银行监督力度等，银行的信贷结构趋于合理，金融法律制度得以完善。2006 年，俄罗斯放开了金融和资本账户，卢布在资本账户下完全可兑换，相对于发达国家资本市场完备的价值评估体系，俄罗斯公司的股票价值被严重低估，刺激了外资流入，尤其是短期投资，此时外国资本加速流入俄罗斯股市。2007 年，俄罗斯的外国证券投资增长至 130 亿美元，受到数量庞大的外资的推动，俄罗斯股票价格快速增长，产生了价格泡沫。2006 年后，俄罗斯两级银行体制得到完善，俄罗斯央行逐渐独立，职能也发生了转变，由财政的出纳处变为宏观经济调控的主体，实施宏观经济调控、通过货币政策工具控制货币总量。针对随后在改革过程中商业银行出现的一系列问题，俄罗斯中央银行采取了一系列措施，主要包括提高最低法定资本数额、调整法定存款准备金率、设立存款保险制度和提高资本充足率的标准等。

（三）梅德韦杰夫时代（2008~2012 年）：创新发展战略

2008 年，梅德韦杰夫就任总统。俄罗斯进入梅普联合时期，新政府继续渐进式的经济改革，推动金融体系向更加自由化的方向发展。2008 年下半年，次贷危机引发的金融危机造成全球经济衰退，俄罗斯银行业陷入破产边缘。为了避免金融机构的大量倒闭，梅德韦杰夫签署了《支持金融体系补充法案》，规定俄央行可以依据该法案对信贷机构提供担保，购买私有公司的股份，以帮助本国公司度过债务危机。同时，为避免进一步的恐慌，俄罗斯还提高了居民存款保险补偿金标准[1]。次年，梅德韦杰夫提出了包括政治现代化、经济现代化和社会现代化三个维度的"全面现代化战略"，目的是加快金融经济领域的自由化改革步伐，让改革朝现代化的方向前进。然而，受 2008 年国际金融危机的冲击，俄罗斯金融市场波动剧烈，外汇市场遭受了重大打击。为了缓解金融危机的负面影响，俄罗斯内部金融体制改革由激进式转变为了渐进式，金融开放的速度放缓，

① 周蔚巍. 俄罗斯金融改革的历程及启示［J］. 商，2016（1）：202-203.

政府采取了一系列措施来增加市场流动性、稳定证券信贷机构和救援大企业。确立了将莫斯科建设成为新的国际金融中心的目标，实现了国际结算多元化，吸引了更多的外国投资者，推动了俄罗斯对外开放市场的发展①。之后，俄罗斯又在金融改革方向上增加了新的内容，包括扩大区域金融合作与落实金融深化改革战略，并且关注金融稳定与安全②。

（四）新普京时代（2012年至今）：新经济战略

2012年，普京再次竞选总统时提出了新经济战略构想，主要包括六个要点。一是大力发展以现代化技术为基础的新型工业经济体系、现代化服务业、农业和基础设施。二是确定高新技术领域的优先发展方向，即制药业、化工、复合材料、航天航空、信息通信技术、纳米技术和核工业。未来10年，技术创新企业应从目前的10.5%提升到25%，劳动生产率要提高1倍。三是建立大型国家企业和垂直控股公司，使其成为全球化的、有竞争力的、能提供高技术产品的现代化企业集团，并在47家国有股份企业中制订了创新发展计划。四是借助税收、关税等政策杠杆引导私人企业进入高技术领域投资创新，力争将其年收入的3%~5%投入研发。五是小企业所提供的工作岗位至少要占整个经济提供岗位的50%，大部分小企业到2020年应成为全球市场上的智力型和创造型部门。六是加强对高校和科研机构的财政扶持力度，到2018年国家科学基金拨款达到250亿卢布，科研类高校50%的经费由国家预算拨款，到2020年应建成几所在现代材料和社会科技领域领先的世界级大学。

2013年7月，普京签署了关于成立统一金融监管机构的法案，在央行下设立金融监管委员会，代替被撤销的联邦金融市场管理局，实行对证券、保险、养老金管理以及投资等领域的统一监管，结束了数个金融监管部门间职能重叠现象，强化了政府对金融系统的监管，提高金融监管的稳定性和有效性，降低系统性风险，使银行业、证券业、保险业的监管权力都集中于中央银行。2014年，由于国际市场原油价格暴跌和西方因乌克兰危机而对俄罗斯实施制裁卢布贬值超过40%。俄罗斯被迫在外汇市场大量抛售美元，外汇储备流失严重，普京在2014年12月4日的国情咨文演讲中表示，将对回到俄罗斯的资本进行大赦，期望离岸资本能够回流俄罗斯，帮助俄经济渡过难关③。2018年修订的《俄罗斯联邦中央银行法》赋予中央银行对金融机构更大的监管权力，在不干涉信贷机构、银行

---

① 邹迪凡. 中国金融对外开放度影响因素研究［D］. 吉林财经大学博士学位论文，2021.

② 吴婷婷，何俊文. 俄罗斯金融自由化进程：改革、危机与启示［J］. 浙江金融，2015，441 (12)：55-60.

③ 周蔚巍. 俄罗斯金融改革的历程及启示［J］. 商，2016（1）：202-203.

及银行集团、银行控股公司日常业务的情况下，依法履行监管职权。

二、俄罗斯金融开放历程中的特别做法——二级银行体系的完善建立

(一) 二级银行体系的构建

直到 20 世纪 80 年代，苏联实行的都是与计划经济体制要求相适应的一级银行制度，其主体是国家银行，辅以建设银行、外贸银行、劳动储金局等。一级银行制度具体表现为：银行业由国家垄断，高度集中，体系庞大但结构单一，实行行政化管理；中央银行的地位并不明确，功能异化，兼有商业银行的职能；金融业附属于国家财政，缺乏商业信用基础而且银行效率低下。

俄罗斯金融体系改革的目的是建立起一个以市场为导向的金融体系，这势必要打破苏联一直以来存在的单一银行体系，建立二级银行体系。1988 年，《苏联国家银行章程》出台，标志单一银行的垄断结构转变为二级银行制度，其中，处于核心地位的是国家银行，此外还有 5 家专业银行——储蓄银行、外贸银行、工业信贷银行、农业银行及住宅和社会发展银行。根据 1988 年通过的《合作企业法》，政府允许私人资本建立银行，企业可以成立所谓的"袖珍银行"作为相关企业的账户代理人。1990 年底，《俄联邦中央银行法》和《俄联邦银行及银行活动法》确立了俄联邦中央银行的地位，并且规定所有银行都必须改建成不少于 3 个股东的股份制商业银行，早期的五大专业银行也改组成了最大的国有商业银行。苏联解体后，俄联邦中央银行顺理成章地履行俄罗斯中央银行的职责。但是，由于此前俄罗斯放开了对私人资本包括外资建立银行的限制，法律上允许建立任何所有制形式的银行，并且准入条件非常宽松，导致银行数量快速增加。

到 1991 年，苏联已有 1000 多家商业银行，大多数银行是由企业和商业机构合作建立的。1992 年 1 月，俄罗斯开始全面进行市场经济改革，包括银行体制方面等重大变革。俄罗斯银行体系真正开始向二级银行体制过渡并取得实质性进展。

(二) 商业银行的发展

俄罗斯绝大部分商业银行的前身是苏联时期国家银行的分行或原专业银行的分支机构，这些银行通过私有化过程组建成为新的银行。发展和建立独立的商业银行体系是俄罗斯银行体系改革的重要任务之一。1990 年，俄罗斯共有 3 家专业银行和 202 家商业银行。俄罗斯中央银行出台了一系列政策和措施鼓励国内商业银行发展。在这些政策和措施的刺激下，俄罗斯商业银行的数量迅速增加，产权制度更加多样化，形成了由国家所有制银行、行业银行、股份制银行及外汇银行组成的商业银行体系。商业银行可开展的业务范畴更加广泛，从 1994 年起，俄

罗斯商业银行按照综合银行体制的模式发展，即商业银行业务和投资银行业务统一经营。除了传统的银行存贷款业务，商业银行还积极参与债券、股票发行承销，证券经纪，证券、外汇等各项业务。俄罗斯商业银行的监管体系主要由中央银行与财政部构成监管主体，其中央行主要是从经济、金融和会计等方面考察审核银行的设立以及监督银行的经营；财政部主要负责银行税收的监督检查；证监会、金融机构重组公司及金融监管委员会等机关协助共同监管①。

（三）银行业开放

在银行体制改革的过程中，俄罗斯曾对外资银行进入采取了严格的限制措施。虽然截至 1997 年已有 10 家外资银行获得了俄罗斯中央银行所颁发的许可证，但国内商业银行和既得利益集团担心外资银行带来的强大的竞争压力会损害自身利益，因此竭力反对外资银行进入国内。迫于压力，政府设立了许多苛刻条件限制外资银行的进入。例如，俄罗斯政府规定外资独资银行最低注册资本额不得少于 500 万美元；外资银行资本不得超过俄罗斯银行业总资本的 12%（1994年这一指标降到 5%）；外国银行不得经营俄罗斯公司的股票业务；外国银行只能在俄罗斯境内设置一个分行等措施。虽然俄罗斯依靠这些措施限制了外资银行对国内银行体系的渗透，但也堵住了国内银行和外资银行进行合作、提高管理技术水平能力的通道。1997 年金融危机后，这些限制被逐步取消，大量外资银行得以进入俄罗斯国内开展业务②。开放后的几年，俄罗斯银行业的发展十分活跃。银行部门的所有发展指标都好于国家宏观经济指标及其他经济发展指标，银行业的发展速度大大领先于总体经济发展及其他经济部门的发展。这主要是因为，一方面，俄罗斯银行业特别注重发展居民消费贷款，贷款机构在俄罗斯经济与消费领域里的作用有不断加强的趋势，俄罗斯银行业的经营状况得到显著改善。另一方面，随着居民收入的提高以及对银行体系信心的增强，自然人在银行的储蓄保持了较快的增长势头。此外，国际组织对于俄罗斯银行业的信任度也在持续上升③。

俄罗斯的金融开放的特点是较为单一地集中在汇率自由化和资本账户的开放上，但在货币国际化、建设区域金融中心等方面长期没有明显的成果。这是一种危险的模式，它意味着本国金融开放的意义仅在于为国际资本提供了一个新的投资目的地，俄罗斯的货币仅是投资中介工具，资产定价权不在本土，国际资本也

① 纪乃方，陈思. 在探索中发展的俄罗斯商业银行 [J]. 银行家，2006（2）：103-105.

② 何飞. 中国金融开放模式及其经济增长效应研究 [D]. 复旦大学博士学位论文，2014.

③ 林铁钢，维·尼·梅尔尼科夫，侯锐. 在稳定中推进银行业的改革与开放——访俄罗斯银行副行长维·尼·梅尔尼科夫 [J]. 中国金融，2006（10）：12-14.

不会停留在本土进行交易。一旦出现风险，国际资本就会迅速撤出，导致市场凋敝。俄罗斯近 20 年来出现的货币危机基本都是这一套路的重演。只有资本账户开放、货币国际化和国际金融中心建设等金融开放举措齐头并进，相互缓释风险，金融开放才不会沦为国际资本逐利的"跑马场"，才能真正有益于开放国的金融国际化和现代化①。

第七节　阿根廷金融开放历程

一、阿根廷金融开放历程

阿根廷作为拉丁美洲的主要经济体之一，在 20 世纪 70 年代起开启金融开放进程②，开放措施全面且步伐迅速。20 世纪 90 年代，阿根廷开始实施"新自由主义改革"，但国企私有化改革、市场经济自由化改革等均存在威胁金融安全与经济稳定的因素，最终导致金融危机多次爆发。2008 年国际金融危机爆发后，阿根廷经济在 2010 年复苏，2011 年又在"选举经济"的刺激下实现了 6% 的增速。然而，2011 年下半年起，发达国家经济复苏乏力、欧债危机进一步深化、巴西经济不景气使外国投资者对阿根廷的信心下滑，资本外逃情况加重。2012年以来，外部不利条件持续冲击，克里斯蒂娜政府经济政策未见成效，资本外流、外汇短缺与高通胀使得阿根廷经济陷入困境，深层次矛盾凸显。2015 年 11月，在经济与社会形势持续动荡的背景下，阿根廷大选出现政党更迭，中右翼"变革"联盟领袖马克里当选总统，开启经济自由化改革③。阿根廷金融开放对经济增长影响的研究表明，金融发展对宏观经济增长具有促进作用，金融发展水平越高越有利于经济增长，金融开放的经济增长效应变化是渐进的过程。当前，新冠肺炎疫情的基本结束、复工复产加快和国际大宗商品价格上涨等多重因素，推动阿根廷经济加快复苏④。

———————

①　中国资本市场研究报告（2020）［EB/OL］. http：//www.cevsn.com.

②　闫屹，卜鹏荣. 阿根廷金融开放及其对经济增长的影响机制研究［J］. 中国外汇，2022（11）：74-76.

③　朱晓金. 2012 年以来阿根廷宏观经济问题与政策分析［J］. 拉丁美洲研究，2017，39（2）：77-91+156-157.

④　姚明峰. 阿根廷经济加快复苏［N］. 人民日报，2021-09-30（017）.

二、阿根廷金融开放历程中的特别做法

(一) 20 世纪 70 年代末至 80 年代末: 进口替代型发展战略

早在 20 世纪 50 年代, 阿根廷就已经开始实行进口替代型发展战略和贸易保护主义政策。20 世纪 60 年代, 阿根廷非常注重重工业的发展, 刻意保护本国工业, 工业有效保护率①一度接近 100%, 一些资本密集部门的有效保护率甚至高达 195%。这种保护行为最终导致国内生产率低下, 本国产品缺乏竞争力。显然, 进口替代型发展战略在当时已无法满足阿根廷国内经济进一步发展的要求。20 世纪 70 年代末, 为寻找新的经济发展引擎, 阿根廷启动了金融自由化改革。

1. 利率市场化改革

1975 年, 阿根廷大力推进利率市场化进程, 取消了对除储蓄存款利率之外其他利率的管制。1976 年 9 月, 阿根廷取消了对储蓄存款利率的限制。1977 年 6 月, 阿根廷颁布了《金融法》并开始全面推行利率市场化, 取消对所有利率的管制, 实现了利率的全面自由化。

在全面推行利率自由化后, 阿根廷高通胀水平、金融市场发展缓慢的状况并未得到有效改善, 经济的波动性反而日益加剧。GDP 年增长率剧烈波动; 国内严重的通货膨胀也未得到有效控制; 利率波动幅度加大, 名义存款利率逐渐攀升; 企业融资成本显著上升, 大部分资金需求者被迫转向利率较低的国际金融市场融资, 导致外债规模快速扩张, 许多企业因无法偿还贷款而倒闭, 造成银行的坏账规模不断扩大, 严重冲击了银行系统, 导致许多银行因无法收回贷款而破产。为了挽救国内银行业, 阿根廷的中央银行不得不发行 10 万多亿比索的债务来救助国内银行体系, 而这一举措又加大了其债务规模, 外债规模如 "雪球" 般越滚越大, 外加经济波动频繁, 债务危机最终于 1982 年爆发。

2. 资本流动自由化改革

1975 年, 阿根廷放弃固定汇率制度, 实施爬行盯住的汇率制度安排, 逐渐取消经常账户与资本账户的大部分限制。1977 年实施的金融体制改革主要包括两个方面: 一是取消新金融机构进入国内金融市场的限制, 内资和外资金融机构在开展金融业务时在法律上均享有同等待遇; 二是全面扩大银行的各类业务范围。通过放松对外国金融机构入驻的限制、允许本国银行经营外币业务, 阿根廷逐渐淡化了国内金融市场与国际金融市场的界限, 开始积极推进金融国际化。此次金融体制改革, 放松了新银行与金融机构的开设要求, 官方开始公布比索期货

---

① 有效保护率, 即有效关税率, 是整个关税制度引起的国内增值的提高部分与自由贸易下增值部分的比值。

汇率，并于 1978 年出现了市场汇率的外汇贷款。为配合外汇管制的放松，缓解国内严重的通货膨胀，阿根廷让比索大幅贬值。此外，金融体制改革带动了银行信贷量的猛增和通货膨胀率的上升，比索持续贬值与通货膨胀加重形成恶性循环。1977~1979 年比索大幅贬值，阿根廷当局为控制国内通货膨胀实施了紧缩的财政政策，比索贬值速度下降。但是，比索贬值速度下降后，出口增长随之下降，致使经常账户赤字上升。为了弥补出口方面收入的损失，政府开始大幅提高国内利率，致使国内外利差增大，导致外债规模扩大，加速了阿根廷债务危机的爆发。

（二）20 世纪 90 年代初至 2001 年：新自由主义改革

20 世纪 80 年代，阿根廷爆发严重的债务危机，国内金融改革中断。在意识到进口替代发展模式的弊端后，为尽快恢复经济发展，20 世纪 90 年代初，阿根廷开始实行新自由主义改革，实行出口导向型发展战略，主要措施包括货币局制度、国有企业私有化改革、经济自由化改革，全面推进金融开放。

1. 货币局制度

1991 年 4 月《自由兑换法》的出台，标志着阿根廷开始实施货币局制度，规定货币与外汇储备进行绑定式关联，确定比索与美元的汇率固定为 1∶1。货币局制度实施后，阿根廷实现了比索与美元的自由兑换，国内通胀得到控制（见图 5-2），国外投资者受到稳定汇率的吸引，经济得到一定程度的恢复。尽管货币局制度使阿根廷得到短暂喘息，但弊端也随之显露：过于紧缩的货币政策阻碍了其经济发展，GDP 年增长率不断下降（见图 5-3）；固定汇率制度导致阿根廷政府无法及时自由调整汇率水平来应对国际经济波动；美元汇率上涨使比索价值被高估，对阿根廷出口产生冲击；连年贸易逆差导致阿根廷偿债能力降低，外汇储备减少造成国内货币供应萎缩与利率上升，资金不足使阿根廷金融业深陷泥潭。过于僵硬的货币局制度导致货币政策失效，阿根廷政府面对经济日渐衰退的局面却束手无策。

2. 国有企业私有化改革

在阿根廷推进工业化建设阶段，国有企业发挥了不可忽视的作用，它垄断了公共部门，同时为社会增加了就业机会，加快了民族经济的发展。但随着国内外经济形势的变化，国有企业固有的缺陷日渐凸显，政府对经济的过多干预，使国有企业的经济效益日益低下，产品无法满足国内需求。为了提高国内生产力，20世纪 90 年代，阿根廷开始了国有企业私有化改革，并在私有化过程中大力推行优惠政策。

改革之后，外资进入国内银行业的速度极快。1992 年，由阿根廷本国控制的银行资产占全部银行资产的比重高达 82%，由外国资本控制的银行资产仅占18%，但短短 5 年间，由本国控制的银行资产大幅降至 48%，由外国资本控制的

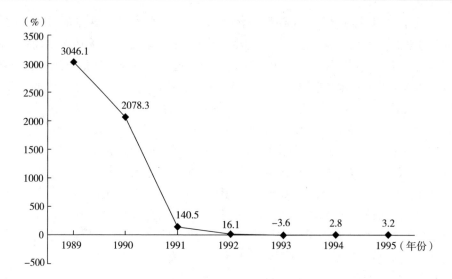

图5-2　1989~1995年阿根廷通货膨胀率变化

资料来源：世界银行。

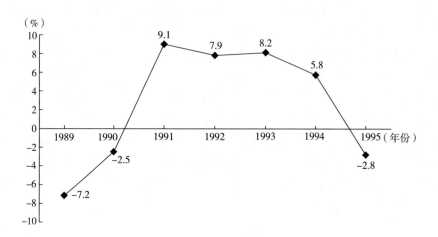

图5-3　1989~1995年阿根廷GDP年增长率变化

资料来源：世界银行。

银行资产则快速升至52%，2001年外资银行占比已是本国银行的2倍（见图5-4）。截至2001年，阿根廷10家最大的银行中，外资控股的银行有8家，包括花旗银行、纽约银行、波士顿银行等著名美国大银行。阿根廷的外资银行比重已位居拉美国家之首，这得益于阿根廷迅速且彻底的国有企业私有化改革，阿根廷的经济与财政状况也得到明显改善。然而，激进的私有化改革也伴随着隐患与威胁。首先，国企私有化导致财政收入减少，同时阿根廷时任总统梅内姆为求连任大幅提高财政开支，政府不得不大量举债弥补巨额赤字和维持经济运转；其次，银行业被外资掌控不利于国家金融安全；再次，私有化改革中不乏大量短期投机者，加大了经济波动隐患；最后，由于私有化改革片面追求速度，一些必要环节透明度不足，腐败现象严重。上述问题均对阿根廷的经济复苏产生了负面影响。

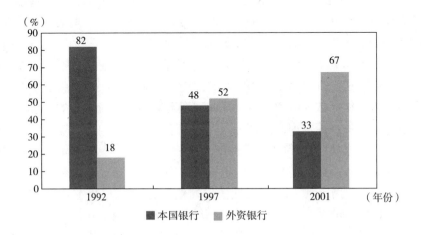

图 5-4　1992~2001 年阿根廷银行业的变化

资料来源：杨斌. 阿根廷的金融开放与银行危机［J］. 财贸研究，2003（6）：35-40+52.

3. 经济自由化改革

新自由主义改革中的经济自由化主要包括贸易自由化与资本市场自由化。

1989 年以后，阿根廷对进出口管理进行改革，解除了大量进口限制，推行贸易自由化。除药品、食物、国防材料及其他特殊商品须先征得有关部门的批准以外，其他产品可通过特殊的进口统计系统登记。然而，这些措施并未取得预期效果。在国际市场上，阿根廷比索的价值被高估，国内劳动力成本过高，产品在国际市场上缺乏竞争力，导致贸易量大幅度降低，出现贸易逆差、国际资本净流出等现象。统计数据表明，20 世纪 90 年代后，阿根廷国际收支逆差额在 1991~1997 年保持 27 亿美元左右，而到 1998 年高达 146 亿美元，逆差年增长率高达441%。同时，由于阿根廷在贸易自由化的改革中没有兼顾国内产业的结构优化，未能成功引导中小型企业正确落实出口导向型的经济发展战略，最终导致大部分中小企业破产，国内失业问题愈加严重。

1989 年 11 月阿根廷放开资本市场，其中一项重要措施是颁布《新外国投资制度》，撤销有关外国投资形式与性质的所有法律限制，实施自由化的外汇管理制度。但资本市场开放后对国内经济运行与金融市场的发展影响极大，效果也不尽如人意。资本市场开放后1~3年内证券化率以及GDP增速大幅增长，证券市场规模迅速扩大，其中GDP增长率达到10%以上，但很快发生大幅下降。阿根廷资本市场开放速度过快，未与国内经济发展同频共振，并未促进国内经济稳健发展，为金融危机的爆发埋下了伏笔。

1991年，阿根廷颁布《自由兑换法》，取消了证券交易税，允许银行等金融机构和企业发行以外国货币为计价单位的可转让债券及其他类型的商业债券。开放资本市场的措施及政策的出台，使阿根廷资本项目迅速实现了完全自由兑换。为进一步吸引外国资本的流入，阿根廷于1992年颁布了《免税法》，继续鼓励外资进入，再次加速了资本金融市场的开放。一系列制度的实施，吸引了大量外资进入，国内外资银行数量激增，金融开放程度迅速提升。但外资的大规模流入将国际金融市场上的不稳定因素带进了国内金融市场，使国内金融体系抗风险能力减弱。且国际资本流动大多是投机性的、不稳定的，一旦外国资金抽离国内市场，引发金融市场动荡，潜在积聚的金融风险势必会迅速显现，金融危机一触即发。2001年底，阿根廷政府宣布延期偿付的债务总额达1320亿美元，相当于当时阿根廷GDP的50%，远超国际社会公认的20%的警戒线。阿根廷政府官方的违约公告，成为由单纯的债务危机引发经济、政治和社会三重危机的导火索与标志性事件。

（三）2001~2015年：实行浮动汇率制，放弃自由主义政策

2001年债务危机爆发后，阿根廷经济遭受重创。政府意识到新自由主义改革的错误，采取了临时性的资本干预与外汇管制等金融管制措施，并于2002年1月颁布《国家危机与汇兑制度改革法案》，宣布废除货币局制度①，开始进行浮动汇率制度、经济比索化等相关改革，以期挽救实体经济下滑的局面。阿根廷开始进入谨慎的金融改革与开放新阶段。

1. 实施浮动汇率制，取消盯住美元的固定汇率制

2002年初杜阿尔德总统上台后，为稳定经济，阿根廷于2002年1月6日颁布《国家危机与汇兑制度改革法案》，废除《自由兑换法案》，放弃了持续11年之久的盯住美元货币局制度，将比索兑美元的比价由1∶1调整为1.4∶1，于1月30日正式开始实行浮动汇率制。2002年1月30日，新汇率制度实施当天比索即发生贬值，比索对美元的汇率上升了30%，这不仅使国民乃至整个国际市场丧失对比索及阿根廷政府的信心，也未能改善整个外汇体系的状况，经济形势愈加

---

① 闫屹，卜鹏荣.阿根廷金融开放及其对经济增长的影响机制研究［J］.中国外汇，2022（11）：74-76.

严峻。

2. 关闭外汇市场，实施外汇管制

新自由主义改革引发的多重危机使之前流入阿根廷的国外资本大量逆转，外汇储备额急剧下滑，进口原材料和生产设备出现困难，生产活动无法正常进行，失业现象加剧，国内经济形势严峻。为限制国内资本外逃，阿根廷被迫关闭外汇市场，限制外汇账户的提款额度。这些强制性的干预措施引发了社会的动荡，社会矛盾迅速激化，国家再度陷入危机。由于危机存在传染效应，此次危机对整个拉美地区的经济产生了巨大的影响。此后，阿根廷采取了一系列的经济措施，如进行外汇管制、实行浮动汇率制等，逐步放弃自由主义的发展道路，并拒绝国际货币基金组织对其经济和政策的干预。

经历两次严重金融危机的阿根廷深刻地认识到了"过快""过度"自由化存在的问题，危机爆发后停止执行自由化的经济政策，逐步加大了政府对经济的干预力度。政策导向的转变逐渐将阿根廷从金融危机中解救出来，国家经济开始稳步复苏，在 2003~2008 年连续 6 年保持了经济增长的态势，各年经济增速均保持在 7%~8%的水平。然而，刚从 2001 年金融危机的沉重打击中恢复不久的阿根廷，受到 2008 年美国次贷危机和世界经济形势低迷的影响，再次陷入了外源性金融危机[①]中，国内经济在 2009 年再次出现了衰退。

（四）2015 年至今：重启自由化改革，推出新自由主义经济政策

全球金融危机后，2011 年受到巴西经济不景气和欧洲债务危机的持续影响，阿根廷资本外逃情况加重。外部冲击加大了阿根廷国内经济波动，政府持续推行的资本管制和贸易保护政策加速了比索贬值，高通胀率、资本外逃、外汇短缺的情况没有实质性改善。2015 年 11 月，中右翼"变革"联盟领袖马克里当选阿根廷新任总统，推出一系列新自由主义经济政策。汇率方面实施"休克式"自由化改革，让比索一次性贬值，彻底释放潜在的货币贬值压力；贸易方面消除大部分贸易管制，给予农产品出口税收照顾，以农产品出口为途径解决外汇短缺问题；[②] 同时结束与"秃鹫基金"长达 15 年的债务纠纷，此举标志着阿根廷重返国际金融市场，意在通过引入外资创造新的经济驱动引擎。

虽然阿根廷当局做出了一系列努力，但改革效果并不乐观。长期以来影响阿根廷经济发展的病灶并未得到根治——巨额外债负担、失衡的经济结构以及动荡

---

① 外源性金融危机主要是指导致金融危机爆发的各种外部因素，包括贸易性、投资性、金融性、投资性等，必须引起充分的重视。

② 朱晓金. 2012 年以来阿根廷宏观经济问题与政策分析［J］. 拉丁美洲研究，2017，39（2）：77-91+156-157.

不安的政治环境并未得到根本性解决，因此在马克里改革的第二年，阿根廷便再次陷入危机，比索一路贬值，国内滞胀严重①。

从阿根廷的金融开放历程看，阿根廷的开放措施全面且步伐迅速。但其改革措施威胁了金融安全与经济稳定，最终导致多次爆发金融危机。因此，在金融开放的过程中不仅要注重开放速度，更要根据国情循序渐进地改革。

第八节　主要经验与启示

一、健康稳定的经济基础是金融开放的重要保证

金融开放的基础条件之一是健康稳定的宏观经济环境。金融开放需要强大的经济实力和强有力的货币地位相互支撑。根据美、日、德等国金融市场开放的经验教训得知：一国强大的经济实力、发达的对外贸易是影响金融开放的重要因素，且一国金融市场开放度的提升对促进货币国际化有举足轻重的作用。我们应借鉴美国和德国的经验，以强大的经济实力支持金融开放，同时要吸取日本的"金融型"国际化道路的教训，避免以扩充资本推动本国货币的国际化进程。虽然雄厚的经济实力、巨大的贸易顺差和充足的外汇储备大大提高了我国的国际地位，带动了人民币走向国际市场，但我国经济实力和综合国力与发达国家仍存在巨大差距。粗放式的经济增长方式和依靠外需带动经济增长的发展模式已经难以适应当前经济发展的需求。因此，我国要保持经济长期平稳较快增长，有序调整经济发展结构和贸易结构，推动实体经济和对外贸易稳定健康发展，在此基础上稳步推进金融开放。

二、健全的金融体系是实行金融开放的基础

建立健全金融体系、优化金融体系结构调整对处于升级转型期的我国至关重要②。推行金融开放必须建立在完善的金融体系基础之上，采取审慎的态度，不宜操之过急。在本国金融体系尚未完善的情况下，盲目追求开放的速度只会造成

① 闫屹，卜鹏荣. 阿根廷金融开放及其对经济增长的影响机制研究［J］. 中国外汇，2022（11）：74-76.

② 居鑫源，秦洪军. 经济转型升级背景下金融风险的形成与防范——基于墨西哥、韩国与阿根廷三国的对比分析［J］. 经济研究导刊，2019（19）：115-117.

实体经济更加脆弱。俄罗斯过早放开资本市场，导致包括美元在内的高信用等级货币大量涌入国内资本市场，国内银行系统及企业外债剧增，加剧了国家金融体系的脆弱性。

建立完善的金融体系，首先，应完善金融市场。一个健全的市场体系，不仅包括货币市场，也应包括债券、股票等资本市场；不仅需要开放国内金融市场，还需要通过国际金融市场实现资本的自由流动，这样才能使资源得到更有效的配置。其次，要加强金融基础设施建设，提高金融市场运行效率。作为金融工具价格发现机制的载体，金融基础设施通过记录信息、集中报价等市场化手段撮合交易，提高金融资源配置效率。同时，高效运行的金融基础设施还能充分调动市场流动性，疏通货币政策传导渠道。在信息高速发展与传递的今天，金融市场瞬息万变，只有拥有完备的金融基础设施，才能降低国际金融市场波动的影响。此外，要在已有市场的基础上继续建立或完善证券市场、保险市场、外汇市场等多类型金融市场，优化我国的金融市场环境。

三、坚持自主协调原则，稳健推进金融开放

首先要坚持自主原则。韩国、阿根廷的经验教训表明，必须根据本国国情自主推进金融开放，否则会使国民经济陷入混乱，甚至威胁经济金融安全。当前美国等发达国家频繁向我国施加金融开放的压力，但我国依然要坚持自主原则，以是否有利于我国经济发展、是否有利于我国金融体系健全与发展、是否有利于维护我国金融安全稳定为准绳，自主选择开放的时机、路径和力度。

其次要遵循协调性原则。借鉴韩国根据国内经济金融发展状况有序推进金融开放的经验，以及吸取阿根廷不顾本国经济金融基础贸然推进金融开放的教训，因金融开放是一项系统性工程，需要国内金融体制多层次、全方面改革的协调配合。因此，我国要从协调好金融开放和金融改革发展、平衡好金融开放和经济发展、统筹好国际国内两个大局出发，协同推进金融开放。

目前，我国汇率自由化、利率市场化和资本账户开放尚未完成，随着金融市场开放度不断提高，金融体制进一步深化改革势在必行。第一，要完善汇率形成机制，在保持人民币汇率在合理区间内趋于稳定的基础上，稳步扩大人民币汇率浮动区间，增强汇率的弹性，减少政府的干预；第二，加快利率市场化改革，让市场决定利率水平，提高金融机构自主定价的能力，缩小存贷利差，调节短期资金流向，促进金融市场的进一步开放；第三，在优化资本账户各子项开放顺序的同时，加强对资金流动的监管，降低和防范市场开放风险，使金融市场改革和资本账户开放相互配合，协调推进。

四、适度开放，科学把握金融开放路径

吸取阿根廷超越自身金融基础和监管能力快速全面开放，引发了一连串货币危机、债务危机和金融危机的教训，我国必须要合理把握金融开放的力度和速度，循序渐进地推进金融开放。目前，我国已进入金融全面对外开放的实施阶段，资本账户开放程度逐步提高。

我国在开放资本项目上应采取渐进式开放，稳步实现金融自由化。目前，我国90%的资本项目已实现全部或部分可兑换，但资本管制程度仍然较高，与资本项目的完全可兑换还有一定距离。首先，我们应加强对外资的管理，缩减短期外债的规模，警惕短期投机性资本的大规模流入。其次，我国应谨慎确定资本账户下各个项目的开放顺序，对各子项目的期限长短、波动程度及风险系数进行实时评估。再次，通过建立宏观审慎监管模式，以提高监管效率，加快利率市场化进程，完善短期利率调控工具，健全外汇市场等。最后，我国应坚定不移推进高水平、深层次对外开放，关键技术、关键行业实行积极的"进口替代战略"。对外，积极发展各种形式的多边和双边关系，增加美国对中国实施金融制裁的成本和难度。一是高质量共建"一带一路"，深化双边、多边经贸合作；二是进一步深化与欧美开放合作，加深中欧美在贸易投资、技术合作等领域利益绑定；三是在全球范围内建立更广泛的利益共同体，支持建立更多元化的全球秩序；四是改善商业环境，吸引各国投资者来华投资兴业。对内，一是在关键技术、关键行业、关键原材料等领域，积极实行"进口替代战略"，降低中国对外国企业、技术和市场的依赖；二是提升产业链、供应链现代化水平，做好创新链和产业链的"双链融合"，以保证经济发展的稳定与安全①。

五、过度依赖国际资本流入易诱发经济不稳定因素

过度依赖国际资本流入易诱发经济不稳定因素。在韩国面临金融危机困境时，尽管银行全面开放，外资仍然不愿意进入韩国市场承担银行结构调整的成本。只有在金融市场稳定后，外资才进入并充分享受了韩国银行私有化的好处。国际流动资本受高额利润的驱使，一旦市场上有些许变动令利润降低，它们会立即抽离该国市场，导致国内市场低迷进而引发危机。如2001年阿根廷债务危机爆发后，外资纷纷撤出，阿根廷政府不得不提高利率水平以再次吸引资本流入，投机性资本的流入造成了金融风险的激增，最终使整个阿根廷遭受了惨痛的财产

---

① 夏凡，林萍，王之扬，王欢．金融制裁与反制裁：美俄博弈及启示［J］．河北金融，2022（11）：33–37.

损失。

我国应该吸取阿根廷和韩国的教训，谨慎对待国际流动资本，不能被短期利益迷惑。目前，我国对短期资本流入的管制较为严格，对长期资本的流入管制较为宽松。在今后金融开放过程中，应继续遵循这一原则，慎重对待国际资本流入。一方面，我国应更多地依靠国内储蓄来发展经济，以利用本国资源、面向本国市场为主，立足中国国情，充分调动国内储蓄资金，将其作为国内各项建设资金的主力军；另一方面，要努力发展债券市场，丰富债券市场融资工具，降低融资成本，更多地通过债券市场筹集资金，控制国内的经济主权。

六、加强金融风险监管，完善系列配套措施

通过分析德国金融体系的发展历程可知：政府对经济运行及金融市场的监管非常重要。我国在进一步推进金融开放的过程中务必要全面提升监管能力，加快弥补制度短板和监管空白，特别是要加强跨境资本流动的监测、分析和预警。首先，在宏观管理中通过引入周期参数，构建逆周期的资本缓冲工具，搭建"资本管制+宏观审慎"的双支柱管理框架，健全与开放金融体系相匹配的宏观审慎监管框架和评估机制。其次，微观层面金融监管要做到"三大转变"，重点强化真实性、合规性监管：一是从数量监管转变为价格监管；二是从基于居民身份的行政监管转变为基于货币的资本监管；三是从事前审批转变为事后报告和监督。最后，应借鉴美国、俄罗斯等国的经验，做好应急演练准备，如果国际金融风险或跨境资本流动影响我国经济金融安全与稳定，可从容地进行临时管制。

金融开放是一项系统性过程，需要完善的配套措施才能顺利推进，而配套措施不完备正是制约我国金融开放的重要因素。当前，我国有关金融体系运行的法律法规还不够健全，如信贷资产转让、金融机构破产清偿、金融衍生工具等创新产品还缺乏必要的法律支持，资产管理与债券发行等业务链条长，存在监管套利嫌疑等。因此，首先，我国需要进一步完善相关法律法规，并与国际接轨。其次，构建有效的价格机制。一方面，要确立新的基准利率体系和无风险的国债收益率曲线，继续推进利率市场化改革；另一方面，要大力发展外汇市场，扩大人民币汇率浮动范围，增加汇率弹性，减少行政干预，真正实行有管理的浮动汇率制度。最后，要促进会计、审计、税收等制度环境和配套措施与国际接轨，加速金融信息等金融基础设施的建设，提高企业经营的便利性[①]。

---

① 石冠飞，汪三琴．国外金融开放的主要做法及对我国的启示［J］．西部金融，2018（7）：59-62.

七、加强以市场为核心的金融基础设施建设

市场化机制要求金融体系的行为以市场化原则为主，利率、汇率形成要以市场化机制为基础。单纯地依赖管制等行政手段，只能暂时维持一个目标值，当市场压力超过阈值时，管制则难以为继，短时间内的压力释放很有可能产生风险。如美国也无力在自身贸易发生巨额赤字的情况下维持布雷顿森林体系及美元的固定汇率，美国施加的管制措施并不能有效地发挥作用。市场化的机制充分利用了金融体系的价格调节机制，使金融体系更富有弹性，即便有风险也能通过价格信号较早地识别出来。

第六章　国家经济战略与金融开放

第一节　"一带一路"倡议下的金融开放

一、"一带一路"倡议概述

在当前国际局势大变革和我国全面深化改革开放的大背景下，加强区域合作已成为推动世界经济发展的重要动力，并逐渐发展为一种趋势。共建"一带一路"，是中国政府根据国际和地区形势深刻变化，以及中国发展面临的新形势、新任务，致力于维护全球自由贸易体系和开放型经济体系，促进沿线各国加强合作、共克时艰、共谋发展提出的战略构想①。"一带一路"倡议契合了中国和世界经济发展的现实需要，引领了开放型经济发展道路，也展现了中国作为负责任大国的建设性作用。

（一）诞生背景与发展历程

2013 年 9 月和 10 月，国家主席习近平在访问哈萨克斯坦和印度尼西亚期间先后提出建设"丝绸之路经济带"和 21 世纪"海上丝绸之路"，由此共同构成"一带一路"重大倡议。2014 年 11 月，习近平在"加强互联互通伙伴关系"东道主伙伴对话会上宣布中国将出资 400 亿美元成立丝路基金，为"一带一路"沿线国家基础设施、资源开发、产业合作和金融合作等与互联互通有关的项目提供投融资支持。2014 年 12 月 29 日，丝路基金正式启动运作。

2015 年 3 月 28 日，国家发展改革委、外交部和商务部联合发布了《推动共

---

① "一带一路"的提出背景及具体思路［EB/OL］. http：//www. scio. gov. cn/31773/35507/35510/35524/Document/1527771/1527771. htm.

建丝绸之路经济带和 21 世纪海上丝绸之路的愿景与行动》，从时代背景、共建原则、框架思路、合作重点、合作机制等方面对"一带一路"倡议进行解释。2015年 12 月 25 日，全球首个由中国倡议设立的多边金融机构——亚洲基础设施投资银行正式成立，标志着"一带一路"进入实施阶段。该银行重点支持基础设施建设，以加快亚洲区域建设互联互通和经济一体化进程。

2016 年，我国与蒙古国、俄罗斯、哈萨克斯坦等国分别签署《建设中蒙俄经济走廊规划纲要》《"丝绸之路经济带"建设与"光明之路"新经济政策对接合作规划》等合作规划纲要，有利于国际经济合作走廊建设；2016 年 9 月，《中华人民共和国政府与联合国开发计划关于共同推进丝绸之路建设的谅解备忘录》在联合国总部签署，这是我国与国际组织签署的第一份政府间共建"一带一路"的谅解备忘录；2018 年 11 月 17 日，第七十一届联合国大会协商一致通过第 A/71/9 号决议，"一带一路"倡议首次写入联合国大会决议。

2017 年，我国就铁路建设、绿色发展、自由贸易、数字经济等方面与多国签署合作协议，"一带一路"建设内容进一步丰富。2017 年 5 月，"一带一路"国际合作高峰论坛在北京举行，形成共建"一带一路"的国际共识；6 月，国家发展改革委、海洋局联合发布《"一带一路"建设海上合作设想》，提出三大蓝色经济通道，这是中国政府首次就推进"一带一路"建设海上合作提出中国方案，也是"一带一路"国际合作高峰论坛的领导人成果之一。

党的十九大指出，"要以'一带一路'建设为重点，坚持'引进来'和'走出去'并重，遵循共商共建共享原则，加强创新能力开放合作，形成陆海内外联动、东西双向互济的开放格局"。2018 年 8 月 27 日，习近平出席推进"一带一路"建设工作 5 周年座谈会并发表重要讲话，提出"一带一路"建设要从谋篇布局的"大写意"转入精耕细作的"工笔画"，向高质量发展转变，造福沿线国家人民，推动构建人类命运共同体。2019 年 4 月，第二届"一带一路"国际合作高峰论坛在北京举行，37 个国家元首、政府首脑等领导人出席圆桌峰会，来自 150 多个国家和 90 多个国际组织的近 5000 位外宾出席论坛，"一带一路"倡议行稳致远，在国际社会上产生了更为深远的影响。

（二）进展与成就

"一带一路"倡议实施以来，在以习近平同志为核心的党中央坚强领导下，我国统筹谋划推动高质量发展、构建新发展格局，坚持共商共建共享原则，推动共建"一带一路"，取得了喜人成就。

一是积极履行国际责任，推动国际合作发展。我国积极履行国际责任，在共建"一带一路"框架下，我国与有关国家、国际组织充分沟通协调，深化同各方的发展规划及政策对接，形成共建"一带一路"的广泛国际合作共识。在全球层面，"一带一路"倡议同联合国 2030 年可持续发展议程有效对接，形成了促进全球共同发展的政策合力。在区域层面，"一带一路"倡议与《东盟互联互通总体规划》、非盟《2063 年议程》、欧盟"欧亚互联互通战略"等区域发展规划或合作倡议有效对接，达成促进互联互通、支持区域经济一体化进程的共识①。"一带一路"建设以共同发展为目标，对现行全球治理体系构成了补充和完善，为发展中国家参与国际经济合作、实现经济起飞提供了机遇，成为推动构建人类命运共同体的重要实践平台。

二是广泛开展多领域合作，推动全球经济发展。截至 2021 年末，我国成功召开两次"一带一路"峰会，与 145 个国家、32 个国际组织签署 200 余份共建"一带一路"合作文件，内容涵盖投资、贸易、金融、科技、社会、人文、民生等领域。"一带一路"建设加强了基础设施联通，基本形成"六廊六路多国多港"的互联互通架构，促进了自由贸易畅通，沿线国家之间的贸易自由化和便利化水平稳步提升，经贸投资合作不断拓展，贸易方式不断创新；同时扩大了资金融通，沿线国家积极开展金融合作，推动建立多层次的金融服务体系，为"一带一路"建设提供了多元化的金融支持和服务。"一带一路"倡议不仅为国际合作开辟了新方向，也为世界经济增长挖掘了新动力。从基础设施到经贸往来，从金融互通到人文交流，共建"一带一路"倡议及其核心理念已被纳入联合国、二十国集团、亚太经合组织、上合组织等重要国际机制成果文件，"一带一路"倡议已逐渐成为推动地区和平与发展的重要途径和实现联合国 2030 年可持续发展目标的重要平台。

二、我国面向"一带一路"沿线国家和地区的金融对外开放现状

"一带一路"倡议全面实施后，我国相继设立了一系列面向沿线国家和地区的投资基金，持续扩大金融业对外开放，并主动扩大进口，创造更有吸引力的投资环境，体现了中国金融业高水平对外开放的坚定决心。"一带一路"倡议的全面实施催生了大量的跨境投融资、贸易结算、货币流通等金融服务需求，金融机构可向外输出贷款、债券、股权、贸易融资、资金清算和结算等不同类型的金融服务产品，这种客观需要进一步加深了中国金融业的对外开放。

（一）人民币交易、清算与结算情况

根据中国人民银行发布的《2022 年人民币国际化报告》数据，2021 年，中国与"一带一路"沿线国家人民币跨境收付金额为 5.42 万亿元，同比增长 19.6%，占同期人民币跨境收付总额的 14.8%。其中，货物贸易收付金额

---

① "一带一路"建设成果丰硕　推动全面对外开放格局形成［N］．中国信息报，2022-10-13（001）．

9982.71亿元,同比增长14.7%;直接投资收付金额6225.64亿元,同比增长43.4%。

在货币结算方面,截至2021年末,中国人民银行已与越南、印度尼西亚、柬埔寨、老挝、缅甸、尼泊尔、俄罗斯、吉尔吉斯斯坦、朝鲜、哈萨克斯坦、乌兹别克斯坦等国家中央银行签订了本币结算协定,允许在货物贸易中使用双方的本币或人民币进行结算,降低了相关企业和个人的汇兑成本,规避了汇率风险,有利于促进我国与这些国家的经贸往来。

在开展货币直接交易或挂牌交易方面,截至2021年末,人民币与马来西亚林吉特、新加坡元、韩国韩元、泰国泰铢等10多个"一带一路"国家货币在中国外汇交易中心实现了直接交易,人民币对哈萨克斯坦坚戈、蒙古国图格里克、柬埔寨瑞尔、印度尼西亚卢比等在银行间市场区域交易。

在清算行安排方面,截至2021年末,中国人民银行在中国大陆以外的25个国家和地区设立了27家人民币清算行,覆盖港澳台地区、东南亚、欧洲、南北美洲、大洋洲、中东地区和非洲。其中,在"一带一路"沿线国家的老挝万象、新加坡、柬埔寨金边、卡塔尔多哈、马来西亚吉隆坡、泰国曼谷等地设立了8家人民币清算行。

在双边本币互换方面,截至2021年末,我国与22个"一带一路"沿线国家签署了总额超过9000亿元的双边本币互换协议,其中包括马来西亚、白俄罗斯、印度尼西亚、新加坡、乌兹别克斯坦、蒙古国、哈萨克斯坦、泰国、巴基斯坦、阿联酋、土耳其、乌克兰等国家和地区。整体来看,我国与周边国家及"一带一路"沿线国家的双边货币金融合作不断深化,人民币跨境支付系统(CIPS)业务量和影响力稳步提高,金融服务沿线国家企业能力持续提升。

(二)融资支持情况

近年来,我国对外直接投资结构不断优化,对"一带一路"沿线国家投资合作稳步推进。据商务部统计,2022年1~10月,我国企业对"一带一路"沿线国家非金融类直接投资1147亿元,同比增长9.7%(折合172.5亿美元,同比增长6.7%),占同期总额的18.3%①。

"一带一路"促进了金融机构"走出去"与"引进来"。银保监会数据显示,截至2020年末,11家中资银行在29个"一带一路"沿线国家设立了80家一级分支机构,3家中资保险公司在新加坡、马来西亚、印度尼西亚设有7家营业性机构;来自23个"一带一路"国家的48家银行在华设立了机构,1

---

① 2022年1—10月我对"一带一路"沿线国家投资合作情况[EB/OL].http://www.mof-com.gov.cn/article/tongjiziliao/dgzz/202301/20230103376870.shtml.

家保险机构在华设立了合资公司①。从机构类型看，大型国有商业银行是中资银行"走出去"的主力军，在"一带一路"沿线国家和地区的机构布局已初具规模。从地域分布来看，中资银行在东南亚和西亚地区设立分支机构相对集中，在中亚、独联体地区还有很大布局空间。"一带一路"资金融通获得中资金融机构的大力支持，开放、市场化、绿色的投融资合作体系不断完善，得到快速发展②。

"一带一路"倡议对促进全球融资和发展起到了引领作用。亚洲基础设施投资银行（以下简称亚投行）作为全球首个由中国倡议设立的多边金融机构，为发展中成员基础设施互联互通建设提供了大量资金支持。截至2022年末，亚投行成员已达106个，覆盖全球81%的人口和65%的GDP，累计投资总额达300多亿美元，涉及能源、交通、通信、农业、公共卫生、水资源等基建领域③。此外，我国还发起设立了了多只对外投融资基金，如丝路基金、中拉产能合作投资基金、中非产能合作基金、中国—欧亚经济合作基金等，为"一带一路"建设提供了长期且稳定的资金支持。

（三）资本市场互通情况

随着"一带一路"建设深入发展，沿线国家重点项目迅速开展，资金需求迅速扩大。目前，"一带一路"沿线投资者可以通过RQFII、沪深港通、直接入市投资、债券通等多种渠道投资我国金融市场，我国机构投资者也可以通过RQDII机制投资周边国家及"一带一路"沿线国家金融市场中以人民币计价的金融产品。近年来，随着人民币国际化的不断推进和人民币加入国际货币基金组织特别提款权（SDR）货币篮子，波兰及俄罗斯等沿线国家已在中国债券市场成功发行人民币债券④。Wind数据库显示，2022年全年共有20家主体累计发行熊猫债52期，发行规模总计850.7亿元，相比上一年度发行规模有所回落，但仍保持在相对高位⑤。

①　2020年末11家中资银行在29个"一带一路"沿线国家设立了80家一级分支机构［EB/OL］. https：//baijiahao. baidu. com/s? id=1695081101396354974&wfr=spider&for=pc.

②　中资金融机构多渠道支持"一带一路"绿色投融资发展［EB/OL］. http：//www. scio. gov. cn/xwfbh/xwbfbh/wqfbh/44687/44900/zy44904/Document/1698641/1698641. htm.

③　亚洲基础设施投资银行开业七周年项目遍布全球33个国家［EB/OL］. https：//m. gmw. cn/baijia/2023-01/16/1303255615. html.

④　周小川. 共商共建"一带一路"投融资合作体系［J］. 中国金融，2017（9）：1-2.

⑤　熊猫债市场2022年回顾与2023年展望［EB/OL］. https：//www. udfspace. com/article/5304486804621649? cat_id_123542813156=460905&module_id=12354281&component_id=component-classified-1640596146429-3156.

（四）金融合作平台建设情况

首先，我国积极参与各国央行合作机制，推动与沿线国家之间的金融合作沟通交流，如中国人民银行通过参与东亚及太平洋中央银行行长会议（Executives Meeting of East Asia and Pacific Central Banks，EMEAP）、东盟中日韩（10+3）金融合作机制、中日韩中央银行行长会议机制、东南亚中央银行组织（South East Asian Central Banks，SEACEN）、中亚、黑海及巴尔干地区中央银行行长会议、上海合作组织财长和中央银行行长会议等区域合作机制，加大了我国参与区域金融合作的力度。

其次，我国积极开展与"一带一路"沿线国家和地区的多方位金融合作，参与搭建不同层次、不同范围的区域金融合作平台，例如：中印财金对话机制、孟中印缅地区合作论坛、中国—东盟博览会、中国—南亚博览会、中国—亚欧博览会、中国—阿拉伯国家博览会、中亚区域经济合作机制（CAREC）、博鳌亚洲论坛、中国—东盟征信研究中心、中国—巴基斯坦投资有限责任公司等。

最后，我国部分省（自治区、直辖市）政府积极响应国家政策，搭建与毗邻"一带一路"沿线国家及地区的金融合作平台，促进区域金融合作，其中，北京、山东、陕西等地已将打造服务"一带一路"的金融平台纳入未来发展规划之中。

三、"一带一路"倡议对我国金融开放的意义

"宜早不宜迟，宜快不宜慢"，习近平在博鳌亚洲论坛2018年年会上掷地有声的话语，拉开了中国金融业新一轮扩大对外开放的帷幕。随着"一带一路"的纵深发展，我国先后推出一系列重大金融开放举措，不断提升我国与东盟、欧盟、俄罗斯、中亚等国家和地区的金融合作水平。

（一）提升贸易畅通，不断拓展经贸投资合作

贸易畅通是共建"一带一路"的着力点，是推动各国经济持续发展的重要力量。多年来，我国与"一带一路"沿线国家之间的贸易自由化和便利化水平稳步提升，贸易方式不断创新，贸易畅通迈上新台阶。

1. 国际贸易保持快速增长

"一带一路"倡议提出以来，我国与"一带一路"沿线国家贸易往来日益密切，已成为25个沿线国家最大的贸易伙伴。辐射"一带一路"的自由贸易区网络加快建设，我国已与13个沿线国家签署7个自贸协定，与欧盟、新加坡等31个经济体签署了"经认证的经营者"互认协议。2013~2022年，我国与"一带一路"沿线国家进出口总值由6.5万亿元增长至13.83万亿元，年均增长8.6%，高于同

期整体货物贸易年均增速；占同期我国外贸总值的比重由 25%提升至 32.9%①。

此外，"丝路电商"成为拓展经贸合作的新亮点和新引擎。截至 2022 年末，我国已与 17 个国家签署"数字丝绸之路"合作谅解备忘录，与 23 个国家建立"丝路电商"双边合作机制②，共同开展政策沟通、规划对接、产业促进、地方合作、能力建设等多层次多领域的合作，着力培育新的贸易投资增长点。

2. 双向投资实现互惠共赢

在合作机制的扎实推进下，双向投资及合作总体保持稳定增长。2013~2021 年，我国对沿线国家直接投资累计 1613 亿美元，年均增长 5.4%，"一带一路"沿线国家已成为我国企业对外投资的首选地；我国在沿线国家承包工程新签合同额累计约 1.1 万亿美元，完成营业额 7286 亿美元，涵盖交通、电力等多个领域。在吸引外资方面，沿线国家在华投资设立企业 3.2 万家，实际累计投资 712 亿美元。

3. 合作园区建设蓬勃发展

我国与"一带一路"沿线国家的境外合作工业园区项目稳步推进，成为经贸合作的重要载体。中白工业园、泰中罗勇工业园、中国印度尼西亚综合产业园区青山园区、中柬西哈努克港经济特区、中国埃及泰达苏伊士经贸合作区、中国埃塞俄比亚东方工业园等一大批园区凭借自身优势迅速发展，在承接中外企业合作、解决当地民众就业、带动东道国经济发展等方面发挥着积极作用。截至 2021 年末，境外经贸合作区分布在 46 个国家，累计投资 507 亿美元，上缴东道国税费 66 亿美元，为当地创造 39.2 万个就业岗位。

4. 金融监管合作顺利开展

"一带一路"沿线国家资本市场所处的发展阶段不同，发展水平和程度差别较大。因此，在推动"一带一路"倡议实施的过程中，需加强区域金融监管合作，维护区域金融稳定，切实防范金融风险。我国积极参与多边监管体系构建，主动加入《巴塞尔协定》，积极参加国际证监会组织、G20 峰会、SDR 货币篮子等国际金融监管合作。除此之外，我国在"一带一路"建设过程中先后提出并建立了金砖国家开发银行、丝路基金、亚洲基础设施投资银行等多边金融机构，不仅带动了"一带一路"沿线国家的经济发展，而且有利于对"一带一路"区域进行统一有效的金融监管。

（二）扩大资金融通，金融体系建设不断完善

资金融通是共建"一带一路"的重要支撑和保障。我国积极与沿线国家开

---

① 海关总署：2022 年中国与"一带一路"沿线国家进出口 13.83 万亿元［EB/OL］. https：//baijia-hao. baidu. com/s？ id = 1755152072731404384&wfr = spider&for = pc.

② 蹄疾步稳启新程——"一带一路"十周年系列报告之一［EB/OL］. https：//baijiahao. baidu. com/s？ id = 1757766360262850263&wfr = spider&for = pc.

展金融合作，推动建立多层次的金融服务体系，为"一带一路"建设提供多元化的金融支持和服务。

1. 金融机构协同能力逐步增强

目前，包括我国在内的 29 个国家财政部门共同核准了《"一带一路"融资指导原则》，宗旨是发挥好政府和市场两种力量，推动沿线国家、国际组织、金融机构、投资者共同参与，建设长期、稳定、可持续、风险可控的多元化融资体系。我国与国际货币基金组织建立联合能力建设中心，为共建"一带一路"国家及优化宏观经济金融框架提供智力支持；与世界银行、亚洲基础设施投资银行、亚洲开发银行等共同成立多边开发融资合作中心，推动国际金融机构及相关发展伙伴基础设施互联互通。

2. 多边金融合作支撑作用显现

在各方共同努力下，亚洲基础设施投资银行、丝路基金等多边金融合作机构相继成立，为"一带一路"建设和双多边互联互通提供投融资支持。

截至 2020 年末，丝路基金签约以股权投资为主的各类项目 49 个，覆盖"一带一路"沿线多个国家，70% 的签约资金用于电力电站开发、基础设施建设、港口航运、高端制造业等大型国际合作项目[①]。截至 2022 年 10 月，亚投行的成员数量由启动运营时的 57 个增至 106 个，成员数量仅次于世界银行，覆盖亚洲、欧洲、非洲、北美洲、南美洲、大洋洲六大洲。截至 2022 年末，亚投行已批准 202 个项目，累计投资总额达 388 亿美元[②]。新冠疫情暴发后，亚投行成立专项应急基金，用于支持成员国的紧急公共卫生资金需求，惠及越南、格鲁吉亚、巴基斯坦、土耳其、哈萨克斯坦等 19 个国家，应急基金由初始额度的 100 亿美元追加至 130 亿美元。

3. 逐步推进人民币走向国际化

"一带一路"建设为人民币国际化提供了重要路径，为拓展人民币职能搭建了良好平台，不仅有助于进一步推动人民币"走出去"，而且为国内经济和金融改革提供了新动力。在拓展地域方面，"一带一路"建设与中国的贸易结构、金融体制效率和开放度等因素相适应，人民币将逐步实现周边化、区域化、国际化，提高对国际社会的吸引力。在强化货币职能方面，"一带一路"建设将助推人民币成为结算货币、投资货币和储备货币，有助于进一步稳定人民币币值，提

---

① "一带一路"建设成果丰硕　推动全面对外开放格局形成［N］．中国信息报，2022-10-13（001）．

② 亚洲基础设施投资银行开业七周年项目遍布全球 33 个国家［EB/OL］．https：//m.gmw.cn/baijia/2023-01/16/1303255615.html.

升人民币国际地位，推动中国金融市场逐步完善，促进人民币资本项目可兑换的稳步审慎前行，为人民币国际化奠定扎实基础。

4. 全方位投融资平台成功建立

"一带一路"投融资平台为企业、投资机构及专业的金融中介机构提供服务，可以从盈利机制、服务功能、地域范围等角度分类。根据是否以营利为目的划分，可分为公益性和非公益性两类：公益性投融资平台为用户提供非营利的服务，大多由政府机构设立；非公益性投融资平台为用户提供付费服务，大多由商业企业设立。根据平台提供的服务范围划分，可分为信息服务和综合服务两类：信息服务类平台仅提供投融资信息发布与展示服务；综合服务类平台则提供信息发布与展示、对接撮合、顾问咨询、数据分析等一系列综合服务。根据平台服务对象所在地区来划分，可分为全球投融资平台和区域投融资平台两类：全球投融资平台的服务对象来自世界各国，没有特定的重点服务区域，如深交所 V-Next 平台；区域投融资平台以特定地理区域为服务重点，如服务东南亚区域的 NEXEA 平台。

四、"一带一路"倡议下我国金融开放进一步发展的对策

（一）进一步扩大人民币跨境使用，推动业务创新发展

目前，"一带一路"沿线的人民币跨境结算已初具规模，中国与"一带一路"沿线的货币互换合作不断加深，人民币国际化的金融基础设施不断完善。但人民币国际化在"一带一路"沿线依然存在整体水平不高、不同地区发展不平衡、不同职能发展不协调等问题。推动新一轮人民币国际化进程，需从以下几个方面考虑：

首先，培育真实需求，扩大人民币使用空间和领域。一方面，深入挖掘和培育人民币在基础设施建设、能源合作、投融资、电子商务等方面的真实需求，扩大人民币使用领域和范围。据商务部统计，2021 年中国与"一带一路"沿线国家的人民币跨境收付金额占同期人民币跨境收付总额的 14.8%，使用比例仍然较低，未来应继续推进人民币在跨境贸易中的接受度。另一方面，需加强人民币在资本项目下投融资活动中的使用。"一带一路"在基础设施建设、产能合作等领域存在巨大资金缺口，因此可以在遵循市场规律的前提下，通过银团贷款、丝路基金、产业投资基金、国际债券、公私合营（PPP）等多样化方式在相应领域提供人民币产品，逐步提高人民币在"一带一路"沿线国家金融机构中的使用率。

其次，以大宗商品为重点推进人民币计价功能提升。在新一轮人民币国际化进程中，可重点推进大宗商品领域的人民币计价。"一带一路"沿线石油、天然气、矿产等能源资源丰富，在能源合作中推进人民币计价的大宗商品期货和现货市场前景广阔。目前，石油人民币计价结算的尝试已有序开展。中东、中亚地区

及俄罗斯均为石油生产大国，而中国是第二大石油消费国和第一大原油进口国，与石油生产大国互补性强，建立"石油—人民币"机制有利于突破美元在大宗商品定价方面的垄断地位，促进人民币国际化。

再次，搭建离岸和在岸人民币市场的良性互动平台。一方面，随着"一带一路"建设的深入推进，人民币在跨境贸易、投资、产能合作等活动中用于结算计价的规模有望扩大，进而产生对存款、债券、股票等人民币金融资产的投融资需求。因此，进一步发展离岸市场、丰富人民币金融产品具有现实必要性。另一方面，随着沪港通、深港通、债券通等机制相继建立，额度限制逐渐取消，内地和香港股市、债市的互联互通程度得以增强。在岸市场的逐渐开放不仅有利于提高机构投资者的比例，改善国内投资者的投资理念和行为，也将促进"在岸—离岸"人民币市场的良性互动，形成顺畅的人民币"流出—回流"机制，吸引更多的"一带一路"沿线石油人民币及其他离岸人民币回流投资，从而提升人民币作为金融计价货币的地位。

最后，加强金融基础设施建设。无论是人民币的跨境结算，还是人民币计价金融市场的发展，都需要多层次全方位的金融基础设施支持。未来应进一步增加人民币跨境结算系统（CIPS）在"一带一路"沿线的分布，鼓励中资金融机构"走出去"；推动征信、评级等机构的国际化和标准化发展，吸引国际金融机构、海外央行、商业银行等金融机构的广泛参与，加强不同地区金融市场间的互联互通①。

（二）积极推动金融机构"走出去"，完善金融服务体系

目前，中资商业银行已在"一带一路"沿线大部分国家和地区设立分支机构、开展金融业务，金融合作经验不断丰富，但在金融机构互设方面仍有较大发展空间。如表 6-1 所示，目前我国在"一带一路"沿线各国设立的金融机构数量较少。我国在东南亚、非洲东部等地区有大量的境外产业园，但东道国经济发展水平相对落后，缺乏完善的金融服务体系，产业园及企业融资受限，因此需推动中国金融机构以"走出去"政策更好助力产业园及企业发展。

表 6-1 "一带一路"沿线国家中资银行海外分支机构分布

国家	数量	国家	数量	国家	数量
阿联酋	8	马来西亚	3	埃及	1
俄罗斯	6	卡塔尔	2	塞尔维亚	1

---

① 王喆，张明．"一带一路"中的人民国际化：进展、问题与可行路径［J］．中国流通经济，2020（1）：100-111.

续表

国家	数量	国家	数量	国家	数量
新加坡	6	捷克	2	巴基斯坦	1
越南	5	柬埔寨	2	巴林	1
印度尼西亚	4	泰国	2	沙特阿拉伯	1
老挝	4	缅甸	2	白俄罗斯	1
哈萨克斯坦	3	菲律宾	2	科威特	1
土耳其	3	匈牙利	1	蒙古	1
波兰	3	印度	1		

资料来源：根据银保监会公开数据整理得到。

　　一方面，要完善多元互补的金融体系。首先，政策性金融是"走出去"支持"一带一路"建设的先行者。"一带一路"倡议合作项目资金需求量大、投资回收期长、利润率较低，早期难以吸引商业性金融参与其中。政策性金融可以凭借较低的融资价格和较长的融资期限等优势弥补市场缺位，先行融入"一带一路"建设，为商业性金融的后续进入建立良好的市场环境和市场规则。其次，商业性金融是"走出去"支持"一带一路"建设的中坚力量。当政策性金融先行进入东道国填补金融市场的空缺后，商业性金融应发挥自身在分支机构、业务领域、筹资成本、信息来源等方面的比较优势，全力服务"一带一路"。再次，民间资本是"走出去"服务"一带一路"建设的重要补充力量。针对"一带一路"基础设施建设的巨大资金需求，借助 PPP 模式吸引民间资本参与"一带一路"建设，不仅能够有效弥补公共资金不足时的资金缺口，而且有助于确保"一带一路"基础设施项目的商业可行性和可持续性。最后，多边开发金融机构是我国金融业"走出去"与国际金融机构合作支持"一带一路"建设的战略平台。世界银行、亚洲开发银行等传统多边金融机构在资金、技术以及跨国经营方面具有优势，因此亚投行、丝路基金、金砖国家新开发银行以及上合组织银行等新兴多边金融机构应该与其建立友好合作关系，借鉴经验，取长补短，共同为"一带一路"建设服务①。

　　另一方面，要进一步加强我国与"一带一路"沿线国家和地区金融机构的沟通与合作，更好地服务"一带一路"建设。其一，完善金融机构自身管理体系，增强尽职调查能力，强化市场、政策、法律等风险识别预警能力。其二，扩

---

① 张建刚，张云凤，康宏. 产融结合视角下我国金融业沿"一带一路"走出去的思考［J］. 国际贸易，2018（3）：56-60.

大金融合作覆盖面，开展银团贷款、股权合作、融资代理业务等方面的合作，实现优势互补，重点提升各国在民生、消费、农业、中小企业、基础设施、能源等领域的金融服务水平。其三，充分利用金融科技和大数据等技术提升跨境资金流动监测等能力，尽可能降低海外投融资风险。其四，加强国际型人才储备，加快中资金融机构境外布局，逐步发展有影响力的跨国金融机构，特别是沿"一带一路"构建完善的金融服务体系。其五，重点支持优势产业"走出去"，加大对电力、高铁等基础设施行业境外承包工程、投资和出口的金融支持，积极落实高科技含量和高附加值商品的出口战略，为我国进出口企业提供覆盖全价值链的综合金融服务。其六，重视将"一带一路"沿线国家和地区的金融机构"引进来"，利用其网点资源和本土优势开展跨境结算、资金池、内保外贷等金融服务，丰富我国跨境金融支持载体。

（三）充分利用国内和国际资源，加强金融风险防范

我国要积极推进金融机构和金融服务对接沿线国家，发挥沿线国家合力，有效调动国内和国际资源，为"一带一路"建设提供长期、可靠的金融支撑。首先，要充分利用粤港澳大湾区的战略支点，在更多国家和区域开展人民币离岸市场建设，推动人民币离岸市场由单一结算市场向多层次、多领域的投融资市场发展。其次，要鼓励和支持离岸金融机构积极参与到有关"一带一路"战略实施的多边人民币金融合作中；鼓励"一带一路"沿线国家和地区企业在离岸人民币市场发行人民币债券或人民币股票融资；依靠《区域全面经济伙伴关系协定》（RCEP）、太平洋中央银行行长会议（EMEAP）、亚洲债券基金等机制和平台，积极推动"一带一路"沿线国家和地区金融市场一体化，拓宽融资渠道，增强区域流动性，优化区域融资结构。最后，要充分利用金砖国家新开发银行、丝路基金、亚洲基础设施投资银行等现行双边或多边融资机制，有效推进我国与"一带一路"沿线国家和地区在基础设施建设、资源开发、产业投资等领域的合作，共同打造政治互信、经济融合、文化包容的经济合作伙伴关系。

除了调动国内国际两大资源以加强对"一带一路"沿线国家的资金支持，金融安全问题也不容忽视。"一带一路"区域涵盖多个经济体，其在经济发展阶段、民族文化、市场监管环境等方面存在巨大差异，这些复杂情况对我国企业和金融机构在"一带一路"区域进行有效运营和风险管控提出了新的挑战。为此，提出以下建议：一是建立专业化、有针对性的国别研究体系。应重点搭建针对具体国家、具体行业的专门研究中心。同时，需积极应用相关智库、机构的研究成果，加强趋势分析、对比评估，以辅助预警和报告。二是加强银政、银银和银企合作，增加风险缓释能力。在治理层面，积极构建与沿线政府、金融机构和企业间不同的合作机制以进行风险缓释；在资金来源层面，积极强化银企合作、同业

合作以及与发达国家合作，尝试风险共担。三是探索建立多种形式的风险补偿机制，覆盖不同类型业务风险。包括建立"一带一路"主权合作基金、"一带一路"融资担保机构和多边组织下的协调机制和资产管理机构，重视与实力较强的企业建立双边合作补偿机制。四是逐步完善金融监管法规制度体系。通过强化金融监管当局之间的合作交流，建立信息共享机制，进一步提升系统性金融风险的管控和辨识能力，加强沿线国家金融监管合作，建立常态化的多边协商机制，提升在市场准入等方面的政策协调性和监管一致性。五是建立"一带一路"风险预警系统。在有效甄别和量化"一带一路"建设中存在的国别风险、地缘政治风险、汇率风险、信用风险和法律风险等的基础上，完善风险识别和风险量化评估机制，构建金融风险预警系统，实时提醒"走出去"金融业防范"一带一路"对外投资风险①。

（四）以金融科技引领深度金融合作，实现互惠互利

中国互联网金融协会金融科技发展与研究专委会、浙江大学互联网金融研究院联合课题组构建的"一带一路"金融科技发展指数②显示，中国金融科技发展指数在样本国家中居于首位。其中，金融科技产业分项指数③和用户分项指数④均位列首位，生态分项指数⑤仅次于韩国。可见，我国金融科技发展具有较强的先发优势，在产业发展和用户基础方面表现突出。因此，要继续在"一带一路"建设过程中发挥金融科技优势，带动金融开放发展。

一是制定国际战略，推行国际化金融科技服务理念。在"一带一路"倡议的相关政策指引下，科学布局相关服务产业，以国家战略为依托介入地方规划、国家规划，打造"一带一路"建设发展风险保障体系，确保金融机构境内、境外，

---

① 张建刚，张云凤，康宏.产融结合视角下我国金融业沿"一带一路"走出去的思考［J］.国际贸易，2018（3）：56-60.

② "一带一路"金融科技发展指数包括金融科技产业、金融科技用户和金融科技生态 3 个分项指数，由金融科技上市企业规模等 23 个指标组成。综合考虑数据可得性和国家代表性，课题组选取中国和 62 个"一带一路"沿线国家作为研究样本。除印度外，62 个样本国家（包括中国）总人口约为 37.9 亿，占中国及与中国签署了"一带一路"合作协议的 144 个国家人口总量的 81.2%，占全球总人口的 50.7%。考虑到相关数据更新时间、频率差异和新冠肺炎疫情等原因，按照"就近就新"原则，数据截至 2020 年 2 月，部分数据为该数据库最近一次更新。指标权重计算采用"基于打分规则学习的层次分析法"，并同步使用变异系数法对权重结果进行交叉检验。

③ 金融科技产业分项指数包含金融科技上市企业规模、高融资未上市金融科技企业规模、数字支付交易规模、数字理财交易规模、众筹融资交易规模。

④ 用户分项指数包含数字支付用户规模、数字理财用户规模、众筹融资用户规模、金融机构账户覆盖率。

⑤ 生态分项指数包含国家经济规模、国家人口规模、国家经济增长、金融产业发展、科技产业发展、数字基础设施、征信基础设施、法律基础设施、整体科研产出、专利申请授权、金融科技支持力度、政府整体监管能力、金融科技监管、金融消费者保护。

总行、分行日常联动、机制畅通、环境稳定、服务高效、信息传输稳定，为企业"走出去"和"引进来"提供便利金融科技服务。同时，重视发展科学技术，将相关产业与金融服务融合在一起，加大相关领域投入力度，完善行业内外合作机制，加大复合型"双创"人才培育力度，为提高金融科技服务质量奠定基础。

二是打造良好的跨境支付结算体系。首先，运用大数据技术制定跨境支付结算金融科技服务决策，以缩减服务周期，简化服务流程，提高运营效率，确保资金及时到账，从而规避汇率波动对经济效益的影响。其次，运用云平台打造数据实时传输模式，使支付结算体系的服务主体及时追踪相关信息，确保支付结算透明、高效。最后，运用区块链建立信息传输体系，以解决信息外泄、遗漏、丢失等问题。

三是优化基础设施，提升国际化金融科技服务能力。一方面，应完善金融科技服务网络架构，通过互联网交流互动，提升核心服务能力。另一方面，应持续丰富服务项目，打造智能型、综合化服务平台，为"一带一路"沿线国家及地区提供个性化、一站式服务，同时优化服务基点，完善金融科技服务布局，促进"一带一路"金融设施互联互通①。

四是打造多元服务平台，营造良好的金融科技服务生态化发展氛围。首先，加强多边合作，在"一带一路"建设项目支持下秉持前瞻性理念，洞悉国际经济发展走势，以开发更多金融科技服务项目，打造多元服务平台。其次，发展科技化金融服务共同体，优化配置金融科技服务资源，发挥各国及地区金融服务优势。最后，在信息共享、科技共研、技术共创新常态下增加服务内容，提高服务能力，满足各国及地区服务需求，营建良好的金融科技服务生态化发展氛围。

第二节 "双循环"新发展格局下的金融开放

一、"双循环"新发展格局概述

（一）概念及模式

构建新发展格局是当前形势下国家做出的重大决策，是对我国客观经济规律

---

① 张建刚，张云凤，康宏.产融结合视角下我国金融业沿"一带一路"走出去的思考［J］.国际贸易，2018（3）：56-60.

和发展趋势的自觉把握，是与时俱进提升我国经济发展水平的战略抉择。国内大循环依托国内大市场优势，充分挖掘内需潜力，化解外部冲击和外需下降带来的不利影响，维持我国经济基本正常运行和社会大局总体稳定。国内国际双循环顺应经济全球化潮流，内外需市场相互依存、相互促进，与世界经济和国际体系深度融合。在当前国际形势充满不稳定性、不确定性的局势下，我国要构建新发展格局，以国内大循环为主体、国内国际双循环相互促进，就要坚持扩大内需这个战略基点，加快培育完整内需体系，以畅通国民经济循环，增强国内大循环主体地位，通过发挥内需潜力，使国内市场和国际市场更好联通。

（二）背景

加快构建以国内大循环为主体、国内国际双循环相互促进的新发展格局，有着深刻的时代背景。这是适应我国比较优势和社会主要矛盾变化、适应国际环境复杂深刻变化的迫切要求，是当前和未来较长时期我国经济发展的战略方向。2020 年 7 月 30 日，中央政治局会议首次提出要"加快形成以国内大循环为主体、国内国际双循环相互促进的新发展格局"①，此后，"双循环"成为国内外热议的新名词。党的十九届五中全会通过《中共中央关于制定国民经济和社会发展第十四个五年规划和二〇三五年远景目标的建议》②，进一步提出构建新发展格局是我国"十四五"时期经济社会发展的重要指导方针，并对"畅通国内大循环"和"促进国内国际双循环"提出了明确要求。加快构建以国内大循环为主体、国内国际双循环相互促进的新发展格局，是以习近平同志为核心的党中央科学应对百年变局、重塑竞争格局、开拓发展新局的战略部署，是对我国全面建成小康社会、实现第一个百年奋斗目标之后，乘势而上开启全面建设社会主义现代化国家新征程、向第二个百年奋斗目标进军的方向性指引。

（三）定位

首先，以国内大循环为主体，绝不是关起门来封闭运行。促进国内大循环的首要任务是扩大内需，而扩大内需又以扩大消费需求为重点。作为拥有 14 亿多人口的全球超大规模市场以及全世界唯一拥有联合国产业分类中全部工业门类的国家，我国要通过稳定和激活内需来扩大开放，吸引更多外资企业，稳定产业链供应链。

其次，形成双循环相互促进新格局，必须提升国际循环质量和水平。这要求

① 以国内大循环为主体、国内国际双循环相互促进　加快形成新发展格局［EB/OL］．https：//bai-jiahao. baidu. com/s? id＝1673877314591638230&wfr＝spider&for＝pc.

② 中共中央关于制定国民经济和社会发展第十四个五年规划和二〇三五年远景目标的建议［EB/OL］．http：//www. gov. cn/zhengce/2020-11/03/content_5556991. htm.

我国不但不能自我封闭、主动脱钩，而且要进一步推进高水平对外开放，特别是要推动商品和要素流动型开放向制度型开放转型升级。在制度型开放新阶段，要求我国进一步推进国内体制机制改革，进一步完善国内法规和治理体系，进一步优化营商环境，对接国际高标准的自由化便利化经贸规则，在更高水平、更大范围、更深层次上以开放促改革、促发展、促创新。

最后，形成双循环相互促进新格局，必须打破联通内外循环的制度性壁垒。形成双循环相互促进的难点在于改革制约内外循环联通互促的制度性障碍，关键在于推进国内国际规则制度的衔接，构建现代化市场经济治理体系，在制度型开放方面取得实质性突破。具体来说，要对接国际通行做法，建立国内外相互衔接的经济运行规则、规制、管理和标准，以及自由化和便利化贸易投资合作政策，市场化、法治化、便利化营商环境，这是建立国际国内循环相互联通、相互促进的制度性开放的重要举措①。

（四）重要性

从纵向看，改革开放以来，我国积极融入国际大循环，对外开放取得了可观成效。目前，我国经济体量较大，在国际分工链和价值链中的地位不断攀升，对全球经济的影响力和外溢效应进一步增强。但随着我国经济发展，传统的低要素成本优势已不可持续，国际大循环已难以为我国经济持续健康发展提供强劲动力，现实迫切需要我们更多依靠国内大循环，为未来的经济发展提供更强的内生动力。

从横向看，国际经济学界主流观点认为，一个大国经济依靠内需驱动才能获得稳定长远发展。一个经济强国通常是内循环经济占 GDP 的 80% 以上，外循环经济占 20% 以内②。近年来，中美博弈、新冠肺炎疫情、俄乌冲突加速世界变局，贸易保护主义上升、世界经济低迷、全球市场萎缩打乱了经济全球化的节奏。党中央科学把握国际大势和国内大局，提出加快形成以国内大循环为主体、国内国际双循环相互促进的新发展格局，对于建设经济强国、带动世界经济复苏具有重要意义。

1. 扩大内需，稳定国内经济

首先，内需以就业和收入为基础。将经济发展重点放在国内，有利于推动居民的就业和再就业，有效增加居民收入；居民收入增加也为消费需求增加打下了基础。实施经济内循环从有效提高居民收入、扩大我国的消费需求入手，成为我

① 李俊. 全面准确理解"双循环"新发展格局的深刻内涵［J］. 人民论坛，2021，693（2）：12-15.

② 科学认识"双循环"新发展格局［EB/OL］. https：//baijiahao. baidu. com/s? id = 168289331247 8308449&wfr = spider&for = pc.

国跨越中等收入陷阱的重要助力。其次，受新冠肺炎疫情负面影响，大部分中小企业损失惨重。以国内大循环为主体的新发展格局的确立，能够提高企业家们对市场发展的预期，有利于其加大研发投入、加快复工复产，甚至进一步扩大生产规模。最后，政府在扩大内需、维护市场中发挥着极其重要的作用。一方面，政府所进行的采购本身就是一种消费需求；另一方面，政府能形成一定的投资需求，如投资建设公共项目等。高效健康的国内市场需要有为政府的引导，正确发挥政府作用是经济内循环的必然要求。

2. 协调东西部经济，平衡发展空间

实施经济内循环有利于更好协调我国东部和中西部经济发展。改革开放以来，东部地区发展迅速，中西部地区受地理、历史等多方面因素影响，不可避免地与东部地区产生了经济发展级差。

在以国内大循环为主体的战略中，延伸国内产业链，提升国内大循环产业间的关联效应，推进区域之间的要素流动和区域产业合理分工布局，有利于进一步形成优势互补、高质高效的内循环经济格局，平衡国内经济发展空间。

3. 扩大对外开放，提高中国国际竞争力

我国将经济发展立足于国内大循环，实际是从侧面提出了加快向全球开放更大国内市场的要求。党的十八大以来，党中央对做大做强经济内循环、做优做精经济外循环进行深远布局。从新发展理念的提出，到供给侧结构性改革、深化"放管服"改革，再到实施创新驱动发展战略、推动高质量发展、建设现代化经济体系，到如今的扩大内需，每一项战略布局都是立足当前、着眼长远推动构建内需驱动型经济体系；从提出并深入推进"一带一路"建设、构建人类命运共同体，到建设自由贸易试验区、启动自由贸易港、举办进口博览会、提出稳外贸稳外资，每一项决策部署都体现出我国一直在持续推动更高层次的开放型经济发展。

"后疫情时代"，我国经济率先步入正轨，这要求我国在面对挑战的同时更好把握发展机遇。一方面，"以国内大循环为主体"可以带动我国经济发展，增强我国国际竞争力；另一方面，"国内国际双循环相互促进"可以带动世界经济复苏，彰显大国担当。总之，发展经济内循环，是基于当下我国面临的内外部环境变化所做出的科学判断，是基于我国的理论经验和物质基础探索出的实现未来经济高质量健康发展的必由之路①。

---

① 孙璠. 经济内循环内涵、特征及意义 ［J］. 厦门科技，2021（5）：25-28.

二、"双循环"新发展格局与金融开放的双向作用

（一）"双循环"将打开高水平金融开放新空间

我国对外开放亟待走向更高水平，以新方式满足自身高质量发展需求，对全球经济产生可持续的正向外溢。站在国内外历史性变革的交汇点，"双循环"新发展格局有望为高水平金融开放打开新空间。

1. 为全球金融发展提供"稳定锚"，实现更高水平金融开放

在全球深度衰退的背景下，我国经济借助"内循环"深挖内需潜力、强化内生增长，努力通过"外循环"为全球提供更多稳定性资源，以支撑世界经济稳步复苏。

第一，从供给侧看，在我国防疫和经济政策的支持下，我国经济率先完成复工复产，对外出口表现超出市场预期。我国产业体系正在有效弥补新冠肺炎疫情时代全球供给侧的短板，进而保障全球供应链的持续运转。在构建新发展格局背景下，进一步深化金融供给侧结构性改革，有助于为新发展格局建立全面的金融支持体系，增强金融供给对新发展格局的适应性，优化资源配置结构和提高资源配置效率，打通要素错配导致的经济梗阻，进而对新发展格局形成和发展起到推动作用。

第二，从需求侧看，在全球经济深度衰退、总需求严重不足的大环境下，我国推出一系列深挖内需潜力的改革政策，通过金融供给侧结构性改革，加强金融监管协调和平衡区域金融发展，促进金融回归服务实体经济发展的本源，促进消费金融和场景金融发展，增强消费金融产品的普惠性，打破消费者面临的流动性约束，降低消费需求对即期收入的敏感性，在收入水平短期不变的条件下促进消费需求增长，进一步塑造出强大的内需驱动力[①]，有望为全球经济提供宝贵的需求增量，并向外传导，加速区域和全球经济走出困局。

第三，从金融层面看，金融市场准入和国际资本流入条件逐渐放宽，全球金融机构加速布局中国市场。国际竞争对手的涌入将激活"鲇鱼效应"，促进我国金融机构快速提升风险管理、资产定价、信贷投放等核心能力，进而优化"内循环"的金融资源配置。专业化的机构投资者将逐渐成为金融市场的核心力量，长期资本占比将逐步上升，引导金融市场的预期及交易行为向多元和理性发展，为我国金融市场的长期稳定发展提供坚实基础。

第四，从经济层面看，更多的经济体有望通过"一带一路"建设、人民币

---

① 刘霞，姬鹏飞. 金融供给侧结构性改革推动"双循环"新发展格局构建的机理与路径［J］. 河南工业大学学报（社会科学版），2022，38（4）：20-27.

国际化、自由贸易港和自由贸易试验区等渠道，在"锚定"我国市场和产业链的同时，加快我国对外的国际产能合作。由此，"稳定锚"将拓展为良性循环的"稳定网"，在稳定中实现更高水平的双向开放。

2. 为全球价值链升级提供"推进器"，促进金融业更好服务实体经济

世界知识产权组织（World Intellectual Property Organization，WIPO）发布的《2022年全球创新指数报告》显示，2021年，我国年度国际专利申请量居全球第一位，"全球百强"科创集群、新经济"独角兽"数量居全球第二位①。

一方面，通过"内循环"进行针对性的补短板、锻长板，我国经济有望抓住新一轮科技革命的历史机遇，加速产业升级、迈向全球价值链上游，进而撬动全球价值链升级。具体而言，一是利用全球价值链的枢纽地位，我国产业升级将加速科技创新的全球扩散，提升全球价值链的生产效率，从根本上提振全球经济动能，打破存量博弈；二是我国数字经济的快速发展也将推动全球价值链的数字化转型，并由此打开国际合作分工新渠道，加快形成基于新一代技术革命的新全球化时代。

另一方面，"双循环"发展格局下，有望进一步扩大金融双向开放，推动金融业更好服务于全球实体经济。从国内看，"双循环"新发展格局不仅为银行业服务实体经济带来更多机遇，也为我国银行业主动、灵活、稳健地参与全球市场提供了有力支撑。从国外看，放眼全球，在全球产业链重构、多边合作、高质量共建"一带一路"、绿色可持续发展等方面，不断涌现的新经济增长点为我国银行业助力双循环畅通、服务全球实体经济提供了新机遇。

（二）金融双向开放为"双循环"打造新纽带

在"双循环"新格局下，我国高水平开放的扩大离不开金融的引领作用。展望"十四五"，以金融双向开放为重要纽带，未来我国"内循环"有望构筑与全球"外循环"开启新型良性互动模式。

1. 金融双向开放将推动以亚太地区为主的"外循环"变革

根据亚洲开发银行发布的《2020年亚洲发展展望》报告数据，亚太地区已成为全球国内生产总值最大贡献者，贡献率从2000年的26.3%跃升至2019年的34.9%。同时，亚太地区在全球投资和贸易中的影响力也在日益扩大，联合国于2022年12月发布的《2022/2023年亚太地区贸易投资趋势》指出，仅2022年1~10月，亚太地区就有8个新的特惠贸易协定签订，并启动了6个新的特惠贸

---

① 全球第一！2021年，中国"有效专利数量达到360万件"，超过美国［EB/OL］. https：//baijia-hao. baidu. com/s？id=1750173165647607976&wfr=spider&for=pc.

易协定谈判，约占全球特惠贸易协定的一半。① 新冠肺炎疫情虽使亚太地区经济增长受到一定负面影响——2020年发展中的亚洲及太平洋国家经济出现了自20世纪60年代初以来首次负增长，但当今世界，经济全球化潮流不可逆转，任何国家都无法关起门来搞建设，中国提出"开放的、相互促进的国内国际双循环"新发展格局有利于激发中国市场潜能，为持续推进亚太区域经济一体化提供新动力。

2020年11月15日，亚太地区的15个国家签署了历史上最大的自由贸易协定——《区域全面经济伙伴关系协定》（Regional Comprehensive Economic Partnership，RCEP），标志着区域合作取得了突破性进展，不仅有望进一步深化区域自由贸易，更将大幅便利跨境投资与资本流动，加快区域金融一体化的步伐。作为我国第一个多边贸易协议，也是第一个包括日本和韩国在内的多边贸易协议，RCEP最终会取消约90%的关税，这与"双循环"新发展格局的战略目标不谋而合。在此基础上，我国金融开放有望以"外循环"为线索，以金融市场的高水平开放引领本区域产业内分工的升级优化，提升区域实体经济的竞争力。首先，我国向东盟提供关键技术与投资，推动东盟充分发挥其资源、劳动力等要素禀赋，在下游环节形成规模生产优势。其次，我国与日本、韩国依据各自的优势领域，利用国际金融市场的多样性工具，融合成各有所长、相互补充的区域科创共同体，并在更大范围内形成"基础研究—科技转化—商业应用"的良性循环，共同扩大在全球价值链上游的竞争优势②。最后，我国是RCEP的最大出口国和进口国，RCEP将为人民币结算建立强大的流通基础，各成员国也会加强人民币外汇储备，从而促使人民币国际化进程与RCEP相互推动发展。

2. 金融双向开放将促进"内循环"持续升级

首先，金融双向开放有助于推动消费供给端的发展，通过资金"引进来"，为国内品牌的创建崛起和国际知名品牌的引入提供资金支持与发展空间。其一，金融对外开放的程度加深，使得跨区域资本乃至跨国资本的流动性加强。金融市场的良性发展有效降低了市场的交易成本，分散了金融风险，为国内品牌的发展提供资金支持，且创造了良好的市场空间。其二，金融开放推动金融市场的发展，为国内品牌提供低息信贷并与企业进行风险分担，对资源进行最优化的配置，推动老字号品牌在转型升级中焕发新生。其三，金融开放为具有全球影响力和全球视野的国际知名品牌的引入提供了条件，开放的金融环境、低金融风险等

---

① 联合国. 积极重振亚太地区的贸易与投资 | 社会科学报 ［N］. https：//www.sohu.com/a/640248800_550962.

② 程实. "双循环"新格局与金融双向开放 ［J］. 中国外汇，2021（1）：22-23.

优质国际商业环境对引入首店、概念店、会员制商店等新兴高端运营服务主体起到积极的推动作用。

其次，在构建"双循环"新发展格局的过程中，消费金融将在促进消费、扩大内需等方面发挥积极作用。从宏观层面看，消费金融是提振居民消费的重要金融模式。当前，全球经济增速放缓，国内经济正处于结构转型升级阶段。在这一关键时期，由投资带动经济增长的模式较难带来显著的经济增长效果，而消费在稳定经济发展中则发挥了更大作用。一方面，居民消费未来可以逐渐成为引领经济增长、推动经济结构转型的可持续动力；另一方面，消费金融在促进消费升级的同时增加了消费者对高附加值产品的需求，进而加速了产业结构的调整，推动经济增长与贸易结构向中高端转移。从微观层面看，消费金融对扩大内需、促进就业、改善民生具有重要意义。适度发展消费金融有助于拉动消费增长，这主要体现在两个方面：第一，消费金融促进提升居民消费驱动力。近年来，消费在我国经济增长"第一驾马车"的作用不断得到巩固。第二，消费金融助力激活消费潜在客群。现阶段，消费金融主要面向年轻客户和长尾客户，以金融杠杆的作用增强其消费意愿、提升其消费能力。

最后，金融双向开放有助于完善营商环境，推动消费生态建设。一方面，金融双向开放有助于减轻政府财政负担，通过引入金融资本推动基础信息网络及城市交通建设，进而反馈到金融硬件基础设施，最终得到更加快速便捷的金融服务。同时，完善的金融硬件设施能够更快响应市场参与者要求，反补建设基础信息网络的资金需求。另一方面，金融双向开放有助于推动政府构建良好的消费环境，营造多元且丰富的消费模式，有效保护消费者权益。金融开放放宽了对我国内部的金融管制，使我国居民和金融机构在国内外的消费和投资有了更多政策及资金支持，能够积极实现消费者和企业的"全国买"与"全球买"。此外，金融开放引导传统商贸企业加快电商化、数字化改造，促进平台企业与实体场景融合，培育消费新模式，如云消费、云逛街、云旅游等，以满足不同消费者的个性化和多样化需求①。

三、"双循环"新发展格局下我国金融开放的策略

（一）平衡开放和稳定的关系，在稳健中推进开放

此外，我国金融市场目前欠发达，资本项目还未完全开放，金融衍生产品较为匮乏，利率市场自由化和人民币国际化还未完全实现，这些内外部因素给我国金融

---

① 王蕊，程粤，王朝一. 双循环战略下金融双向开放助力成都国际消费中心城市建设研究［J］. 西部经济管理论坛，2022（4）：23-36.

开放带来了一定程度的挑战。一方面要坚持开放的步伐，另一方面步伐又不宜过快，这就意味着在金融开放过程中必须兼顾平衡和稳定，不能简单地二选一。

首先，要遵循改革的次序，在循序渐进中实现开放。例如，在推动人民币国际化进程中，中短期内，以美元为核心的国际货币体系依然稳固，因此推进人民币国际化的核心是打造强货币人民币国际化，与"双循环"新发展格局相配合，扩大人民币在跨境贸易和投资中的使用。长期看，国际货币体系很有可能进入一个多元时代，与多极化的全球经济政治格局对应，这需要以制度化开放推进相关建设和国内改革，增强我国市场对外国资本和资金的吸引力，为未来的多元货币时代做好准备。

其次，完善宏观审慎政策治理机制。2022年1月，中国人民银行发布《宏观审慎政策指引（试行）》，宏观审慎政策成为下一步构建总体的金融稳定体系和开放政策的重要内容。接下来，需进一步完善政策工具，将更广泛的金融资产、金融机构、金融市场等纳入宏观审慎管理，与货币政策等其他政策协调配合，并完善宏观审慎政策的支持与保障①。

最后，制定合理的、可接受的资本项目管理政策。一般来说，管制必定存在效率损失，然而对于大多数国家来说，如果市场机制成熟，跨境资本流动不会引发灾难性后果。因此在实践过程中，制定政策的关键是权衡利弊、做好成本效益分析②。

（二）提高开放质量和效率，增强金融服务实体经济能力

促进"双循环"新格局构建是新一轮金融开放的逻辑起点。改革开放是我国发展的成功经验，扩大开放有利于维护经济全球化和多边贸易体制，将世界经济和全球化的蛋糕越做越大。未来，我国的金融开放更应提高开放质量和效率，更好地服务于"双循环"新发展格局的构建。

一方面，重新审视全球产业链布局，促进我国产业升级。随着新一轮科技革命和产业变革深入发展，新兴技术及其产业化应用推动国际生产和贸易体系加快重构，全球产业链呈现出数字化、绿色化、融合化的新趋势。受中美竞争全面升级、新冠肺炎疫情叠加俄乌冲突等影响，全球产业链供应链部分环节受阻中断，短链化和区域化特征显现。因此，要针对不同产业特点，实施精准开放策略，以促进产业价值链从中低端向中高端转变③。其中，应重点支持"十四五"时期我

① 娄飞鹏. 健全宏观审慎政策框架意义大 ［EB/OL］. https：//baijiahao. baidu. com/s？id=1722143294479842373&wfr=spider&for=pc.

② 黄益平. 新发展格局下金融开放的关键 ［J］. 产业和城市，2021（4）：86.

③ 李佩珈. 新时代我国金融开放的逻辑起点与政策建议 ［J］. 中国银行业，2022（2）：49-51+70.

国的重大项目和重大工程，聚焦强弱项、补短板、"两新一重"[①] 等领域的金融服务，不断开拓"双循环"金融投资空间。此外，要做好"三农"、绿色等领域金融服务，大力支持市场主体提升竞争热点聚焦力、增强活力，推动我国经济体系优化升级，更好地为现代产业体系发展服务。同时，通过多种方式，分类推进过剩产能、传统行业的优化重组。增大对优势行业企业产能整合、兼并重组、产品技术升级、转型转产等方面的金融支持力度。

另一方面，引导境外资金更好地支持实体经济，以补足我国金融供给短板。我国处于全球价值链上游的行业具有较大发展潜力，应成为我国金融开放布局的重点领域。此外，大力开展消费金融领域市场布局，从供给和需求两端服务好国内消费市场，持续加大对卫生、医疗、旅游、养老、教育等行业的金融支持力度，拓展更宽的消费金融场景，探索研究金融服务的新模式、新业态，促进国民消费产业升级，推动住房消费金融稳步发展，加快国内外市场金融服务提质增效[②]。同时，需高效合理地投放信贷资源，促进国内形成超大规模市场，持续聚焦消费、生产、分配、流通等各个环节畅通循环。

（三）完善金融产品体系，加大金融科技投入

在"双循环"新发展格局的构建过程中，人们日益增长的金融需求，尤其是对个性化、定制化、差异化的金融产品的需求必将持续扩大。因此，应加强与境外离岸金融市场间的合作交流，推动境外机构与企业共同发行资产证券化和人民币债券产品，建立债券融资、风险投资、信贷投放、股权融资等全方位、多层次的现代金融体系。以消费信贷、远程交易和财富管理等为基础，加快产品创新从线下向线上转变，创新差异化、普惠性的金融服务产品，持续开发与完善境外PPP、夹层股权融资、互联网金融、"一带一路"特色服务等现代金融产品体系。

金融科技的发展不仅能为金融创新提供动力，还能为金融业整体性数字化转型助力，为"双循环"新发展格局提供更大潜力。因此，应主动推进金融科技赋能金融业，加速推进科技与金融业务的深度融合。首先，运用各类先进技术丰富场景、搭建平台，赋能业务发展，实现金融服务的线上化、数据化、个性化、智能化、生态化，提升消费金融的便利性及可获得性，以泛在、无感触达的金融更好地服务经济发展。其次，强化对在线教育、直播消费、线上医疗、网上娱乐等新型消费领域的金融服务，持续深挖消费市场空间和内需发展潜力。最后，准

---

① "两新一重"，即新型基础设施建设，新型城镇化建设，交通、水利等重大工程建设。2020 年 5 月 22 日，国务院总理李克强在发布的 2020 年国务院政府工作报告中提出，重点支持"两新一重"建设。

② 魏鹏．"双循环"新发展格局下商业银行面临的挑战、机遇与对策研究［J］．现代金融导刊，2021（5）：22-26．

确识别数字经济发展新机遇，结合要素资源创新，助力数字经济的产业化，从场景、生态、技术、架构、机制等方面推动数字化体系建设，不断推动营销、产品、运营、渠道、决策、风控等线上线下一体化融合和数字化转型。

（四）注重防范外部风险，转变监管思路

国际需求不振、关键零部件断供、贸易壁垒增加、对外投融资受限、海外资产安全缺乏保障等逐渐成为我国经济"外循环"的痛点和堵点，对金融开放也形成了一定挑战。因此，在金融开放过程中，一方面，要牢固树立安全发展理念，加快完善安全发展体制机制，补齐相关短板，维护产业链、供应链安全。逐步健全现代金融监管体系，加快建立完善的监管问责制，着力增强自身竞争能力、开放监管能力、风险防控能力，积极防范化解重大风险，提高金融监管透明度和法治化水平。坚持稳步推进金融去杠杆工作，确保汇率市场、资本市场、利率市场稳定发展，坚决遏制新增地方政府隐性债务，避免发生系统性金融风险①。另一方面，避免对海外资产形成过度依赖。长远看，推进资本要素配置市场化体制机制改革，满足中长期投融资需求，将有助于降低对外资的依赖，减少货币错配风险。同时，除自主创新或自给自足外，还应该形成多元化、分散化的海外渠道，以增强我国产业链供应链的弹性。此外，在金融开放过程中，监管思路需要转变——政府需加大对创新业务模式和技术应用的支持力度，全面加强风险管理；金融机构需从战略管理、经营文化、内部治理、组织结构、人才能力等方面进行全面革新和再造，加强多渠道、多视角的协同管理。

第三节　中国自由贸易试验区（港）建设中的金融开放

一、自由贸易试验区概述

（一）背景

2008 年以来，受金融危机影响，外部市场低迷，美国、西欧等实体经济遭受重创的国家开始重启贸易保护政策。除此之外，受多种因素的影响，WTO 体系下的多哈谈判停滞不前，以 TPP（跨太平洋伙伴关系协定）、TTIP（跨大西洋

---

① 刘霞，姬鹏飞．金融供给侧结构性改革推动"双循环"新发展格局构建的机理与路径［J］．河南工业大学学报（社会科学版），2022，38（4）：20-27.

贸易与投资伙伴协定）、TISA（服务贸易协定）为主的多边贸易协议也对国际贸易的发展提出了更高的要求。此外，随着世界和亚太格局的不断发展变化，中国周边环境安全不确定和不稳定因素增多，对我国社会主义现代化及和谐社会的建设构成严重威胁。显然，中国自加入WTO以来的新一轮经济发展周期随着金融危机的爆发已经结束。在这一趋势下，我们理应将过去片面的"以市场换技术"的外向产业发展战略转为扩大内需战略，以此吸引全球高级生产要素，促进我国经济结构调整。在此背景下，党的十八届三中全会提出，要"构建开放型经济新体制"，"加快自由贸易区建设"，"形成面向全球的高标准自由贸易区网络"。

（二）发展现状

2013年9月，我国正式宣布成立首个自贸区——上海自由贸易试验区，这是全面深化改革、构建开放型经济新体制迈出的关键一步。随着我国自贸区建设的逐步深化，2015年，我国新增广东、天津、福建3个自贸区；2017年，设立辽宁、浙江、河南、湖北、重庆、四川、陕西7个自贸区；2018年10月，设立海南自贸区；2019年8月，设立山东、江苏、广西、河北、云南、黑龙江6个自贸区；2020年9月，新增北京、湖南、安徽3个自贸区。至此，我国自贸区形成"1+3+7+1+6+3"基本格局，以东西南北中协调、陆海统筹的开放态势推动形成我国新一轮全面开放格局。

当前，在我国金融业改革和创新发展进程中，自贸区扮演着至关重要的角色。作为我国金融对外开放的"试验田"，目前自贸区已经形成陆海统筹、"头雁"引领、全国范围协调的"雁阵"格局。随着自贸区的发展，金融在支持实体经济、扩大金融开放、放宽市场准入、便利化跨境资金流动、推进人民币国际化、防控金融风险等方面取得了一定成效，形成了诸多可向全国复制推广的"自贸区经验"，不断在我国金融开放制度上闯出新路子。

二、自贸区下的金融开放

（一）自贸区金融开放的特点

现阶段，自贸区在推动我国金融开放创新方面做出突出贡献，并表现出适应性、灵活性、多样性三大特点。

一是金融开放创新立足现有制度展现出适应性。与国外自贸区"境内关外"特点不同，我国自贸区具有"境内关内"的特征，除自贸区内面积很小的综合保税区、保税港区等海关特殊监管外，自贸区内其他区域均采用国内现行经济金融制度（一些法律豁免区域除外）。因此，我国自贸区的金融开放创新大多是在现有制度基础上进行试点，整体形成了明确方向、分头试点、成熟一项推广一项的思路和方法。

二是金融开放创新围绕区域特征展现出灵活性。自贸区的金融开放创新考虑了其所处区域的经济、金融、地理、文化等特征，因地制宜开展创新。基于国际金融中心定位，上海自贸区强调在重要领域的突破和全面开放，2013年提出"加快探索资本项目可兑换和金融服务业全面开放"，2015年提出"深化完善以资本项目可兑换和金融服务业开放为目标的金融创新制度"；广东自贸区立足于粤港澳大湾区，天津自贸区立足于京津冀协同发展，福建自贸区立足于深化两岸合作示范区；云南、广西、黑龙江等自贸区沿边金融开放特征明显，如黑龙江自贸区"允许银行业金融机构与俄罗斯商业银行开展卢布现钞跨境调运业务资金头寸清算"，广西自贸区提出"现有交易场所依法依规开展面向东盟的大宗特色商品交易"。

三是金融开放创新覆盖领域广泛展现出多样性。一方面，自贸区的金融开放创新覆盖了银行、证券、保险、租赁等主要金融业态，从政策性较强的外汇管理改革、利率市场化、人民币国际化到操作性较强的产品创新、服务模式创新、交易平台创新等都有较多突破，并且相当一部分金融创新是跨领域多产品结合的综合化创新。另一方面，各自贸区总体方案中关于金融创新的内容有不少相同之处。几乎所有自贸区都提到人民币跨境使用、外汇管理改革试点、发展融资租赁；上海、广东、天津、福建、海南等自贸区均提出探索人民币资本项目可兑换；多个自贸区提出跨国公司或总部机构本外币资金集中运营管理、发展航运金融等内容。不过，在涉及同一领域的表述中，不同自贸区略有差别，这反映出自贸区金融创新"多点突破"的特点，即同一个领域的创新同时在多地试点，同时各区的试点任务又有所不同，试点成功后再复制推广。

（二）自贸区金融开放的意义

自贸区扩大金融开放具有重要意义。一是金融开放促进资金流动，提高金融市场效率。2013年，党的十八届三中全会提出"资本市场双向开放"的战略目标，将资本市场的对外开放推向纵深。2014～2018年，沪港通、深港通、沪伦通的相继启动标志着我国资本市场双向开放进入发展快车道，国内外投资者拥有更加多元的选择，使得全球共享中国改革开放和经济增长的成果。2019年9月，经国务院批准，国家外汇管理局全面取消QFII、RQFII投资额度限制，这无疑是我国扩大金融开放的一大重要改革措施。伴随着相关政策措施的落地，我国外资金融机构不断增多。一方面，有利于降低融资成本，提高全要素生产率，促进经济增长。另一方面，有利于加强金融业竞争，提高金融业的资源配置效率。二是金融开放有利于推进人民币国际化进程。自2009年7月国务院在香港试点人民币跨境结算以来，无论是在国际上的支付结算还是计价标准，人民币都取得了突出成绩。2014年6月，央行开放个人跨境贸易人民币结算业务。2016年，人民币成为继美元、欧元、日元、英镑后的第五种篮子货币，国际地位不断提升。2019年1月，央行发布《关于进一步完善人民币跨境业务政策促进贸易投资便利化的通知》，进一步完善和优化跨境人民币业务政策体系，实现了人民币跨境结算在经常项目下的全覆盖。三是金融开放有利于推动经济高质量发展。当前，中国经济处于从高速到高质量增长的转型期，金融开放带来的资本金融账户顺差平衡了经常账户的顺差减少，极大地推动我国经济快速稳定发展。金融开放有利于引进外来技术，发挥技术溢出效应，促进我国技术的发展进步，增强我国企业的国际竞争力。同时，绿色资本、风险资本的进入也将为我国经济高质量发展提供更好的支持①。

三、自贸区下金融开放的创新实践

我国自贸区建设以制度创新为起点，推动金融创新是各地自贸区建设方案的重要内容及目标。自贸区金融开放创新实践主要集中在深化外汇管理改革、推动利率市场化、完善金融监管、推进金融可持续发展四个方面。

（一）深化外汇管理改革

自贸区积极推进外汇管理制度改革试点，强化风险隔离和风险管控，体现了自贸区建设的总体要求和国家外汇管理理念方式的转变。一是经常项目便利化。该措施侧重便利市场主体资金收付，采取优质企业经常项目资金收付、支持银行优化新型国际贸易结算、有序扩大贸易收支轧差净额结算企业范围和货物贸易特殊退汇免于登记的措施。二是资本项目便利化。该措施聚焦拓宽企业跨境投融资渠道和提升跨境投融资便利化水平两方面。在拓宽企业跨境投融资渠道方面，采取支持中小微高新技术企业一定额度内自主借用外债、开展合格境外有限合伙人（QFLP）和合格境内有限合伙人（QDLP）试点、稳慎开放跨境资产转让业务和开展跨国公司本外币一体化资金池试点等措施。在提升跨境投融资便利化水平方面，采取外商投资企业境内再投资免于登记、符合条件的非金融企业资本项目外汇登记直接由银行办理、扩大资本项目收入资金使用范围、符合条件的企业自主选择跨境投融资币种和适度提高非金融企业境外放款规模上限的措施。三是跨境资金池改革。大部分自贸区提出允许区内跨国企业集团开展跨境双向人民币资金池业务。比如，湖北自贸区支持试验区内金融机构和企业在境外发行人民币债券，所筹资金可根据需要调回区内，支持跨国企业集团开展跨境双向人民币资金池业务。福建自贸区提出研究探索试验区内金融机构（含准金融机构）向境外

---

① 扩大金融业对外开放具有重要战略意义［EB/OL］. https://www.financialnews.com.cn/ll/ft/201912/t20191202_172591.html.

转让人民币资产、销售人民币理财产品。

（二）推动利率市场化

上海、天津、福建等自贸区均提出开展利率市场化试点，将自贸区内符合条件的金融机构纳入优先发行大额可转让存单的机构范围，在试验区内开展大额可转让存单发行试点。除此之外，上海自贸区还提出在试验区内金融机构资产方价格实行市场化定价。

自贸区实行利率市场化改革对于我国金融开放具有重要意义。一方面，通过先试先行，自贸区利率市场化改革将为全国推进利率市场化积累宝贵经验。价格是市场机制的核心，利率作为资金的价格，其形成机制将影响整个社会的资源配置效率，因此利率市场化是完善市场经济体制的关键。如果自贸区成功形成可复制、可推广的改革试点经验并向全国推广，我国金融体制将更加健全和完善，进而增强金融服务实体经济的能力。另一方面，利率市场化改革既为现存的国内外利率市场提供缓冲区，亦为国内外金融市场搭建桥梁。我国正处于经济发展的新阶段，只有进一步融入国际大市场，改革不适应市场经济发展的行政管制，不断探索金融市场的审慎逐步开放，才能持续加快与国际市场接轨的步伐。

（三）完善金融监管

在金融监管方面，上海自贸区具有先行优势，建立了全面覆盖的金融监管机制。具体做法包括：其一，通过"分业监管机构清单"和"重点监测金融行为清单"，明确相应的监管或主管部门；其二，规范金融产品设计、宣传、营销行为，加强各类信息的对接和检测，建立金融产品登记和信息披露制度，从而让监管全面覆盖金融产品；其三，以合同法律关系和产品属性为基础明确管理部门，统筹配置监管资源，强化综合监管和功能监管；其四，分类别、分层次、分步骤推进信息共建共享与互联互通，加强信息平台建设，提升分析预警能力。

在上海自贸区的经验之上，广东和天津分别提出在前海蛇口片区、滨海新区中心商务片区开展金融综合监管试点，在依法合规的前提下实施以合作监管与协调监管为支撑的综合监管。

（四）推进金融可持续发展

金融可持续发展指金融体制和金融机制随着经济的发展而不断调整，从而合理有效地动员和配置金融资源，提高金融效率，以实现经济和金融在长期内的有效运行及稳健发展。推进金融可持续发展已成为我国金融开放的重要内容，多个自贸区已出台相关举措。

在绿色金融方面，上海自贸区鼓励发展环境污染责任保险等绿色金融业务；河北自贸区推进绿色金融第三方认证计划，建立绿色金融国际标准；北京自贸区探索开展跨境绿色信贷资产证券化、绿色债券、绿色股权投融资业务。

在金融科技方面，广东自贸区提出加快区块链、大数据技术的研究和运用；安徽自贸区支持设立专门服务科创企业的金融组织；湖南自贸区支持金融机构运用区块链、大数据、生物识别等技术提升金融服务能力。

在建立交易平台方面，上海自贸区提出建立面向国际的金融交易平台，探索在试验区内设立国际大宗商品交易和资源配置平台；广东自贸区提出设立面向港澳和国际的新型要素交易平台；福建自贸区提出支持中国—东盟海产品交易所建设区域性海产品现货交易中心。

在降低市场准入门槛方面，上海自贸区提出稳妥推进外商投资典当行试点；广东自贸区提出适时在试验区内试点设立有限牌照银行，降低港澳保险公司进入试验区的门槛；福建自贸区提出探索在试验区内设立单独领取牌照的专业金融托管服务机构。

四、自贸区金融开放创新发展的路径

2021 年 7 月 9 日，习近平主持召开中央全面深化改革委员会第二十次会议，提出"要围绕实行高水平对外开放，充分运用国际国内两个市场、两种资源，对标高标准国际经贸规则，积极推动制度创新，以更大力度谋划和推进自由贸易试验区高质量发展"。自贸区的高质量发展中包含着更高水平的金融开放，应继续在风险可控、宏观审慎的原则下加快推进资本项目可兑换，放宽跨境资本的流动限制，实现非金融企业限额内可兑换，扩大人民币的跨境使用范围，全面实施准入前国民待遇原则和负面清单管理制度，不断深化和推动债券市场的发展和改革，推进贸易、实业投资与金融投资三者并重，建设面向国际的金融市场，实现中国经济与全球金融体系的融合。

（一）要以更高的开放水平服务国家战略部署

当前，我国正加快构建新发展格局，作为有效联通国内、国际两个市场的关键节点，自贸区在促进经济高质量发展、扩大高水平对外开放等方面发挥着重要作用，但也存在着不同程度的发展不平衡、制度创新碎片化、对标国际高标准规则示范引领作用有待提高等问题。国际形势的日趋复杂与国内全面深化改革的总体要求对自贸区建设提出了更高要求，未来需要抓住关键环节，以更大力度谋划和推进自贸区高质量发展。

一是加强顶层设计与发挥区域优势相结合，强化服务国家战略功能。一方面，建立自贸区考核评估长效机制和重大标志性成果奖励制度；建设全国自贸区发展共同体、治理共同体，自上而下推动自贸区分类承担国家重点任务试点，构建立足于中国当前发展阶段的自贸区高质量发展指标体系。另一方面，发挥比较优势，针对区位特征和资源禀赋进行差异化定位，通过积极探索具有

不同特色的发展模式而减少同质化竞争，并实现不同区域自贸区的均衡、协调发展。将地方首创精神与服务国家发展大局相结合，进一步提升服务我国发展战略的能力。

二是发挥自贸区金融制度创新引领作用，提高金融服务能力。在实践中，自贸区的一些改革在实施过程中手续烦琐。因此，管理层应对金融制度创新的改革边界和路径进行明确界定，进一步简政放权，让"先行先试"的制度创新试验更加积极和开放。同时，自贸区的金融制度创新要更加注重"走出去"和"引进来"的内外结合，有效提升金融服务效率和金融市场融合度。此外，加快培育在国际金融合作竞争中的新优势，进一步提升金融开放步伐，聚焦跨境投融资便利化、金融产品创新、金融科技应用等方面，同时加大人民币离岸市场的开放程度，有效推动人民币国际化的进程。

三是对标高标准国际经贸规则，稳步拓展金融制度型开放。一方面，要积极构建自贸区金融制度集成创新机制。在实践中发现，一些自贸区金融制度创新的经验往往只涉及某一部门的改革，缺乏全局性考量。因此，为解决此类问题，各自贸区要确定好各部门的职能边界，并且积极探索跨部门、跨行业、跨领域的金融制度集成创新，自贸区之间也要注重区域协调制度的创新。另一方面，对标国际高标准经贸规则，积极开展服务贸易负面清单管理、电子商务、海关程序等领域的压力测试；探索实行外商投资准入负面清单与跨境服务贸易负面清单一体化管理，实现跨境服务贸易突破。

（二）要以更广的金融服务区间助力人民币国际化

随着中国金融业双向开放不断深入，人民币国际化与自贸区建设正逐渐成为相互促进、有益补充的"黄金搭档"。自贸区设立为人民币资本项目开放奠定基础，其制度创新环境为人民币国际化提供发力的"土壤"。当前，人民币国际化步伐已经步入全面提速阶段，自贸区需要更大程度地发挥"窗口"作用。

首先，强化人民币市场化体系构建。可从扩大资本账户的开放程度、提高利率和汇率浮动空间、拓展跨境人民币业务三个角度入手。从扩大资本账户开放看，目前区内企业的融资需求主要通过国内银行满足。未来，可以依托区内分账核算单元，由境外机构对境内进行项目核查，境内企业根据监管要求提供境外信贷资产簿记，从而在提高人民币使用规模的同时，促进境外机构参与境内项目建设。从提高利率和汇率浮动空间看，人民币国际化需要我国国内拥有完善的金融市场，市场利率能够充分反映价格信号；同时需要灵活有效的市场化汇率制度来对冲境外投资的波动和保持货币政策的独立性。从拓展跨境人民币业务看，自贸区应允许开展个人跨境贸易人民币结算业务、企业人民币境外借款业务和企业集团内跨境人民币资金池业务；同时，金融机构可按照个人、企业和集团的相关需求创新各类跨境人民币业务，以提高资金利用效率①。

其次，积极探索物流和供应链金融创新，开展跨境投融资服务和离岸业务，发展科技金融和文化金融等多元化、特色化金融产品和服务。一方面，积极打造自贸区"金融服务+"，创新供应链金融服务模式，为客户提供数字化、场景化、智能化的供应链金融服务，在自贸区内打造领先全球的供应链金融数字化服务平台，构建较为完善的国际贸易金融支撑体系；另一方面，多举措拓宽跨境投融资渠道，探索发展离岸业务。一是扩大资本项目数字化服务试点，大幅降低市场主体"脚底成本"。二是持续深化相关领域外汇管理改革，进一步提升跨境贸易投融资便利化水平。三是鼓励海南自贸区等有发展优势的区域大力发展离岸贸易、离岸金融，建设离岸创新创业基地。四是丰富人民币跨境使用场景和跨境人民币投融资产品，提高企业跨境使用人民币结算便利度。

最后，进一步建设离岸金融中心，拓宽金融机构的区域空间，奠定人民币国际化的市场基础。在深耕人民币国际化市场基础的同时拓宽服务空间，有利于提高金融机构的业务能力和辐射能力，提高人民币国际化的效率。前者可以通过推进金融机构产品和服务的"引进来"及"走出去"实现，后者可以通过提高人民币债券资产、权益资产，在自贸区内试点境外投资、项目贷款和人民币境外基金，以此拓宽资金的使用范围并减少人民币跨境使用的限制，从而提高人民币交易主体的市场活力，提高人民币的使用规模和范围。

（三）要以建设更全面的金融监管体系防控金融风险

在自贸区新一轮的建设和运作过程中，金融改革将继续推进。随着金融业的多样化发展，金融业务日趋复杂。现行的金融监管体系必定不再适合自贸区的金融开放，为对标国际服务新规则、促进服务业自由化，需突破自贸区既有的监管框架体系，培育一个更加开放、自由的金融市场和金融体系，为深化金融体制改革提供示范。

首先，进一步加强和完善金融机构间的协同作用，形成更严密、更高效规范的全方位监管协调机制。一是构建中央与地方金融监管协调双机制，明确地方金融监管职责，加强央地协调配合，充分调动中央和地方的积极性，增强金融监管合力，以更好地服务实体经济、防范金融风险和深化金融改革②。二是完善自贸区金融业中央金融管理部门之间的协调监管机制，实现"互动监管"。三是加强

---

① 自贸区金融创新路径［EB/OL］．http：//district. ce. cn/newarea/roll/201507/30/t20150730_6085213. shtml.

② 建立金融委办公室地方协调机制　加强中央与地方金融协作［EB/OL］．http：//dfjrjgj. hunan. gov. cn/tslm_71665/mtjj/202001/t20200115_13365064. html.

金融机构和类金融机构的自律性，建立社会参与的监督机制，探索行业自律、企业自控、社会参与和信息技术支撑的"四位一体"的透明、高效、便捷的大监管模式。

其次，推进自贸区金融市场化改革，完善事中事后监管与宏观审慎监管。一方面，自贸区应在金融领域继续减少行政审批干预，简政放权，发挥市场在金融资源中的决定性作用。具体而言，在自贸区的金融业务市场准入方面实行"负面清单"监管模式，在金融机构设立实行备案制。另一方面，自贸区应探索和完善宏观审慎监管机制。一是将区内所有金融行业内可能引发区域性或系统性风险的事项纳入宏观审慎监管范畴。二是确立自贸区金融业宏观审慎监管机构。三是自贸区金融监管部门要善于运用有效的宏观审慎监管工具，提高系统性风险监测与识别能力、系统性风险防范与处置能力。

最后，进行金融科技服务创新，构建数字化金融监管平台。一是不断完善数字化监管法规。努力构建符合我国国情的数字化金融监管模式，在管理体制、工作机制、工作标准、人员配置、工作保障、科技基础设施投入等方面做出系统化安排，规范顶层设计。二是加快数字化金融监管人才培养，完善金融监管人才标准。监管部门需根据监管人员存在的短板，分门别类地开展针对性培训，使监管人员尽快成为既熟悉科技又懂业务的复合型人才，以适应监管数字化智能化的需要。三是提高被监管机构主动配合监管科技应用的积极性。监管部门要采取必要措施，促使金融机构高效配合监管工作。同时，各金融机构要强化科技风险管控，在有效防控风险的情况下，开展科技创新。

（四）要以更新的发展理念和手段推动可持续发展

近年来，地区冲突和热点问题此起彼伏，传统和非传统安全问题互相交织，全球经济复苏乏力，持续发展任务艰巨。我国一直积极参与全球经济治理，推动世界经济可持续发展，打造人类命运共同体。面对经济全球化的复杂变化，自贸区需进一步推进金融创新，提高数字化水平和绿色发展水平。

首先，进一步发展绿色金融，通过政策设计和引导驱动，培育多层次绿色金融市场。一是政府应加快展开与社会资本的合作项目，鼓励创新型绿色金融产品创新；大力扶持绿色产业 PPP 模式①；加强引导鼓励责任投资和规范 ESG② 市场，推动绿色金融市场多元化发展。二是推动开发"互联网+绿色金融"新模

---

① PPP（Public-Private Partnership）模式是政府部门和社会资本在基础设施及公共服务领域建立的一种长期合作关系，其中政府部门负责价格和质量的监管，社会资本负责项目的设计、建设、运营和维护。绿色 PPP 则是具有支持污染防治和推动经济结构绿色低碳化作用的 PPP 项目。

② ESG 即环境（Environmental）、社会（Social）和治理（Governance）英文单词首字母的缩写。ESG 指标分别从环境、社会以及公司治理角度来衡量企业发展的可持续性。

式，提供多样化的绿色金融融资渠道。可以通过优惠政策提高绿色金融市场的活跃度，扩大市场内绿色金融的参与主体范围。三是引导资本市场服务于绿色企业，疏通科创板、创业板通道。四是鼓励引导绿色技术企业上市融资，推动发展多层次资本市场和并购市场，建立健全绿色技术企业投资者退出机制。

其次，发挥责任投资和 ESG 标准对绿色投资及可持续金融的指引作用。我国应借鉴国际经验，制定绿色基金的责任投资管理制度和绿色投资指引，丰富 ESG 评价指标体系，改善投资决策机制，完善绿色投研体系，为全面践行 ESG 责任投资和推动绿色可持续发展奠定基础。以自贸区烟台区为例，该片区抢抓海上风电发展机遇，进军海上风电安装市场，目前正通过本土融资租赁企业与中集来福士就海上风电领域开展多层次战略合作，为船东方提供了风电安装船综合融资服务。在绿色发展的"风口"上，烟台片区还不断延伸绿色租赁业务服务范围、全力推动模式创新、加强对外地绿色租赁业务布局，为片区实现高质量发展提供了一批有益的实践性经验。

再次，借鉴国际经验，加大对绿色金融工具的创新力度。一方面，大力发展绿色债券，完善自贸区内绿色债券市场的基础设施建设。国际经验表明，市政债券可以为绿色低碳产业的资金来源问题提供较好的解决方案。未来在风险可控的前提下，应鼓励自贸区发行绿色市政债券以引导投资者参与，推进低碳绿色城市建设。可以通过税收优惠、担保、贴息等绿色财政政策与绿色金融政策有效结合，为自贸区投融资改革提供创新工具。另一方面，以绿色基金推动绿色技术创新。目前，我国已在江苏、山东、新疆、浙江、陕西、海南等多省区设立绿色产业发展基金。未来应借鉴国际经验，鼓励符合条件的外资股权投资机构在自贸区内发起管理创业投资基金，通过政府和商业结合的合作模式促进绿色投资参与度，为符合政策条件的企业提供资金支持。

最后，积极开展自贸区绿色金融的区域合作与国际合作。一方面，推动绿色金融的"基础设施"与区域一体化金融合作。发挥上海科创中心、长三角一体化绿色发展先行示范区作用；发挥京津冀一体化和雄安试验片区的辐射力及影响力；落实粤港澳大湾区的绿色经济和自贸区发展相关政策，出台支持利用外资、绿色技术转移转化众创空间的政策，加强创新人才融合和培养，有效吸引先进绿色技术、人才和国际资本在自贸区的落地与实践。另一方面，积极构建国际间绿色金融交流合作平台。借鉴"赤道原则"①、可持续发展原则和 ESG 等国际广泛接受的标准，发挥世界银行、亚洲开发银行、金砖银行、国际金融公司、丝路基

---

① "赤道原则"（Equator Principles，EPs），财务金融术语，是一套非强制的准则，用以决定、衡量以及管理社会及环境风险，以进行专案融资（Project Finance）或信用紧缩的管理。

金在亚太金融合作和"一带一路"绿色投资的影响力,通过绿色金融工具创新和配套政策引导国际资金流向自贸区,推动发展绿色技术、绿色专利、绿色产业,鼓励进出口、跨境资本流动的国际合作,协力推动"一带一路"绿色投资,推动沿线国家可持续发展的进程。

第七章　全面推动金融高水平开放的政策建议

第一节　以制度型开放加速金融开放

健全的金融制度是金融健康发展的前提，而作为一个必须随货币资金流动客观需要不断变化的动态系统，金融制度健全与否取决于其能否针对金融发展需要及时、准确地做出适应性迭代。从国际经验看，金融开放水平的高低与金融制度的状况有着密切联系。

2018 年 12 月召开的中央经济工作会议首次提出，"推动由商品和要素流动型开放向规则等制度型开放转变"①；"十四五"规划纲要强调，要"全面提高对外开放水平，推进贸易和投资自由化便利化，持续深化商品和要素流动型开放，稳步拓展规则、规制、管理、标准等制度型开放"②；党的二十大报告再次强调，要"推进高水平对外开放。依托我国超大规模市场优势，以国内大循环吸引全球资源要素，增强国内国际两个市场两种资源联动效应，提升贸易投资合作质量和水平稳步扩大规则、规制、管理、标准等制度型开放"③。与商品和要素流动型开放相比，制度型开放的本质是由"边境开放"逐步向"边境后开放"拓展和

① 首提"制度型开放"中国扩大开放进入新阶段［EB/OL］. https：//baijiahao. baidu. com/s？id＝1620541575481997048&wfr＝spider&for＝pc.

② 中华人民共和国国民经济和社会发展第十四个五年规划和 2035 年远景目标纲要［EB/OL］. http：//www. gov. cn/xinwen/2021-03/13/content_5592681. htm.

③ 习近平. 高举中国特色社会主义伟大旗帜　为全面建设社会主义现代化国家而团结奋斗——在中国共产党第二十次全国代表大会上的报告［EB/OL］. http：//www. gov. cn/xinwen/2022-10/25/content_5721685. htm.

延伸。拓展制度型开放，关键是对标国际先进规则、规制、管理和标准，加快形成与国际通行经贸规则相衔接的制度体系和监管模式。

目前，我国金融开放已经进入新的阶段，新阶段要有新的路径选择。制度型高水平金融开放，意味着金融开放不再只是对一些具体金融业务的开放，而是一个从量变到质变的飞跃，即以不断完善金融开放的各类高质量金融制度来夯实金融开放的基础，为我国金融开放提供恒久的动力和保障。

一、强化国际规则融合对接，积极参与国际规则制定

随着金融开放进入以制度型为主的高水平开放新时期，国内现有的法律法规构成的行业规章制度与国际惯例及国际标准的差异在一定程度上制约了我国制度型开放水平。因此，应以《外商投资法》的实施为契机，全面梳理我国与全球金融行业管理相关的法律法规，在确保风险可控的条件下，主动对标找差距，在结合我国实际的同时对照国际高标准，推动行业规则安排和制度设计尽可能与国际接轨。例如，对粤港澳大湾区的建设，在地方政府和监管部门等各方的共同努力下，大湾区金融市场互通和开放等方面虽已取得长足进步，但一些制度性障碍仍制约着区内金融市场及金融服务一体化的发展，金融监管差异、金融产品和金融服务跨境不畅等问题亟待解决。对此，可通过赋予大湾区内现有自贸区更大范围、更深层次的自主改革权限，进一步消除制度性障碍，构建与国际接轨的金融规则体系。同时，我国需协调好中国特色与国际惯例的关系，坚持中国特色，做好与国际惯例的正确接轨。未来的金融开放宜更好地平衡"引进来"与"走出去"，特别是对外投融资合作框架。一是注重实现国内外规则、标准的衔接和合作，推动特定区域的规则开放融合试点；二是注重大国政策的外溢和相互作用；三是注重与金融开放相关的安全机制和基础设施建设①。

构建更高水平的金融开放需要更加包容的国际规则做支撑，而一个更加包容开放的国际金融体系需要我国在其中发挥重要作用。一方面，推进国际规则向多元化、多边化发展。纵观200多年来国际经济金融发展史可知，国际金融规则发展的总趋势是由单边规则向多边规则发展。单边规则贯彻零和博弈，而多边规则强调互利共赢，这与我国在金融开放过程中所提倡的理念不谋而合。因此，要改变现有的规则体系，加入更多的中国智慧，推动更多凝聚多边共同利益的国际规则形成。具体而言，在新形势下，首先，鼓励民间资本进入正规金融机构，积极吸收外资作为战略投资者对我国金融机构股权结构进行改造，推动建立一批多

---

① 刘禹松．金融开放应注重实现国内外规则、标准的衔接 [EB/OL]．https://baijiahao.baidu.com/s？id=1739566145865029074&wfr=spider&for=pc．

国、多地区股权形成的金融机构，同时明确银行、证券、保险、基金等金融机构间的分工职责，使得这些金融机构的行为能够反映出多国的意向和多边主义的取向，从而提高金融服务业效率。其次，考虑向多国乃至全球发行各种金融产品。例如，以建设项目或经营运作公司为基础，向多国乃至全球发行长期公司债券、股权投资基金、普通股股票、优先股股票以及其他证券，形成和完善金融产品中的多边机制①。再次，应充分利用现代信息技术，向全球尽可能多的国家和地区开放交易市场，在推进交易投资范围全球化的同时扩展多边机制在全球金融交易中的覆盖面，将多边规则落实到实操领域。最后，应争取在有条件的国家中划出一定的地理区域发展多边经济，该区域应实行有别于该国经济制度的特殊政策。域内企业既可以有每个国家的独资企业，也可以有多个国家合股的股份公司；具体经济政策和经济机制由管理委员会（或类似组织结构）决定，管委会的成员由介入域内投资运作的各国企业推荐代表构成②。

另一方面，抓住规则制定的"机遇期"和"窗口期"。当前，国际经济格局发生重大变化，一大批新兴市场国家和发展中国家快速崛起，在国际贸易和投资中的占比大幅上升，但全球金融治理体系变革却明显滞后，亟待推动构建公平、开放、透明的国际金融规则体系，增强新兴国家金融在国际金融体系治理中的话语权和影响力。此外，在技术创新快速发展的过程中形成了一些新领域，如绿色金融、金融科技、数字治理等，但这些领域尚未形成公认的国际规则。我国金融开放虽起步较晚，但已经取得诸多成就，某些技术和经验已经在国际领先。因此，我国可以在这些领域更加积极地参与国际事务和制定国际规则，完善全球规则，提升我国在全球金融治理中的话语权。

二、发挥自贸区试点作用，推进高水平制度型开放

党的二十大指出，"实施自由贸易试验区提升战略，扩大面向全球的高标准自由贸易区网络"③。建设自贸区是党中央、国务院在新形势下深化改革和扩大开放的重大举措，金融开放创新试点是自贸区改革开放的重要内容。我国自贸区金融开放创新进程充分体现了制度型开放的理念和精神，在资本跨境流动管理、金融市场双向开放的制度和配套安排，推进金融领域市场准入和公平竞争制度改

① 王国刚．"一带一路"：建立以多边机制为基础的国际金融新规则［J］．国际金融研究，2019（1）：38-45.

② 王国刚．以多边规则推进金融开放［EB/OL］．https：//baijiahao.baidu.com/s？id=1739564251849467814&wfr=spider&for=pc.

③ 习近平．高举中国特色社会主义伟大旗帜 为全面建设社会主义现代化国家而团结奋斗——在中国共产党第二十次全国代表大会上的报告［N］．人民日报，2022-10-16（001）.

革等方面均有充分体现。自贸区谋划金融开放创新，要围绕制度型开放的要求，在更高起点上探索金融创新领域的中国方案和中国标准，进行制度创新和先行先试。其一，在风险可控的前提下，先行试验引入国际金融运行规则，形成在国内以及在发展中国家和地区"可复制、可推广"的规则体系。其二，构建更加便利化、自由化的制度安排。要立足自贸区的特点，构建更加综合化的金融服务体系，创新金融产品和服务方式，全方位提供高效率、高质量的供应链金融服务。要构建与金融自由相衔接的宏观审慎管理机制，减少行政审批和约束，平衡好开放和防控风险的关系。其三，开展金融科技创新应用试点，推进金融科技标准国际化。自贸区要率先开展金融科技应用试点，在金融科技国际规则定型前，为自主建立中国标准作出贡献，为国家参与国际规则和标准的研究制定提供了基石和抓手。其四，构建与经济发展相适应的优质金融营商环境。抓住国家扩大金融开放的有利时机，持续深化"放管服"改革，优化金融营商环境，做好精准对接和服务；支持已入驻的外资金融机构更好地发展，并致力于进一步引进类型多样化、专业化和特色化的外资金融机构。

三、完善负面清单制度，夯实金融监管制度

一方面，继续完善金融开放的负面清单制度。过去几年，我国金融开放实施了"准入前国民待遇+负面清单"的管理制度，逐步取消银行业外资股比限制。2017~2022年，我国连续6年修订外资准入负面清单，外资准入特别管理措施的大幅减少为外商投资提供了更加广阔的发展空间。该项制度关系到我国金融开放的深度与广度，目前仍有较大的优化空间。由此，当前应及时修订相关法律法规，充分发挥好负面清单模式对高水平开放的积极作用；应从要素开放向制度开放扩展，进一步优化行政审批流程，加快构建公开透明、稳定可预期、内外一致的环境，鼓励境内外金融机构合作共赢，为我国金融开放营造有利环境。

另一方面，进一步夯实各类基础性金融制度。我国金融开放的一个先决条件是确保不发生金融风险。由此，为推动我国金融开放的成功，需要对涉及金融业健康可持续发展的各种基础性制度进行一次全面完整且深刻的修订、补充和完善，让我国金融开放的相关制度能够与时俱进，不断增强金融开放的可操作性、时代适应性和安全性。我国应不断提升开放条件下的经济金融管理能力和风险防控水平；继续完善货币政策调控与宏观审慎政策框架，丰富政策工具箱，构建系统性金融风险监测、评估和预警体系，优化外汇市场宏观审慎加微观监管"两位一体"的框架，加快补齐金融科技监管的短板，将所有金融机构、金融业务和金融产品纳入审慎监管框架，以尽可能消除金融开放带来的各

种隐患。

四、深入推动资本市场改革，统筹全局与细节

"十四五"规划纲要提出，要"稳妥推进银行、证券、保险、基金、期货等金融领域开放，深化境内外资本市场互联互通，健全合格境外投资者制度"①。2022年1月，中国证监会传达学习贯彻中央经济工作会议精神的党委（扩大）会议中提到，"'稳步推进资本市场高水平对外开放'成为2022年工作重要内容之一"。党的二十大再次强调"健全资本市场功能"。因此，建设好中国特色现代资本市场，需要加快形成更加成熟、更加定型的资本市场基础制度体系，坚定不移推动制度型开放。

2020年，金融机构外资股比限制全面取消，意味着我国资本市场制度性开放具备了一定基础。一方面，要以全面实行股票发行注册制为主线，深入推进资本市场改革，继续进行金融产品、业务监管及整个资本市场架构的设计，并将国际化基因嵌入其中，进行资本市场生态再造，更好地满足资本市场全面开放的要求。一是充分发挥科创板的试验田作用。坚守科创板定位，优化审核与注册衔接机制，保持改革定力；总结推广科创板行之有效的制度安排，稳步实施注册制，完善市场基础制度。二是大力推动上市公司提高质量。制订并实施推动上市公司质量提高的行动计划，切实把好入口和出口两道关，努力优化增量、调整存量。加强对上市公司的持续监管、分类监管、精准监管。三是补齐多层次资本市场体系的短板。选择若干区域性股权市场开展制度和业务创新试点，允许优质券商拓展柜台业务，大力发展私募股权投资，推进交易所市场债券和资产支持证券品种创新，丰富期货期权产品。另一方面，要统筹好全局与细节。坚持从全局看、从细节办。继续加强期现货市场联动监管，切实维护期货市场平稳运行。大力推动投融资总体平衡。抓紧出台公募基金管理人监管办法，稳步扩大权益类基金供给，推动各类中长期资金进入资本市场，推动个人养老金投资公募基金政策尽快落地等。

---

① 中华人民共和国国民经济和社会发展第十四个五年规划和二〇三五年远景目标纲要［EB/OL］．http：//www.gov.cn/xinwen/2021-03/13/content_5592681.htm.

第二节 以金融科技推动金融开放

现代金融体系以科技创新为驱动，要求科技成为金融脱媒①和金融开放之外推动金融发展的第三种重要力量。金融科技的力量在一定程度上打破了金融供给在时间、空间上的约束，能够有效提升金融服务的质量、效率和可获得性，帮助传统金融业更具效率地管理风险、拓展客户。故而，金融科技是技术驱动的金融创新，对金融开放具有赋能作用。

2022年1月，中国人民银行印发《金融科技发展规划（2022—2025年）》（以下简称《金融科技规划》）②，在国内外新环境新形势下针对新时期金融科技的发展提出了指导性意见，对我国金融行业数字化转型的总体思路、发展目标、重点任务和实施保障进行了明确规定。在《金融科技规划》引领下，金融科技正在推动中国金融体系进入大变革时代，也将金融开放引向纵深。因此，要抓住金融科技发展的绝佳机会，强化金融科技合作，增强金融业的竞争力，提升金融领域和科技领域的融合程度，高质量、高效率地推进金融开放。

一、推进跨境金融科技合作

金融科技能够促进跨境金融服务发展，促进各国市场开放，但也会助长违法违规的跨境金融服务，导致风险跨境传播。此外，数字货币洗钱也是潜在的威胁，各种token、虚拟币作为中介，先将汇款人所在地的法定货币转为代币③，再在收款端将代币转为收款人所在地的法定货币，事实上完成了跨境支付。为最大限度规避此类风险，需要推进金融科技跨境合作，实现金融科技的全球治理。作为金融科技发展程度较高的国家，我国应主动加强跨国监管合作，学习和借鉴其他国家在金融科技方面的先进经验。同时，积极参与以多边层面为主的国际金融贸易规则制定，在金融科技行业发展和监管方面做出前瞻性反应。

---

① 金融脱媒是指随着直接融资（即依托股票、债券、投资基金等金融工具的融资）的发展，资金的供应通过一些新的机构或新的手段绕开商业银行这个媒介体系，输送到需求单位，也称为资金的体外循环，实际上就是资金融通的去中介化，包括存款的去中介化和贷款的去中介化。

② 人民银行印发《金融科技发展规划（2022—2025年）》［EB/OL］．http：//www.gov.cn/xinwen/2022-01/05/content_5666525.htm.

③ 法币，即各国的法定货币，如人民币、美元、欧元等；代币指在一个区块链项目中流通的虚拟货币，如比特币、以太币等。

对于国内的金融科技企业而言，尽管我国金融市场容量巨大，储蓄率和资本形成率都较高，对外资吸引力较强，但与其他国际金融中心相比，国内投资者投资基础较弱，风险偏好不强，金融市场成熟度也不够高，而这种微观金融和宏观经济不平衡的现象日益严重。因此，不能仅仅将标的放在国内市场，需聚焦于广阔的国际市场和国际标准，通过金融科技合作致力于完善我国金融市场，包括为长尾客服提供普惠性金融产品，与监管机构合作提供监管科技产品等①。

二、建设金融科技人才培训体系

近年来，我国金融机构数字化转型不断提速，金融科技人才培养与发展问题日益凸显。《金融科技规划》明确要求"扎实做好金融科技人才培养工作，持续推进标准规则体系建设，加强法律法规制度落实，为金融科技人才稳定和深远发展保驾护航"，强调了对金融科技人才的重视。

中国金融科技人才培养与发展研讨会 2022 年 1 月发布的《中国金融科技人才培养与发展问卷调研（2021）》与《我国主要城市金融科技人才发展 HOPE 指数》两份报告显示，我国金融科技人才发展存在人才基础薄弱、产业发展滞后、政策支持不够、发展环境受限四个方面的痛点。金融科技人才一直是行业发展的驱动力，加强金融科技人才队伍建设是推动金融机构数字化转型的重要抓手。要尽快推动金融科技人才的标准、教育和培训体系建设，使之成为一个规范、高效的核心生产要素，以服务于金融改革和金融开放。具体而言，可从以下几个方面发力：一是夯实人才基础，将人才基础优势进行多维度转化，引入人才教育和培训资源；二是推动产业集聚，优化金融科技产业发展方向，让金融与科技、产业深度融合；三是弥补政策短板，因地制宜发挥人才政策比较优势，推动政策落地和可执行；四是优化发展环境，发挥人才环境与产业环境的耦合效应，差异化提升城市吸引力。

三、加强金融科技赋能自贸区建设

衡量一个地区的金融开放程度，不要只看外资金融机构、外企总部等的数量，更要观察其在整个市场中的影响力。当前，我国自贸区在金融开放方面已取得诸多成绩。随着全球经济发展进入新阶段，我国自贸区建设需要承担更多任务。在此背景下，应提高数字和金融科技水平，以金融科技"补短板""抓机遇"，将金融科技放在发展的重要位置，扩大其作为金融开放"试验田"的影响

---

① 程斌淇. 金融科技对金融服务贸易自由化的影响研究［D］. 对外经济贸易大学博士学位论文，2019.

力。其一，围绕支付清算、登记托管、数据管理等各个金融服务环节，支持金融科技重大项目落地，支持借助科技手段提升金融基础设施服务水平；其二，充分发挥金融科技创新监管试点机制作用，在有利于服务实体经济、风险可控、充分保护消费者合法权益的前提下稳妥开展金融科技创新；其三，支持中国人民银行数字货币研究所设立金融科技中心，建设法定数字货币试验区和数字金融体系，依托中国人民银行贸易金融区块链平台，形成贸易金融区块链标准体系；其四，支持持牌机构和大型科技企业依法设立金融科技公司，进一步依法开展金融科技创新活动，依托金融科技手段探索开展适合可及性企业的个性化融资服务。

四、打造粤港澳大湾区为金融科技新高地

从金融科技发展看，粤港澳大湾区依托深圳、广州等珠三角城市的高科技发展和互联网创新能力，加之香港、澳门发达的金融服务业，整体实力雄厚。2019年2月印发的《粤港澳大湾区发展规划纲要》明确指出，"粤港澳大湾区要建设国际金融枢纽、大力发展特色金融产业，有序推进金融市场互联互通"[①]。新形势下，要大力推进粤港澳大湾区金融科技发展，加速大数据等新兴信息技术在反洗钱、供应链、跨境支付等场景落地应用，促进大湾区金融的深度融合。因此，一方面，应充分尊重市场与企业的首创精神，激励金融机构积极运用云计算、大数据、人工智能和区块链等先进技术提供创新金融服务，为金融科技企业在客服、风控、营销、投顾和征信等领域提供相关技术服务、政策便利和支持；另一方面，应充分利用好大湾区这个超大型"监管沙箱"改革试验田，运用先进监管工具、监管方式以及监管理论，实现科技驱动型监管模式，为大湾区金融科技产业发展保驾护航。

第三节　以人民币国际化促进金融开放

人民币国际化是外汇改革和金融开放的重要组成部分，国际投资者愿意进入我国金融市场，能够持有及投资人民币计价的金融资产是其发展的先行条件。现阶段的人民币国际化进程已与我国金融市场的深层次开放密切地联系在一起。"十四五"规划纲要提出"稳慎推进人民币国际化，坚持市场驱动和企业自主选

---

① 中共中央　国务院印发《粤港澳大湾区发展规划纲要》［EB/OL］. http：//www.gov.cn/gongbao/content/2019/content_5370836.htm.

择，营造以人民币自由使用为基础的新型互利合作关系"①。党的二十大再次强调要"有序推进人民币国际化"。

2009 年以来，人民币国际化已取得一定进展。国际货币基金组织公布的官方外汇储备货币构成（COFER）数据显示，2022 年第一季度，人民币在全球外汇储备中的占比达 2.88%，较 2016 年人民币刚加入特别提款权（SDR）货币篮子时上升 1.8 个百分点，在主要储备货币中排名第五②。此外，2020 年以来，人民币国际化进程略微提速。SWIFT 数据显示，人民币国际支付份额于 2021 年 12 月提高至 2.7%，超过日元成为全球第四位支付货币，2022 年 1 月进一步提升至 3.2%，创历史新高③。

新时期，人民币国际化面临更加严峻的外部环境、更加激烈的国际货币竞争。我国必须居安思危，正确认识形势的严峻性，站在经济金融安全的高度重新审视人民币国际化的意义和价值，充分发挥我国的市场、制度优势，平衡好短期利益和长远利益，在"十四五"期间加速推进人民币国际化，推动以人民币国际化为核心的金融开放。

一、以畅通"双循环"推动人民币国际化

国际经验表明，内循环是货币国际化的先决条件，外循环是货币国际化的实现手段。"国内大循环"决定国内消费市场、投资市场的规模和结构，从根本上创造人民币需求；"国际大循环"实现国际范围内的包容性发展和风险分散，有助于提高我国发展的高效性和稳健性，增加人民币的国际使用场景和黏性。党的二十大指出，"发展是党执政兴国的第一要务。没有坚实的物质技术基础，就不可能全面建成社会主义现代化强国。必须完整、准确、全面贯彻新发展理念，坚持社会主义市场经济改革方向，坚持高水平对外开放，加快构建以国内大循环为主体、国内国际双循环相互促进的新发展格局"④。加快形成"双循环"新发展格局将有效增强人民币国际化市场驱动力，为人民币国际化再上新台阶创造重大历史机遇。在"双循环"新发展格局下，我国加快培育完整内需体系，把满足

①　中共中央关于制定国民经济和社会发展第十四个五年规划和二〇三五年远景目标的建议［EB/OL］. http：//www. gov. cn/xinwen/2020-11/03/content_5556991. htm.

②　央行报告：人民币资产对全球投资者保持较高吸引力［EB/OL］. http：//www. gov. cn/xinwen/2022-09/24/content_5711700. htm.

③　2021 年 12 月在国际支付中占比升至第四——人民币全球地位稳步提升［EB/OL］. http：//www. gov. cn/xinwen/2022-02/10/content_5672832. htm.

④　高举中国特色社会主义伟大旗帜　为全面建设社会主义现代化国家而团结奋斗——在中国共产党第二十次全国代表大会上的报告［EB/OL］. http：//www. gov. cn/xinwen/2022-10/25/content_5721685. htm.

国内需求作为发展的出发点和落脚点，增强消费对经济发展的基础性作用，形成容量巨大、需求升级的国内大市场，拓宽和巩固了人民币贸易收付主干道，同时通过加强金融体系建设、提高金融风险管控能力夯实国内经济基础，推动高质量对外开放，进一步提升了人民币在全球金融市场的接受度。为此，应畅通国际循环，多渠道、多平台增强人民币的国际货币职能。一是发挥我国在数字货币、移动支付、人工智能技术方面的领先优势，打造各类撮合交易平台①，增强人民币支付功能。将东盟、中亚、中东、非洲地区作为畅通国际循环、提升人民币使用水平的重点区域。二是自主把握资本账户开放节奏，完善相关配套制度，运用金融科技手段，防范化解潜在风险。三是构建政策驱动与市场牵引的人民币国际化模式，为人民币国际化增添数字属性。通过直接投资、援助，在境外形成规模大小不等的人民币外汇市场，为更多企业和个人接受人民币创造必要条件。通过博览会、自贸区等提供功能强大的电子商务、数字贸易平台，运用第三方平台，试点数字货币在跨境贸易中的应用。推动零售端人民币计价结算，通过增添数字属性扩大人民币使用场景，促使人民币成为当地的货币锚。四是处理好人民币汇率市场决定、灵活性、稳定性三者之间的逻辑关系，吸取以往的经验教训，适当守住汇率心理关口。五是用稳定市场份额、简化支付流程、规避汇率风险等市场手段来激励企业更多使用人民币计价结算，构建人民币资金流和贸易流的双闭环。

二、以 RCEP 的演进推动人民币国际化

2020 年 11 月 15 日，历时 8 年的《区域全面经济伙伴关系协定》（RCEP）正式签署，标志着世界上人口最多、经贸规模最大、最具发展潜力的自由贸易区正式形成。在一系列复杂国际环境下，RCEP 的签署对于进一步推进亚太经济一体化、提升区域整体在国际经贸新秩序中的话语权有着重要意义。RCEP 的签署将带来亚太生产网络的整合与重构，以及金融开放与金融合作水平的提高，为推动人民币国际化创造广阔的需求和发展空间，进一步提升人民币在区域内乃至全球的国际货币地位。因此，未来要抓住 RCEP 提供的良好市场基础，为人民币国际化全面提速。

其一，在贸易层面，推动人民币在 RCEP 区域内贸易中的使用。一方面，随着 RCEP 区域一体化程度提升、产业链整合深化，区域内贸易具有广阔的增长前景。人民币计价结算规模应与中国在产业链中的枢纽地位相适应，从而有利于降

---

① 撮合交易平台又作撮和交易平台，是指在多方交易中，存在中间一方将多方的信息集中起来，然后将信息进行匹配，以便达到多方对信息的需求。例如：多方交易中，由市场运营机构或经纪人按照市场规则对买卖交易进行的匹配。

低交易成本和汇兑风险。另一方面，数字经济、跨境电商是 RCEP 合作的重要内容之一，RCEP 的签署降低了跨境电商在多个环节的障碍和成本，未来应鼓励在域内的跨境电商交易中使用人民币计价结算。

其二，在投资层面，推动人民币在 RCEP 国家对外直接投资中的使用。RCEP 区域统一市场的形成、贸易投资便利化水平的提升将吸引更多的国际资本流入，区域内的资本流动也更加活跃。我国企业"走出去"应结合产业链的调整进行对外直接投资布局，并在这一过程中提升人民币的计价结算职能。

其三，推动人民币在贸易投资中的使用还需要以完善的金融基础设施支持为前提。未来应注意结合产业链调整进行金融基础设施在 RCEP 国家的合理布局，使之与贸易和投资的需要相适应和匹配，同时应注重"补短板"，加大对区域内金融服务欠发达国家和地区的基础设施建设。在具体策略上，应在 RCEP 区域推动人民币跨境结算系统（CIPS）的广泛应用；加强人民币清算行的建设；推动中资银行、基金、征信等金融机构"走出去"，并鼓励域内国家金融机构合作参与提供人民币业务；充分发挥亚洲基础设施投资银行、亚洲开发银行等国际多边开发机构在推动人民币流通中的作用。

其四，与在岸市场金融开放、自贸区建设相互联动。坚持对外开放、促进对外开放走向更高水平是构建新发展格局的内在要求。近年来，扩大金融市场开放、加快自贸区自贸港建设是推动对外开放走向更高水平的重要举措和内容。在 RCEP 内部推动人民币国际化，应注重将在岸金融市场开放、自贸区自贸港建设与 RCEP 相结合。一方面，应鼓励 RCEP 国家进入中国市场设立各类独资或控股金融机构，参与投资债券、股票等多样化金融产品，并发行以人民币计价的熊猫债券、股票等；另一方面，针对目前多数自贸区建设方案的同质性问题，应基于各省市的资源禀赋和条件明确自身比较优势，出台具有针对性的建设方案，注意结合区位特征对接 RCEP 国家在生产要素方面的优势，形成国内自贸区自贸港与 RCEP 国家优势互补、互惠互利的分工合作关系，在经贸往来、技术合作过程中加强人民币的使用与流通。

三、以继续借力"一带一路"推动人民币国际化

自"一带一路"倡议提出以来，我国与"一带一路"沿线国家经贸合作发展迅速，经济金融联系越发密切。在经贸合作过程中更多地使用人民币，有利于降低沿线国家的货币兑换成本，缓解货币错配，规避汇率风险，深化沿线国家之间的产能合作，实现优势互补、资源共享和风险共担，促进贸易和投资发展。"一带一路"在实践中产生了很多创新成果，尤其是在政策沟通、设施联通、贸易畅通、资金融通和民心相通五个方面，探索出互利共赢的国际合作新模式，使

得人民币在沿线国家的使用范围有了显著扩大，从而有效推进人民币的周边化、区域化和国际化。在新一轮人民币国际化模式的探索中，要继续将"一带一路"作为人民币国际化的重要推动力。

其一，进一步推动大宗商品以人民币计价。"一带一路"沿线国家中，不少是原油、天然气、矿产资源等大宗商品的重要出口国和进口国，但大宗商品定价依然以美元为主。为进一步对冲疫情导致的大宗商品价格动荡，打破美元霸权体系，应逐步提高人民币在大宗商品交易中的使用率。具体而言，继续发展我国大宗商品期货市场，引入更多的国际机构和产业链上下游企业参与，增加交易品种，提高人民币交易便利度，利用汇率风险管理工具和供应链贸易金融产品，合理降低投资者运营风险和成本，提高交易活跃度。

其二，建设国际化的熊猫债市场。熊猫债是支持"一带一路"倡议实施的重要融资方式，也是人民币国际化的重要载体。当前，"一带一路"倡议下熊猫债的发展环境得到了一定程度的改善，但是，由于涉及的发债主体国家较多，不同国家的国情不同，面临的国别风险不同，发债主体的信用风险评估也较复杂，从而阻碍了熊猫债发展规模的扩大。对此，一方面，要继续完善国内债市的监管模式，促进熊猫债发行规范化、市场化。在严把风险的原则下，推动熊猫债市场规模的扩大及投资主体的多元化发展，逐步放宽级别和准入要求，支持"一带一路"沿线国家或企业进入熊猫债市场融资。另一方面，进一步完善信用评级体系。在熊猫债市场准入的过程中，逐步建立中国视角的风险评判标准，充分发挥中资评级机构的重要作用。建立中国视角的风险评判标准，充分考察双边关系、贸易投资依存度、人民币互换协议等对华因素，更为客观地考量融资主体所在国偿还人民币债券的实际能力和意愿。

其三，扩大人民币跨境投资。对一些需要购买中国产品和服务的项目，增加人民币贷款或投资比例；对一些投资回收期较长的项目，适当延长还款期，平衡双方贸易投资流动性。在货物贸易与投资融资的资金收付中更多使用人民币，提高人民币跨境收付比重。同时应适时增加双边货币互换的国家，积极扩大境外货币当局实际动用的人民币数量。

其四，丰富离岸人民币金融产品。近年来香港、伦敦等离岸人民币市场快速发展，人民币资金池不断扩大，因此，在继续巩固发展存贷款、信用担保等金融业务的基础上，可进一步扩大绿色人民币债券、人民币计价的资产证券化产品以及人民币再保险，为"一带一路"倡议实施项目提供多功能服务。

其五，完善外汇管理制度。在国际环境多变的背景下，充分评估宏观政策和监管政策对"一带一路"倡议投融资活动的影响，进一步完善内保外贷①管理，制定专门办法，简化审批流程，给予具有资质的企业一定金额的内保外贷额度，在额度范围内备案即可对外提供担保。在外汇管理方面，对企业从事"一带一路"倡议实施投融资给予政策倾斜和灵活性安排，支持开展具备真实业务背景、确有购汇需求、已有合同约定的购汇业务。完善企业境外发债制度，对确有"一带一路"项目境外融资需求的，允许企业可按全年申报发债额度，根据实际情况灵活掌握，实行"先发行，后登记"管理。

其六，加强"一带一路"相关国家出口信贷机构合作。由我国相关机构牵头组织沿线国家的同业机构，搭建相应的平台与机制，加强政策协调与业务合作，通过联合信贷、共同保险、再保险等方式，吸引更多的市场主体和资金参与"一带一路"倡议实施。建立"一带一路"相关国家之间跨境投融资担保协约，在抵质押物登记、查询、处置以及法院判决执行方面加强协作，创造良好的投融资环境。

四、以自贸区为纽带推动人民币国际化

近年来，我国自贸区日渐发挥出纽带作用，促进了高水平开放，推动了人民币国际化进程。然而，自贸区的发展也面临着外部风险日趋多样和复杂、金融开放不均衡等挑战。为进一步推动人民币国际化，自贸区的建设应依托我国国内强大的经济基础，以制度改革和产品创新促发展，借鉴国际成熟市场经验完善自贸区的资本市场，放宽相关跨境交易政策，高效推出人民币衍生交易产品、金融期货等，搭建大宗商品现货交易平台，并通过发展离岸金融业务和自贸区国际化的证券市场吸引国际资本及跨国企业的投资。

第一，以满足自贸区企业发展融资需求为导向，加强离岸债券融资市场建设。允许符合条件的境内外企业发行人民币或美元债券，以离岸债券市场直接融资为境内外企业提供跨境融资服务，扩大发行自贸区债；为自贸区内企业提供更多的融资渠道，从而有效降低境内企业的融资成本。同时，扩大人民币离岸金融服务范围，加速人民币国际化进程。支持区内银行发展跨境融资业务，包括大宗商品贸易融资、全供应链贸易融资、离岸船舶融资、飞机融资、外保内贷②、商

---

① 内保外贷是指境内银行为境内企业在境外注册的附属企业或参股投资企业提供担保，由境外银行给境外投资企业发放相应贷款。担保形式为：在额度内，由境内的银行开出保函或备用信用证为境内企业的境外公司提供融资担保，无须逐笔审批，和以往的融资型担保相比，大大缩短了业务流程。

② 外保内贷是境外公司向境内机构申请开具融资性的担保函，出现这个业务的前提是人民币没有实现可自由兑换。外保内贷仅限于外商投资企业，中资企业获得所在地外汇局批准后可在额度内进行外保内贷。如果需要履约，外商投资企业需要满足投注差的要求。

业票据及资产证券化等。

第二,加强自贸区离岸金融衍生品市场建设。首先,引入更多金融衍生产品和投资工具,为自贸区合格投资者提供风险管理和风险对冲机制;其次,为投资者提供开展期货、期权、互换等跨境金融衍生品的交易平台,创新发展人民币衍生品,逐步推出债券期权期货、个股期权期货等人民币类金融衍生品;最后,借鉴爱尔兰等国家的相关先进经验,大力发展跨境融资租赁业务即扩大区内融资租赁的业务经营范围,降低准入门槛、实行税收优惠,鼓励开展特色融资租赁业务等。

第三,有条件地放宽资本项目自由兑换。尝试在自贸区内直接进行跨境投资,可按有关规定与前置核准脱钩,直接向银行办理所涉及的跨境收付、兑换业务;对在自贸区内就业并符合条件的个人可按规定开展包括证券投资在内的各类境外投资;允许符合条件的自贸区内金融机构和企业按照规定开展境外证券期货投资;建议就自贸区内就业并符合条件的境外个人可按规定在区内金融机构开立非居民个人境内投资专户,按规定开展包括证券投资在内的各类境内投资;就自贸区内金融机构和企业可按照规定进入证券和期货交易所进行投资与交易。

五、以构建离岸在岸市场联动机制推动人民币国际化

实现离岸市场与在岸市场之间的有效联动、协调发展和持续融合是推动人民币货币国际化进程的关键。建立离岸在岸市场价格联动机制和防火墙制度,建立离岸人民币专用的账户体系,为阻挡外部风险快速传染、维护国内金融安全提供必要的缓冲地带。因此,需加大力度拓展离岸同在岸市场的联系渠道,在离岸市场建设利率走廊,建立人民币金融市场交易的风险对冲机制和流动性保障机制。一是将外汇交易作为离岸在岸汇率联动的主渠道,通过外汇交易推动资金跨境清算,改变离岸人民币资金供求状态,进而影响离岸人民币汇率。二是将资金拆借作为离岸在岸利率联动的主渠道。通过银行内、银行间以及银企间融资活动等资金拆借渠道,促使离岸和在岸人民币资金相互影响,产生利率联动效应。三是将央行货币互换作为市场流动性管理的主渠道。激励境外央行创设人民币流动性安排,增加市场流动性供给和保障机制,发挥流动性调节作用。四是将债券发行作为离岸在岸市场联动的主渠道。通过合理安排离岸人民币央票的发行节奏和存量规模,直接调控离岸人民币市场流动性。五是将股票通和债券通作为资本项目下人民币跨境流动的重要渠道,运用好上述制度性通道,影响离岸和在岸人民币市场之间的利率和汇率差异。

第四节　加速完善金融基础设施建设

金融基础设施①作为经济发展和金融稳定运行的基础硬件与制度安排，是金融市场发展的核心支撑，金融基础设施的完善将为金融开放的推进提供动力。2019 年 2 月，习近平在中共中央政治局第十三次集体学习时强调，要"加快金融市场基础设施建设，稳步推进金融业关键信息基础设施国产化"②。2020 年 3 月，中国人民银行等六部委联合印发的《统筹监管金融基础设施工作方案》强调，要"进一步加强对我国金融基础设施的统筹监管与建设规划"③。党的二十大报告再次指出，要"优化基础设施布局、结构、功能和系统集成，构建现代化基础设施体系"④。

改革开放以来，我国在金融基础设施建设方面取得了长足进步，但发展速度、改革深度还有待加强。我国金融基础设施建设工作任重道远，需多方发力、多管齐下，把握主动权，以"市场化渐进式"方式实行双向开放，从完善法律法规、会计标准等方面提升金融软设施的应对能力，从明确各金融基础硬设施的监管主体、构建独立的支付清算结算系统等方面提升金融安全防护能力。

一、金融基础软设施层面

（一）完善金融法律体系，提高法治能力

习近平强调"法治是最好的营商环境"。金融法治体系是重要的金融基础设施，是国际金融中心竞争的关键变量。

第一，制定和完善金融法律法规。在实体法方面，应在总结国内外金融实践经验教训的基础上，制定和完善相关法律法规，尽量涵盖已出现的金融监管关系

---

① 根据综合支付结算系统委员会和国际证监会组织的《金融市场基础设施原则》（PFMI）及中国人民银行、发改委、财政部等部门界定的金融基础设施（FMI）的相关范畴，金融基础设施包括法律、会计标准、信用环境等软设施和清算结算系统、重要支付系统、基础征信系统等硬设施。

② 习近平主持中共中央政治局第十三次集体学习并讲话［EB/OL］. http：//www. gov. cn/xinwen/2019-02/23/content_5367953. htm.

③ 央行等六部门印发《方案》加强对六类金融基础设施统筹监管［EB/OL］. https：//baijiahao. baidu. com/s？id=1660290954370121435&wfr=spider&for=pc.

④ 习近平：高举中国特色社会主义伟大旗帜　为全面建设社会主义现代化国家而团结奋斗——在中国共产党第二十次全国代表大会上的报告［EB/OL］. http：//www. gov. cn/xinwen/2022-10/25/content_5721685. htm.

和金融交易关系，提高违法违规金融活动的代价和成本。不断完善《商业银行法》《证券法》《保险法》《基金法》《信托法》《金融监督管理法》等法律法规，并对数字金融、数字货币、金融信息披露与保护、金融机构市场化退出等方面制定法律规范。同时，鉴于金融创新的层出不穷，应在制定和修订金融法律时注重兜底条款的使用，为新情况新问题的"有法可依"创设条件。在程序法方面，建议拓展简易程序适用范围，对金融机构申请的类似案件实施批量化立案、执行，降低金融维权成本。同时，对于可能有争议的案件，建议将征求专业监管部门意见设为必选程序，促使金融审判兼顾法律要求、政策导向和社会需求①。

第二，健全配套制度设计。首先，保障金融监管部门权责对等。国家机构、社会成员之间的分配要实现权力和责任的平衡，权力和权利的平衡，权利和义务的平衡。其次，依法赋予金融监管部门足够的金融执法权，并通过制度文件和内外部监督机制促使权力得到正确行使，对监管发现的金融违法违规行为和人员实施严厉惩戒，对严格执法者给予有效保护，对不严格执法者严厉问责，树立金融法律和金融执法权威。再次，建立专业金融监察、检察机构及金融法院或法庭。金融具有专业性、复杂性，案件通常有一定溢出效应，波及面和危害性比较大，对时效性要求更为敏感，需要专业监督、检察、审判和执法体系，保障金融案件得到正确裁处，违法违规行为得到及时惩戒。最后，多措并举运用功能监管，对金融科技业态按照实际功能和金融行为穿透式执法，建立自上而下的金融风险监测、预警、防范和处置制度，注重全流程监控，完善金融风险法治化治理手段。

第三，加强全社会法治思维能力建设。一方面，加强金融法律宣传教育，深入组织开展普法工作。积极组织宪法宣传周、国家安全教育日等丰富多样的普法活动，持续做好《民法典》等新法律法规的宣传讲解工作；深入基层广泛开展宣传教育活动，普及金融法律知识。另一方面，金融执法和监管者要善用法治利器。金融执法者需要持续钻研经典案例、新情况判例，正确行使自由裁量权，妥善处理新问题。金融监管人员需要合理把握执法尺度，有法可依、于法有据地推进政策落实，引导金融从业者根据法规政策导向合法经营，防患于未然。具体而言，一是参考 PFMI 和中央《统筹监管方案》的金融基础设施监管框架，加快出台符合我国国情的金融基础设施监管法律法规，明确金融基础设施相关参与主体的职责与义务，构建完整的顶层监管框架。二是以《统筹监管方案》为蓝本，明确我国 FMI 范围，并纳入宏观审慎监管范围，由央行对 FMI 进行统一监管，构建透明的风险管控标准。三是借鉴美、英等发达经济体的经验，建立金融基础设施的监管指引，包括机构准入、治理结构、业务规则、财务管理、风险控制、

---

① 李超. 金融市场与法治建设发展现状及完善建议 [J]. 金融发展评论，2022（3）：82-94.

信息披露、信息保存、处罚和风险处置、认定和退出机制等,尽早对金融基础设施进行全面监管,并根据实际情况调整监管策略。四是提高金融基础设施相关监管法律法规的稳定性。增加系统重要性金融机构监管法规制度,明确银行、保险、证券、信托等系统重要性金融机构监管办法,兼顾国际金融基础设施相关法律基础、制度框架、运行规则、监管规则等。五是建立金融市场基础设施处置机制,充分实施《国际支付结算体系委员会与国际证监会组织原则》,增强相关法律的协同性。完善金融科技的法律、规制和监管框架,制定金融科技行业标准,以金融科技手段完善金融基础设施建设。

(二) 对接国际会计标准,提高应用能力

会计准则作为金融基础软设施的重要组成部分,对金融发展起着至关重要的作用。科学完善的金融会计准则是构建现代金融体系的基础性支撑[1]。特别是在经济全球化以及金融开放的背景下,各国家间的合作与联系变得日益紧密,会计准则的国际趋同发展成为必然趋势[2]。实现对接国际会计标准并不断规范金融企业行为等各项制度,有助于提高金融企业会计信息质量,使本国企业得到国际社会的信任,东道国相关监管部门的认可,加快金融企业"走出去"步伐及推动金融企业跨国融资等战略的有效实施。第一,积极与国内重要金融机构及金融基础设施主体机构进行沟通(如系统重要性银行、保险等机构),做好配套的顶层机制设计、流程设计等,并设置一定的过渡期(如两年),为对接国际会计标准预留合理的时间,保持业务的连续性。第二,同类金融业务规则尽可能"合并同类项",以国际会计标准在货币市场、债券市场、外汇市场等的应用作为开放对接的突破口,实现制度性、规则性开放,以此推进国际会计标准在金融领域的全面实施[3]。

(三) 健全社会信用体系,提高管理能力

第一,健全社会信用法规体系,构建规划、政策、法规、行业自律等主次分明、协调统一的信用法规体系。第二,建立健全社会信用信息共享机制,提高社会信用管理水平。加快打破部门间信息共享的壁垒,加快政务诚信、商务诚信、社会诚信、司法公信四大核心领域的信用体系建设,构建覆盖全社会的信用体系。第三,加快大数据技术的应用,构建基于国家的"互联网+监管"信用管理系统。一方面,引入大数据分析技术,对大量的企业信用信息进行甄别,与信用

① 中国人民银行兰州中心支行课题组. 新发展格局下我国金融会计准则发展趋势研究 [J]. 吉林金融研究, 2022 (2): 70-73.
② 宋淇瑜. 会计准则国际趋同背景下的中国思考 [J]. 大众标准化, 2021 (14): 258-260.
③ 俞勇, 郑鸿. 金融开放中的基础设施建设 [J]. 开放导报, 2020 (3): 22-29.

评级标准进行比对，形成企业信用评级报告；相关监管部门根据市场主体在不同领域的信用状况实行差别化监管措施，节约监管成本，提高监管效率。另一方面，基于大数据技术，应用智能算法，建立风险预判预警机制，实现对失信行为的早发现、早提醒、早处置，提高监管的及时性、精准性及有效性。第四，建立信用跨境协作配合机制，提高信用国际化管理水平。如建立知识产权保护机制、证券期货跨境协作配合机制、银行跨境协作配合机制、保险跨境协作配合机制等。

（四）引入科技检测技术，提高反洗钱能力

第一，加强对反洗钱国际标准和海外反洗钱处罚案例的学习研究，积极对接国际反洗钱规则。金融监管机构及金融机构要加强对《反洗钱、反恐融资合规性和有效性评估方法》《打击洗钱、恐怖融资与扩散融资国际标准：40条建议》等国际反洗钱规则、标准等的学习，加强案例研究，在熟知国际反洗钱规则和标准的基础上，积极对接国际反洗钱规则，以此相互促进构建衔接好内外规则和制度。

第二，搭建学习分享与经验交流平台，推动金融机构提升可疑交易甄别能力。各地人民银行应通过搭建金融机构反洗钱交流平台，通过线下培训、案例讨论、可疑甄别竞赛、风险提示、经验交流等多种形式，促进金融机构共同交流先进的可用可复制的可疑交易甄别分析方法、重点可疑交易报告分析工具及研判思路等，鼓励引导金融机构提升可疑交易甄别能力。同时，建立可疑交易线索评价机制，将可疑交易线索成果转化率作为对各金融机构反洗钱考核的重要依据，将转化率较高的重点可疑交易报告作为金融机构反洗钱交流的重点学习案例，指导金融机构甄别可疑交易、完善可疑交易报告，厘清资金交易特征分析思路，提升可疑交易线索实效①。

第三，强化监管科技在反洗钱机制中的应用，提升反洗钱的效率。一方面，要整合信息资源，建立跨境洗钱大数据。加快推动建立大数据采集平台，通过对接金融机构交易数据、税务的"金税三期"等数据，建立跨境反洗钱检测数据库，全面反映评估企业和个人经济活动的真实情况；同时加强各数据系统与大数据平台的互联互通，为打击反洗钱犯罪提供必要的数据支持。另一方面，不断丰富反洗钱监管工具箱，如运用生物识别、大数据等技术核验客户身份，运用区块链技术核验交易的真实性。也可利用账户开户信息、资金交易信息等基础数据资源，通过人工智能技术刻画资金画像，全面了解主体信息身份和交易背景，加大

---

① 张丽．着力构建反洗钱协调机制新格局　切实推动反洗钱工作高质量发展［J］．北方金融，2022（9）：90-93.

可疑交易资金链的甄别。同时，从整个资金交易链中所涉及的账户进行关联分析，在多维度深度挖掘的基础上，利用自然语言处理技术对备注信息进行文本分析，运用自动化工具生成监测报告，梳理洗钱行为的资金源头和最终去向，了解其真实交易目的，提高反洗钱监测精度①。

第四，提升反洗钱风险防控能力。一方面，加强宣传教育。政府、监管部门应加大面向社会的风险防范和警示教育，运用多渠道、多元化的传导方式提升宣传效果，普及反洗钱知识②。例如：充分利用广播、电视、网络、报纸等媒体，有针对性地宣传反洗钱新政策以及洗钱犯罪新手法，并指导辖内金融机构利用自身地域、文化、民俗等特点，在常规宣传的基础上组织开展特色宣传；通过现场教学、座谈、经验交流等灵活方式进行培训指导，使反洗钱宣传教育工作面深入群众，形成一种常态化的公民防范意识，不断提高公民风险防范能力。另一方面，金融机构应积极转变和提高管理人员及员工的反洗钱风险防控意识，建立健全自身评估、反洗钱风险评估和防范机制，统筹考虑信用风险、操作风险等，明确自身反洗钱风险偏好，在新的业务开展前科学评估相应的洗钱风险及关联因素，并根据风险点制定符合国际化标准的洗钱风险管控措施，如及时调整客户的洗钱风险等级，制定大额及可疑交易及时报告制度和报告流程③。

二、金融基础硬设施层面

（一）完善风险防范机制，提高监管处置能力

第一，明确重要性金融资产登记托管系统的主管机构，完善各主管机构的监管协调框架。如中央结算公司的出资人是财政部，业务监管机构是中国人民银行，人事任免权在银保监会，但内部却形成了控股集团形式的治理架构，因此如何协调各机构之间的监管关系尤为重要。

第二，建立各系统间、各系统层级间的"防火墙制度机制"，防范关联性、传染性等风险。如中央结算公司系统与交易商协会系统等之间的"防火墙制度机制"；中央结算公司系统下的中央债券综合业务系统与银行间债券市场信息系统等之间的"防火墙制度机制"。

第三，强化各系统的专业化职责，优化各系统的专业化分工，提高服务准确性和效率性。

---

① 课题组. 跨境洗钱监管难点及建议［J］. 福建金融，2022（11）：74-77.
② 苏显胜，孙亮，孙自强. 虚拟货币洗钱风险及对策研究［J］. 南方论刊，2022（10）：65-66.
③ 吕悦. 商业银行反洗钱工作存在的问题及其优化对策［J］. 现代营销（上旬刊），2022（4）：25-27.

第四，加快区块链、人工智能、大数据等技术在各系统的应用，引进培养相关人才。

第五，按照"两地三中心"的金融系统灾备体系建设要求，完善金融资产登记托管系统、交易设施及交易报告库灾备体系和系统建设，保持业务持续性。

第六，完善交易报告库相关监管法规和制度机制，成立或指定专门的机构作为交易报告库。目前央行承担了主要的支付、结算清算等监管职能，且承担了反洗钱监管，建议可由央行结算清算系统作为专门的交易报告库，在上海和深圳成立两个分库。

（二）构建支付结算体系，提高安全防护能力

第一，以"一带一路"建设为抓手，加快推进建设人民币离岸结算体系，争取更多国家和地区加入"一带一路"建设。推动伦敦人民币离岸中心成为覆盖"一带一路"乃至全球的人民币支付途径和渠道；扩大中东欧国家的经贸投资，完善我国优势产业在欧洲地区的布局，扩大人民币的使用范围，奠定人民币贸易使用基础、政策框架和节点布局。

第二，加快人民币国际化政策体系建设。应由央行牵头，采取渐进式人民币国际化的方式，以"服务实体经济、促进贸易投资便利化"为基本导向，顺应市场需求，逐步建立人民币跨境使用政策体系，有序解除人民币跨境使用的政策限制；逐步放开直接投资、跨境人民币资金池、银行间债券市场、RQFII、债券通等，完善相关基础设施，巩固本币优先地位，为人民币使用开辟有效通道。

第三，充分利用时间窗口期提升人民币 SDR 权重。在金融双向开放保证安全的前提下，持续加快人民币债券、衍生品等国际化开放进程；拓宽资金双向流通渠道，完善多层次资本市场建设，进一步放宽外资参与国内股市、债券回购、私募投资基金、金融期货、商品期货等；加快上海国际金融中心基础设施、制度机制等的建设，大幅提升金融服务贸易比重，进一步提升人民币 SDR 权重。

第四，借鉴国外金融基础设施建设的成功经验，加强以人民币支付结算体系为核心的金融基础设施建设。以海外清算行深耕离岸市场为突破口，促进国际间金融基础设施的协调，增强各个管理部门对金融基础设施重要性的认识与理解，优化各个功能体系，促进金融工具之间的转换，为金融活动信息的交换和安全提供有力保障。

第五，加强区块链、人工智能等技术在人民币支付结算基础设施和数字货币的应用研究。以支付结算系统和数字货币为突破口，建立国家金融安全的攻防体系。

第六，利用我国对外输出新冠疫情防控经验及物资的机遇期，以及石油价格暴跌冲击"石油美元"体系的时间窗口期，加大推广我国跨境支付结算清算系

统，提升人民币国际使用比例。

第七，新冠肺炎疫情给全球资本市场造成巨幅波动，而我国资本市场基本保持稳定，我国资产受全球投资者青睐，可抓住这个时间窗口，积极推广我国证券交易系统、金融资产登记委托系统等与国际主要金融基础设施的联结。

（三）完善征信体系建设，提高信用服务能力

2021年，习近平在中央财经委员会第十次会议中强调，"要加强金融法治和基础设施建设，深化信用体系建设，发挥信用在金融风险识别、监测、管理、处置等环节的基础作用"。

第一，强化对金融征信业的监管，完善征信监管体系。一方面，完善牵头单位监管职责，形成职责分明的顶层监管体系；另一方面，完善地方政府和行业主管部门在社会信用体系建设中的职责，通过加强本地区、本行业的信用信息系统建设，规范本地区、本行业信用采集和应用，建立本地区、本行业失信行为协调监管机制，改善各行业、各部门、各地区的信用环境，实现金融征信业的快速、健康发展①。

第二，健全征信立法体系。一方面，修订现有的法规并尽快启动立新法。建议长短期结合，短期内可先对《征信业管理条例》进行修订，长期发展中应提高征信立法层级，制定相关法律，为征信体系在防范金融领域信用风险中发挥作用提供必要的法律支撑与约束②。另一方面，完善金融征信体系配套制度。中国人民银行应适时完善现有制度的实施细则，结合各地区实际制定相应的实施细则，促进金融征信规范化发展。

第三，加大金融征信体系基础条件建设。首先，要加大政府扶持力度，通过财政补贴、税收减免等相关财税政策为征信机构创造良好的发展环境，符合条件的新型征信机构可享受国家和地方的高新技术产业优惠政策。另外，做好市场化征信机构的整体发展规划，在培育、发展特色征信机构的同时，做好整体布局和长远规划，优化社会资源，避免重复建设。其次，加强央行征信与市场化征信的合作，通过信息共享合作，丰富央行征信信息数据，提高市场化征信机构的公信力和影响力。最后，积极采用区块链技术提升征信数据的准确性与安全性。区块链技术的主要特征是去中心化，所有区块链节点均可对外发布信息，实现数据共享。各区块链节点分别独立记录相同的数据，因区块链节点数量巨大，完成全部

① 冯蕾．政府治理视域下我国金融征信体系建设问题研究［D］．延安大学博士学位论文，2021.
② 吴晶妹．征信体系建设促进融资防范风险［J］．中国金融，2022（10）：92-94.

节点数据同步修改的概率基本为零，能够有效保证记录信息的安全性、可靠性①。因此，要不断加大区块链技术在征信体系中的应用。

第四，强化金融基础征信体系和系统的动态性管理，制定统一的监管标准。以"提高准入门槛、分级管理模式、扶优限劣、规范发展"的原则，实行牌照制管理，每年对持牌机构进行评估，对不达标的给予整治清理。

第五，建设征信系统"防火墙"，提升信息安全防范能力。对接国外系统应建立相应的"防火墙"制度和机制，确保信息的安全使用。

（四）建设应急灾备系统，提升灾备保障能力

作为整个经济社会的血液，金融的安全和稳定直接影响到国家经济与社会的整体发展。金融服务的正常运转，很大程度上取决于信息系统的稳定。推进金融灾备建设、提升金融灾备管理能力、保障金融信息系统的持续健康运行，既是国家监管层面的迫切要求，也是金融企业的职责所在。2014年6月，在第十二届全国人民代表大会常务委员会第九次会议上，《国务院关于加强金融监管防范金融风险工作情况的报告》提出，要"完善金融业灾备布局，进一步加强金融信息安全"②。2015年，中国保监会在对保险机构建设保单登记管理信息平台提出的工作要求中指出，各保险公司要"高度重视保单登记管理信息平台的安全问题；采取有效措施确保网络安全、数据安全和系统安全，建立完善的灾备系统，防范系统性风险"③。2020年1月，中国银保监会在其发布的《关于推动银行业和保险业高质量发展的指导意见》中指出，银行保险机构要"加强网络安全建设，强化客户信息安全保护，提升突发事件应急处置和灾备水平"④。一是可借鉴美国"全国突发事件管理系统"，构建我国金融应急灾备系统，并将其作为金融突发事件应急管理系统的子系统之一，纳入金融基础设施进行统一监管。二是应急灾备系统应遵循"两地三中心"原则，分开建设并保持相对独立性。三是综合利用信息化政府建设、数字化经济建设、金融科技建设等技术成果，建设"自上而下、部门联动、指挥灵活、统一协调"的金融应急灾备系统⑤。四是进一步扩大灾备范围。虽然越来越多的金融企业已经进行灾备预案体系建设，但预案数量

---

① 沈国云，侯宗辰．互联网时代我国征信体系建设现状与路径研究［J］．商业经济，2022（7）：166-170.

② 国务院关于加强金融监管防范金融风险工作情况的报告［EB/OL］．http://www.npc.gov.cn/zgrdw/npc/xinwen/2014-06/24/content_1868626.htm.

③ 保监会关于建设中国保险业保单登记管理信息平台的通知［EB/OL］．http://www.gov.cn/xinwen/2015-11/12/content_5007281.htm.

④ 中国银保监会关于推动银行业和保险业高质量发展的指导意见［EB/OL］．http://www.gov.cn/zhengce/zhengceku/2020-03/26/content_5495757.htm.

⑤ 俞勇，郑鸿．金融开放中的基础设施建设［J］．开放导报，2020（3）：22-29.

和备份系统范围非常有限，一旦发生灾难，预案很有可能无法满足灾备需要。这也反映出中国金融企业的灾难恢复意识不够强，投入的人力、财力、物力不够多，需要行业主管机构更多地指导和规范，更加需要企业高层管理者进一步提高灾备管理意识和危机管理意识，扩大备份及恢复范围，完善灾难恢复预案。五是使灾备演练常态化。灾备演练能够最大程度地对灾难恢复和业务连续性体系进行全面的检验，考验技术支持团队和各部门的协同处理能力。当下有实战演练需求的企业迅速增加，许多金融机构已开始进行灾备系统的实战演练，因此，进一步完善灾难恢复体系，提升业务连续管理能力和应急管理能力至关重要。

第五节　以金融安全为底线把握金融开放

金融安全①与经济社会的稳定发展密切相关。金融不稳定，可能导致经济危机，引发社会动荡；经济社会的不稳定，也可能触发金融危机，引发国家金融安全风险。我国在金融开放的过程中必然会面临诸多外部风险，特别是在对外开放的背景下，由外部形势变化导致的内部金融不稳定，如境外金融危机溢出效应、外国政府推出金融制裁、外部网络攻击等，都可能带来金融安全隐患。党的十八大以来，习近平对金融开放进程中的金融安全问题作出重要指示，总书记强调，"金融是国家重要的核心竞争力，金融安全是国家安全的重要组成部分，金融制度是经济社会发展中重要的基础性制度"②，"维护金融安全，是关系我国经济社会发展全局的一件带有战略性、根本性的大事"③，"必须充分认识金融在经济发展和社会生活中的重要地位和作用，切实把维护金融安全作为治国理政的一件大事，扎扎实实把金融工作做好"④。这一系列论述深刻阐明了金融安全的重要性。党的二十大报告再次指出，要"强化经济、重大基础设施、金融、网络、数据、生物、资源、核、太空、海洋等安全保障体系建设"⑤。因此，在深入扩大金融开放的过程中，必须把金融安全放在首位，平衡好金融开放与金融安全的关系。

---

①　金融安全指一国在金融发展过程中抵御国内外各种威胁、侵袭的能力，确保金融体系、金融主权不受侵害，在面临复杂内外部环境下，金融体系能保持正常运行与发展。

②　习近平：深化金融改革　促进经济和金融良性循环健康发展［N］．人民日报，2017-07-16（01）．

③④　习近平：金融活经济活金融稳　经济稳做好金融工作维护金融安全［N］．人民日报，2017-04-27.

⑤　习近平：高举中国特色社会主义伟大旗帜　为全面建设社会主义现代化国家而团结奋斗——在中国共产党第二十次全国代表大会上的报告［N］．人民日报，2022-10-16（01）．

做好新形势下的金融工作，要坚持党中央对金融工作集中统一领导，确保金融改革发展正确方向，确保国家金融安全，对存在的金融风险点，要增强风险防范意识，未雨绸缪，密切监测，准确预判，有效防范，不忽视一个风险，不放过一个隐患①。

一、完善外商审核制度，保障高水平金融开放

国家金融安全审查制度②是应对金融开放风险和危机的"安全阀"。维护金融安全的首要任务是防范和化解金融风险，尤其是系统性金融风险。随着金融开放走向纵深，外资准入门槛进一步降低，大量外商投资进入金融领域，并深度参与证券、货币、外汇等金融市场，容易引发汇率波动、宏观经济波动、金融系统脆弱性、债务违约等一系列系统性金融风险③，我国金融安全或将面临更大挑战。我国 2019 年 3 月通过的《外商投资法》第 35 条明确规定要建立外商投资安全审查制度。2020 年 11 月发布的《外商投资安全审查办法》表明我国正式建立了外商投资安全审查工作机制。总体来说，目前我国已初步建立国家安全审查法律体系和工作机制，但仍然存在安全审查制度与金融深度开放、金融风险多元化、金融领域特殊性不匹配等现实困境，削弱了金融安全监管实效。因此，必须未雨绸缪，不断创新完善我国金融安全审查机制，通过健全"防护网"与"防护墙"机制建设④，确保金融开放背景下的国家金融安全。

第一，设立独立的金融安全审查工作机制。在金融开放过程中，应在现有的"一委一行两会"金融监管体制的基础上，进一步构建能够与金融监管体制相适应的金融安全审查机制，充分发挥国务院金融稳定发展委员会的监管协调作用，丰富和扩大金融安全审查的相关内容和范围，不断探索建立金融安全审查工作机制。可将常设机构设在中国人民银行，成员可包括国务院相关主管部门及"一行两会"金融监管部门，并将金融安全审查作为外商投资安全审查的先行审查程序，金融监管准入审批作为后置审查程序，且两者审批应保持相对独立性⑤。同时，注重权责分工的清晰化，厘清牵头部门与其他合作部门的关系。根据外资安

---

① 王宇. 俄乌局势下，对于国家金融安全的思考［J］. 财富时代，2022（3）：6-7.

② 安全审查制度一般包括审查机构、审查范围和审查程序三个方面，其中审查程序属于程序性问题，而审查机构的建立包括机构设置和部门协调，审查范围包括审查内容和审查重点等。

③ 李优树，张敏. 金融开放对中国系统性金融风险的影响研究［J］. 暨南学报（哲学社会科学版），2021，43（11）：36-50.

④ 李晓安. 开放与安全：金融安全审查机制创新路径选择［J］. 法学杂志，2020（3）：7-17.

⑤ 周蓉. 金融深度开放背景下金融安全审查机制建设的国际经验借鉴［J］. 浙江金融，2022（4）：56-63.

全审查新规，工作机制办公室设在国家发展和改革委员会，由国家发展和改革委员会、商务部牵头，承担外商投资安全审查的日常工作，其中有关审查申报将具体由国家发展和改革委员会办公大厅接收；在审查机制中要明确牵头部门与其他合作部门是以合作联合的关系共同进行决策①。

第二，建立健全金融安全审查程序。应根据安全审查工作机制的相关规定，制定具体的金融安全审查流程和程序。可将审查程序分为申报、初审、调查、决定等环节，每个环节都需明确具体内容及时限要求，并强调其强制性。同时，详细说明金融安全审查的周期、审查方式、审查信息及信息披露等相关规定，明确规定审查工作机制的工作任务和责任，赋予审查工作机关重新审查、追溯审查、据审查结果采取限制或禁止业务开展、强制退股等实质性权力，强化全流程、动态化安全审查。进一步细化金融安全审查与金融监管的职权边界与协作配合机制，有效防范外部输入性金融风险，维护国家金融安全。

第三，进一步扩大金融安全审查范围。2020 年发布的《外商投资安全审查办法》规定了包括投资关系国家安全的投资审查范围和取得所投资企业的实际控制权等内容。除对外商投资金融机构获取实际控制权以进行安全审查外，为了进一步防范金融风险，保证金融安全，应将金融安全审查范围拓展到非控制性投资范围，并采用定性和定量相结合的方式，对股权与实际控制权等超过一定比例、触及敏感领域及信息等情况适时启动金融安全审查，有效应对金融深度开放时期潜在的风险隐患。同时，探索金融安全审查机制与宏微观审慎监管的融合，创新开展外商投资金融领域的重要投资行为安全审查和监管工作，以推动金融业高质量对外开放。

二、加强开放立法建设，保证金融行业安全

法律是维护和平、安全、秩序的有力手段，加强法律建设有利于在金融开放的背景下保证金融安全。当下金融开放的法律建设仍存在各种问题，例如：法律体系不够完备，在横向和纵向上均存在不足；法律过于宽泛和简单，对执法机构授权过多；法律更新不及时等问题，这不仅阻碍了金融业的进一步开放，也容易引发金融安全问题。因此，如何通过制度的方式确保金融安全，是我国法律建设需要深入研究的问题。

第一，重视法制化建设，实现境内外法治环境一致。国际立法、司法实践的主流趋势是"趋同"，对于跨境企业来说，这种"趋同"可以降低合规风险和法律成本，有利于企业的发展和经营。我国在法律构建过程中，尚未打破内外分置

---

① 刘卜瑞. 我国外商投资安全审查制度的研究［D］. 延边大学博士学位论文，2022.

的现象，这将增加跨国企业成本，阻碍金融开放进程。因此，我国想要进一步深化金融开放，应在制度层面构建更加包容、开放、透明的金融法律法规体系，与国际监管实践尽可能地协调统一。降低进入时的各种"门槛"成本，使中国市场对外资金融机构产生更大吸引力的同时通过金融领域的法制化建设提高金融开放安全性，实现金融开放与金融安全的有机统一。

第二，从"横向保障""纵向保障"出发，提高金融法治保障。一方面，"横向保障"是从金融安全法治保障的整体把握，将其分为相同层次但目标手段不同的法治保障，具体包括金融调控与金融监管两部分。金融调控作为宏观经济调控基本手段之一，其目标在于维持货币币值稳定，促进经济增长；金融监管着眼于维护金融体系的安全和稳定，限制金融业的过度竞争和不正当竞争，保护存款人、投资者和社会公共利益，促进金融体系公平、有效竞争，以达到维护金融业稳健、高效的目标。另一方面，"纵向保障"是从立法、司法、执法等方面对金融安全进行"纵向"的保障①。在立法方面，完善金融法基本法体系和现行金融法律的配套法规。比如国债法、期货交易法、金融消费者保护法，外汇交易市场的相关法律法规、绿色金融法律、反洗钱相关法律制度、互联网金融法律制度等金融立法要及时制定，并以此保障市场的创新不会影响金融安全。在司法层面，2018年8月20日正式成立的上海金融法院是我国完善金融审判体系的重要探索和进步，在司法领域和司法活动中保障金融安全，有助于营造金融法治环境，防范金融监管行政腐败，产生监管套利。在执法领域，要建立一套从中央到地方相互配合层次分明的金融监管执法体系②。明确金融主体和金融执法主体的权利和义务，特别是明确"金融权力"主体的权力边界。在法律知识的普及与教育方面，应成立相关机构，进行金融知识特别是金融法律和金融安全对全社会成员的普及与教育。

三、全面提升监管水平，打造相宜监管体系

金融体系的进一步打开为金融系统的稳健发展创造了契机，为中外资金融机构提供了公平竞争的平台。但金融开放的同时也带来各种风险，随着各国关系的进一步密切，一国的金融风险在金融开放背景下极有可能传染和危及其他国家，挑战我国的金融安全。因此我们必须对扩大金融开放过程中可能产生的新型风险

---

① 秦浩然. 金融扩大开放与国内金融安全的法治保障 [J]. 上海法学研究，2019，1（1）：24-29.
② 沈伟. 法与金融理论视阈下的上海金融法院：逻辑起点和创新难点 [J]. 东方法学，2018（5）：14-28.

予以关注，并采取必要措施加以管控，为金融开放提供安全的制度保障①。目前，我国金融改革和金融开放的步伐难以保持一致，金融机构的运营能力和风险管控能力与国际大型金融机构相比仍存在较大的差距，金融开放背景下的金融监管问题显得尤为重要②。习近平指出，扩大金融业开放，金融监管能力必须跟得上，要在加强监管中不断提高开放水平。党的二十大再次强调，要"加强和完善现代金融监管，强化金融稳定保障体系，依法将各类金融活动全部纳入监管，守住不发生系统性风险底线"③。因此，在金融开放过程中要进一步提升监管能力，构建与开放金融体系相适应的新型监管体系。

第一，遵守协调监管原则，提升监管能力。首先，各监管部门应进行有效整合，如有无法整合的情况，应在监管政策层面相互配合。其次，相关监管部门要充分研究金融开放后的监管特点，引进各类对国外金融市场以及外资金融机构有经验的专业人士充实监管队伍，强化涉外金融监管水平。再次，在监管流程上，要充分发挥社会上各种中介机构的作用，弥补监管部门力量薄弱的情况。最后，应充分利用大数据、信息技术等便利条件，优化监管系统，实现智能化、高效化监管。

第二，加强对出入境资金的监控，减少异常跨境资金转移。中国对外扩大金融开放的态度是坚定的，但在中国金融体系仍然存在一定脆弱性和人民币尚未真正实现"走出去"的现实情况下，中国人民银行、外汇管理局等监管部门在一定程度上仍需维持必要的外汇资金管控，防止热钱的任意进出而导致金融市场的紊乱和大幅波动，有效打击异常资金跨境转移中存在的洗钱、地下钱庄等金融乱象，从而让境外金融资本在为我国所用的同时能够对其有效控制，最大程度发挥其良性的一面。

第三，加强同外国政府及监管机构的信息沟通与监管配合。境内监管机构应加强同外国同行的信息互通和相互配合，提高对跨境金融企业的监管能力。通过境内外监管机构的信息交互，及时掌握海外监管动态，对外资金融机构在境外被监管机构调查、处罚等情况准确了解，并能够根据事态发展采取相应对策。加强境内外监管机构合作的另外一个重要作用是可以协助中资金融机构"走出去"，为中资金融机构在海外开展业务保驾护航，一旦中资机构在境外遭受不公平待遇，中国政府、监管部门可及时同当地政府、监管部门联系、磋商，最大程度保

---

① 刘晓枫. 金融扩大开放背景下的有效防控风险［J］. 上海法学研究，2019，1（1）：16-19.
② 库娅芳. 扩大金融开放背景下金融监管法律问题［J］. 上海法学研究，2019，1（1）：20-23.
③ 高举中国特色社会主义伟大旗帜　为全面建设社会主义现代化国家而团结奋斗——在中国共产党第二十次全国代表大会上的报告［EB/OL］. http：//www.gov.cn/xinwen/2022-10/25/content_5721685.htm.

· 207 ·

护中资机构的合法利益不受损害。

第四,加快金融监管体制建设与国际规则对接。一方面,加强各监管主体之间的信息共享机制建设和国际监管交流与合作,通过参与国际金融监管规则制定实现与国际接轨,确保国内国际监管有效性协同,争取获得与自身经济金融地位相匹配的国际行业话语权①。另一方面,充分利用"一带一路"和 RCEP 机遇,积极引导多元化金融机构的协调、有序发展。在"一带一路"国际金融规则体系建设中,推动沿线各国银行、保险公司、证券公司、资信评级公司、会计师事务所以及咨询公司等机构间形成优势互补、相互协调的网络化发展格局。努力推动"一带一路"沿线国家金融监管体系对接,积极推进各国金融监管机构的合作,共同应对可能出现的风险隐患。倡议各参与方共同推动金融规则的一致性建设,增强各个规则间的协调性,避免监管人员对自由裁量权的不当使用,实现金融规则体系的公平性建设。加快与 RCEP 成员国之间的金融监管合作和交流,我国的保监会、监证会等应积极与境外相关国家监管机构签署监管谅解备忘录,加强国家之间的信息互换,利用加强与 RCEP 成员国之间的金融合作,推动国际金融规则改革,引领全球绿色金融、普惠金融、反洗钱等规则发展,为我国推动金融监管规则与国际规则对接提供助力。

第五,推动金融科技在金融监管体系中的应用。一是利用金融科技创新,营造更加高效的金融监管环境。面对金融市场中的各种未知风险,应充分将大数据、5G 等信息技术金融科技应用于金融监管方面,形成有效的金融监管手段,借助 API 技术、数据标准化等方式,构建起实时监控体系,随时掌握机构、行业信息,拉动监管从事后监管变成事中甚至事前监管,提高监管的及时性和有效性。特别是在利用大数据进行分析和挖掘时,尤其要注重量化分析的全面性和高效性,如利用人工智能对金融用户海量消费数据进行建模和学习,能更高效、更精准地评估用户信用状况②,进而寻求合理的金融风险防范措施,控制金融风险波及领域,降低金融企业损失的可能性。同时,加强金融风险预测与防范,充分发挥金融科技创新高效、及时的技术优势,赋能金融监管的预警能力③。此外,要加强数据的交换共享,通过收集金融数据,在平台上实现数据整合,实现实时金融监控,最大限度地降低金融风险;利用数据平台,结合数据特性及时调取,自动化审核客户的信用情况,及时采取有效措施规避违约风险。二是监管当局应

① 赵福斌,徐冕. 深化金融开放背景下的金融控股集团监管[J]. 当代金融家,2019(8):58-61.

② 戴蓓蓓. 金融监管背景下金融科技创新研究[J]. 合作经济与科技,2022(11):64-66.

③ 陈治衡. 用金融科技创新强化数字化监管[J]. 中国金融家,2022(5):87-88.

该积极支持金融监管过程中科技的应用，引入试错机制。高级管理层对金融监管引入科技的支持至关重要，同时应认识到它的局限性和风险，制定金融监管战略规划，匹配相应资源。加强技术供应商与最终用户（如监管人员）和被监管机构之间沟通交流，在坚持"安全可靠"原则下，为应用监管科技提供技术和需求分析支持。引入"试错"机制，对部分监管科技新技术可先实施监管沙盒和项目试点，并在此过程中收集数据用于评估风险，再通过分析收集到的信息来确定新技术在数据安全、客户隐私安全、网络安全等方面的问题。如果新技术能够满足安全性要求，那么可以扩大试点范围，推广使用。

四、深化资本市场改革，防范化解金融风险

全球金融市场高度互联，风险极易在不同经济体之间、不同市场之间交叉传染，甚至联动共振。而全球贸易摩擦常态化的趋势正在加剧，短期内难以纾缓，导致跨境资本流动不确定性增加。一旦贸易摩擦升级、国际政治博弈、货币紧缩超预期等外部冲击发生，市场风险偏好将发生骤然逆转，导致金融市场的震荡。随着我国金融开放的不断深入，一系列的金融风险波及我国的可能性与日俱增。因此，防范输入性金融风险，保证金融安全已成为我国面临的重要议题和任务。通过不断深入资本市场改革，推动资本市场平稳、健康发展，有利于防控外部金融风险。

第一，循序渐进推动注册制改革。注册制改革将选择权真正交给市场，支持更多优质企业在资本市场融资发展，全面带动发行、上市交易、持续监管等基础制度改革，督促各方归位尽责，使市场定价机制更加有效，从而打造一个规范、透明、开放、有活力、有韧性的资本市场。因此在深化资本市场改革的过程中，要着重推动全面注册制改革①。首先，适当调整科创板、创业板的注册制试点工作，并进一步扩宽到主板、全国股份转让系统的改革，做好注册制试点经验的总结，进一步改进完善、建立起包容性更强的多层次资本市场②。其次，加强股市机制，完善配套制度，引导投资者对注册制改革的合理预期，降低注册制改革对A股市场波动性的短期效应。投资者对注册制改革的合理预期依赖于其对注册制改革政策的合理性认知，为此，注册制改革方案需要吸引机构投资者和中小投资者充分参与及讨论，以完善与注册制相关的市场做空机制、停牌机制和股指熔断机制和监管机制；引入做市商制度，同时充分运用大数据分析技术对疑似关联账户进行监控，打击跨市场操纵行为；创建市场波动对冲机制，完善卖空机制，鼓

①　易会满. 提高直接融资比重的六个重点任务［J］. 经济导刊，2020（12）：7.
②　梁环忠，吴慧莹. 中国多层次资本市场分层定位与管理体系改革［J］. 金融理论与教学，2022（3）：34-40.

励金融创新，丰富金融衍生品的种类，扩大投资者投资组合选择的空间，以削弱市场波动①。最后，完善退市制度。在注册制下大量企业涌入股市，其中也包含了质量较差、经营存在问题的企业，若让这些企业一直在股市里活跃，会降低股市的效率，影响注册制本身应有的优势。因此，在宽进的同时，也应该做到严出，将不合格企业严格剔除在股市外，以此在促进股市运行质量提高的同时增强投资者的风险意识和保护意识。

第二，推动资本市场高质量对外开放。首先，健全 GDR②、CDR③ 发行等市场互联互通机制，推动企业境外上市制度改革落地实施，支持各类企业依法依规赴境外上市。加强内地与香港资本市场务实合作，扩大沪深港通股票标的，将更多 A 股上市公司纳入，支持香港推出人民币股票交易柜台，支持和协同港方在香港推出国债期货，实现两地优势互补、协同发展。其次，稳步推进股票发行市场开放。支持境内企业境外上市有序发展，规范相关资金汇兑和使用。有序支持多家优质红筹企业回归境内上市，规范存托凭证跨境资金管理，积极支持科创板建立发展及"沪伦通"落地扩容。同时，稳慎推进境内衍生品市场对外开放，不断丰富境内期货期权开放品种，完善外汇管理政策。最后，增强开放环境下的监管和风险防范能力，在完善境外上市监管制度的同时，健全和完善跨境资本流动和风险监测与防范机制，保持资本市场平稳运行。

第三，不断优化资本市场环境。首先，优化外资利用结构。应逐渐放宽外资在我国三大产业中的限制，充分调动外资企业的技术溢出效应，推动外来资本逐步流入第三产业，借此提高我国相关行业的技术水平。④ 随着"虚拟经济"的崛起，资本大量流入"虚拟经济"使得我国实体经济发展有所减缓。因此，需有效引导资本流向，为实体经济发展重新注入活力。其次，继续优化外债结构。应合理安排外债的期限结构，适当提高中长期外债的份额。既要加强对短期贷款的审核与监督，控制短期债务的规模，又要充分评估中长期债务到期偿还额与外汇储备及国民收入的比例，避免借新债还旧债。再次，着重强化汇率风险敞口管理。要增强风险规避意识，提升对汇率波动风险的预估和测算能力，通过构建科学的指标体系尽可能提前预判外汇风险敞口。最后，基于汇率波动的常态化趋

---

① 邓金堂，段文慧. 股票发行注册制改革对中国股市波动性的影响［J］. 福建论坛（人文社会科学版），2022（7）：78-94.

② 全球存托凭证（Global Depository Receipts，GDR），亦称"国际存托凭证"，是存托凭证的一种。在全球公开发行，可在两个或更多金融市场上交易的股票或债券。

③ 中国存托凭证（Chinese Depository Receipt，CDR）是指由存托人签发、以境外证券为基础在中国境内发行、代表境外基础证券权益的证券。

④ 杨艳. 我国实际利用外资问题及对策研究［J］. 商场现代化，2020（10）：63-64.

势，严格管控个别企业通过投机头寸赚取利差的行为，鼓励、引导外资外贸企业建立风险准备金制度，合理进行资金调配。

五、优化数字人民币体系，保证金融系统安全

国际局势错综复杂，国际金融体系的改革正处于全球化结构转型、金融数字化技术革命、中美关系结构变化的三重冲击之下。我国金融安全正面临新的挑战，即外部金融封锁的压力显著上升，由此引发的金融体系风险越发严峻。同时，随着"一带一路"倡议的落实和中国与周边区域经济合作机制的深化，人民币国际化的应用场景越来越丰富，市场需求基础日益扎实。因此，为应对美国潜在的金融封锁、消除金融体系隐患、稳定国内金融市场、协同推进我国金融体系的改革与开放，我国必须加快构建以数字人民币为媒介和计价货币的跨境数字支付体系，进一步完善人民币跨境支付系统（CIPS），抵御外部金融封锁引发的各类经济冲击，防范境内外系统性金融风险，保障我国金融安全[①]。

目前在推动人民币数字化及跨境数字支付体系建立过程中，我国还存在许多不成熟的地方，特别是在金融开放的大背景下，数字人民币作为金融发展的新型基础设施更容易受到网络攻击，影响我国金融安全。同时，技术标准制定也易受制于其他国家，金融技术安全风险较高。因此，要不断优化人民币数字化体系，降低受到网络攻击的可能性，把握全球市场上信息技术革命的重要机会，通过大胆探索与创新，积极利用世界信息技术革命所赋予我国的新政策、新技术手段、新科技工具，逐步形成以数字人民币为主要载体和货币的跨境数字支付体系[②]，保证金融安全，实现高质量的金融开放。

第一，加快探索数字人民币的监管实践，构建数字人民币监管框架，营造数字人民币安全、便利、规范的使用环境。数字人民币既具备实物人民币的"法偿性"，又带有明显电子支付工具的"数字化"特征。因此，对数字人民币的监管应确保其法定货币属性，充分借鉴现金和电子支付体系监管经验，做好数字人民币个人信息保护与金融体系安全之间的平衡。加强科技监管能力建设，提升数字人民币监管效率。探索监管科技在数字人民币流通过程中的应用，实现数字人民币全生命周期的动态监管。同时，在数字人民币监管框架设计中，加强数字人民币与现有反洗钱、反恐怖主义融资、反诈体系的有机融合，在监管实践中采取"人工+智能"相结合的监管措施，统筹实施反洗钱、反恐怖主义融资、反诈监

①　鞠建东，夏广涛. 金融安全与数字人民币跨境支付结算新体系［J］. 清华金融评论，2020（9）：63-67.

②　孙言雅. 金融安全与数字人民币跨境支付结算新体系［J］. 今日财富，2022（18）：13-15.

督管理，提升监管效率和准确度，遏制金融犯罪活动，维护金融体系安全①。

第二，积极参与国际标准制定，维护金融技术安全。数字人民币是金融技术发展的产物。金融技术安全对保障数字人民币平稳运营、维护国家金融安全发挥着基础性作用。首先，我国应持续做好境内零售场景的建设，搭建丰富的数字生态系统，积累技术基础。同时，确立零售型数字货币技术标准，形成完善的零售型数字货币技术解决方案，并在世界范围内进行推广，争取零售型数字货币技术标准制定权。以零售支付为基础，在跨境支付技术标准的制定中争取更多话语权。其次，为了维护数字人民币系统的安全，需要立于技术潮头，持续关注云计算、人工智能、区块链等前沿技术的发展方向。做好网络安全建设，谨防境外组织通过网络攻击获取数字人民币交易数据。最后，在试点过程中通过压力测试模拟"高并发"交易，根据数字人民币使用规模及时提高交易系统信息处理能力，保障数字人民币支付安全，维护我国金融基础设施的公信力。

第三，不断完善人民币跨境支付系统（CIPS）。CIPS向境内外参与者的跨境人民币业务提供资金清算结算服务，是中国主动规避现有国际货币体系的弊端和风险，保护自身发展利益，继续拓展更大发展空间，实现高质量发展的必然选择。首先，做好系统数字化升级和整合。跨境支付系统的未来取决于数字化升级。要大力投资云计算、区块链及其他数字技术，升级基础设施能力。深入研究货币、交易的数字化创新动向，探索利用第三方应用程序优化系统功能，以补充现有的资产和能力；探讨与私有企业优势互补的合作模式，增强组织的创新活力②。其次，重点关注"一带一路"沿线国家和地区以及周边地区为重点区域的金融基础设施建设，拓展人民币跨境支付系统在上述地区的网络布局，延伸人民币在境外的清算触角。最后，加强各政府间的货币金融合作，增设人民币境外清算行，吸引更多的金融机构加入人民币的参加行中来。一方面，在"一带一路"沿线国家设立更多的人民币清算行；另一方面，进一步发挥现有人民币清算行的作用，培育人民币境外使用的市场需求，吸引市场主体积极参与人民币业务。积极通过"走出去"和"引进来"的方式增加"一带一路"等重点区域国家金融机构的商业存在。鼓励国有商业银行在"一带一路"沿线各国和周边地区开设分行，增加提供人民币服务的商业银行机构。与此同时，扩大国内金融市场开放，吸引"一带一路"沿线国家的金融机构在中国境内设立分支机构③。

① 钟红，郝毅. 央行数字货币对国家金融安全的影响及应对［J］. 国家安全研究，2022（5）：117-134+163.

② 刘丹阳，陈文敬. 全球数字时代中国跨境支付系统建设思考［J］. 国际贸易，2021（9）：23-30.

③ 林薇. 人民币国际化的现状、问题与推进措施［J］. 亚太经济，2021（5）：32-36.

后　记

金融开放是一个年轻且十分具有活力的命题，关于它的讨论可以追溯到 20 世纪 70 年代。在麦金农和肖提出金融自由化的观点后，社会各界一直深入探讨金融开放的利弊与意义。然而，在金融自由化观点正式诞生之前，世界各国就已经踏上了探索金融自由化与金融开放之路，并且在这条道路上跋涉至今。如今，金融自由化、金融全球化、金融一体化、金融开放等与之相关的概念在理论与实践的舞台上熠熠生辉。在经济全球化视角下，金融的角色越来越重要，作用越来越显著。

我国金融开放始终勇敢前行。1978 年改革开放，我国社会各个领域发生了深刻变化。40 多年里，我国金融体系日趋完善，金融产品纷繁多样，金融机构茁壮成长，金融监管愈加缜密，整个金融业蓬勃发展，欣欣向荣。金融开放的历程与改革开放相伴相随。经过一次次论证与顶层设计、一次次实践与尝试，我国金融改革与金融开放在解放思想与突破藩篱的道路上勇敢前行。自第一家外资银行在我国设立代表处起，我国金融开放经历了尝试期、扩展期、加速开放期、发展调整期及开放新时期五个阶段，金融系统体制机制逐渐完善，金融与经济之间的循环、与社会发展之间的作用愈加完备。

我国金融开放肩负使命与厚望。党的二十大指出，"高质量发展是全面建设社会主义现代化国家的首要任务"。进入新发展阶段，完整、准确、全面贯彻新发展理念，坚持高水平对外开放，坚持社会主义市场经济改革方向，加快构建以国内大循环为主体、国内国际双循环相互促进的新发展格局，离不开一个稳健、开放、包容、高效的金融体系。全面建成社会主义现代化强国，推进高水平对外开放，金融开放更肩负着重要使命。吸引全球资源要素、增强国内国际两个市场两种资源联动效应、提升贸易投资合作质量和水平、推动共建"一带一路"高质量发展……金融开放不仅是我国深度参与全球产业分工和合作、维护多元稳定的国际经济格局和经贸关系的重要渠道，也是我国践行"共同维护国际经济金融体系稳健运行，推动世界经济稳定复苏和可持续发展"大国担当的体现。

我国金融开放需要行稳致远。尽管逆全球化思潮迭起、霸权主义盛行，但世界经济联系始终且更加紧密。本书介绍了7个国家的金融开放经验，既有资本主义强国英国、美国，也有战后快速恢复并发展的日本、德国，还有屡战屡试的发展中国家阿根廷。这些国家在金融开放的过程中，都因缺少对市场效率与监管力度、开放速度与经济安全之间的考量与平衡而遭受不同程度的金融挫败，影响国内经济发展，甚至影响国家安全与稳定。习近平指出，金融安全是国家安全的重要组成部分，事关经济社会发展全局，"防止发生系统性金融风险是金融工作的永恒主题"，"防范化解金融风险，事关国家安全、发展全局、人民财产安全，是实现高质量发展必须跨越的重大关口"。当前，世界正处于百年未有之大变局中，国际力量对比深刻调整。在以中国式现代化全面推进中华民族伟大复兴的道路上，我国构建高水平社会主义市场经济体制，健全国家金融安全体系，强监管、稳保障，防范金融风险十分重要，也十分必要。金融安全开放是守住不发生系统性风险底线的核心环节之一，金融开放必须行稳致远。

　　在全面推动金融高水平开放的时代背景下，推动全球发展，共创普惠平衡、协调包容、合作共赢、共同繁荣的发展格局，金融开放的浪潮又将向着怎样的方向前行？这是新时代赋予的新命题，需要每个金融人思考，探索出一条适合我国国情、适合世界变局的金融开放之路。

　　怀揣着对我国金融开放的美好希望与祝福，我们梳理了金融开放理论，总结分析了世界上具有代表性国家的金融开放历程，并尝试性地为我国在践行"一带一路"倡议之下、"双循环"新发展格局之中、自由贸易试验区（港）建设之时提出对策与建议，希望能为我国金融开放实践提供一些思考。

　　本书的研究和写作过程充满了挑战，真诚地感谢给予我们指导和关怀的同仁们！感谢团队中的每一位辛苦付出、团结协作的朋友们！

　　书中不足与谬误之处恳请读者朋友批评指正。